Kerstin Decker

Richard Wagner

Mit den Augen seiner Hunde betrachtet

BERENBERG

Wir sind allein,
völlig allein auf diesem Planeten.
Von all den Lebensformen um uns herum
hat sich außer dem Hund
keine auf ein Bündnis mit uns eingelassen.
Maurice Maeterlinck

Vorwort zur Neuausgabe

Dieses Buch entstand vor zehn Jahren, auch zur Überraschung der Autorin. Man kann sich vornehmen, eine Untersuchung »Richard Wagner und die Tiere« zu schreiben, aber der Vorsatz, das Leben eines Menschen aus dem Blickwinkel seiner Hunde zu erzählen, scheint mehr als vorwitzig. Eine Arbeit über das Verhältnis zwischen Wagner und Nietzsche führte mich tiefer und tiefer in Werk und Leben des Komponisten. Und so wie es Kollateralschäden gibt, gibt es wohl auch Kollateralgewinne, Lesefrüchte. Leider waren sie nicht zu ernten. Jedes Mal sagte ich mir: wie schade! Diese Augenblicke häuften sich, bis die Idee zum Buch plötzlich vor mir stand. Und der Verleger Heinrich von Berenberg fragte nicht etwa: »Was ist denn das für ein hochabsurder Plan?«, sondern er sagte: »Das machen wir!«

Es ist nicht sehr wahrscheinlich, dass unsere Gegenwart Richard Wagner zum Verweilen eingeladen hätte, er hätte sich wohl mit Schaudern abgewandt, aber in einem Punkt wäre er mit den Heutigen bestimmt einverstanden: Es ist die Wahrnehmung der Tiere als Mitgeschöpf, eingetreten auf dem Höhepunkt der Entfremdung. Denn die lang gewohnte Unterscheidung zwischen bloßem Schlachtvieh auf der einen und verwöhntem ersatzmenschlichen Haustier auf der anderen Seite sprach nicht für uns.

Der Hund nimmt hier natürlich eine Sonderstellung ein, weil er seit unvordenklicher Zeit Gefährte des Menschen war, im Grunde gar nicht anders gedacht werden kann. Darum habe ich die wunderbare Sentenz von Maurice Maeterlinck vorangestellt: »Wir sind allein, völlig allein auf diesem Planeten. Von all den Lebensformen um uns herum hat sich außer dem Hund keine auf ein Bündnis mit uns eingelassen.« Die Übrigen brauchen uns nicht, auch wenn der Mensch sie zu »Haustieren« gemacht hat, der Mensch, der König der Haustiere.

Typische Kennzeichen der Haustiere sind unter anderem kleinere Gehirne, Ringelschwänze und Schlappohren. In unserem Fall hat die Natur den Schwanz gleich ganz weggelassen, bei den Ohren war sie scheinbar rücksichtsvoller, doch im Vergleich zum übrigen Tierreich hören wir ohnehin fast nichts.

Richard Wagner würde es gewiss begrüßen, dass Tiere im Bürgerlichen Gesetzbuch heute nicht mehr als Sachen gelten, obgleich der geänderte Paragraph 90a munter fortfährt: »Auf sie sind die für Sachen geltenden Vorschriften … anzuwenden.« Wenn nichts anderes bestimmt ist. Wenn nichts anderes bestimmt ist, macht das Recht im Scheidungsfall noch immer keinen Unterschied zwischen Hund und Standmixer. Andererseits verfassen Professoren bereits Bücher mit Titeln wie »Politische Philosophie der Tierrechte« und schließen sich Initiativen an, die »Grundrechte für Delfine« fordern – immerhin rufen die einander mit Namen. Menschenrechte für Delfine also, für Menschenaffen, aber auch für Hausschweine und Schafe: Selbst wenn man ihnen die aktiven Bürgerrechte wie Wahl-, Versammlungs- und Redefreiheit nicht zugestehe, wären doch schon die passiven Bürgerrechte von Gewicht, etwa das Recht auf leibliche und geistige Unversehrtheit. Natürlich lassen sich Kantianer das nicht gefallen; sie argwöhnen, dass eine »moralische Gemeinschaft, die die Schafe egalitär den Menschen gleichstellen würde, moralisch pervers wäre« (Ernst Tugendhat).

Professoren! Mag sein, der Komponist hätte spätestens an diesem Punkt die Diskussion verlassen, er kannte die Kantianer seiner Zeit. Kein Kantianer würde jemals dem Mitleid Zutritt zu den Fundamenten seiner Ethik gestatten, alles Natürliche ist ihm fremd, und zwar a priori. Wie anders dagegen Wagner. Eine Urszene seiner Kindheit wird im Buch nicht berichtet, schon weil es später einsetzt, und doch entscheidet sie vieles:

Was anfangen mit jungen Hunden, wenn kein Platz ist für sie auf Erden? Zumindest nicht in Eisleben. Zumindest nicht auf dem Hof dieser braven Eislebener Bürger. Man wirft die Weltneulinge in einen Sack und den Sack in den Teich nicht weit vom Marktplatz. Der Achtjährige sah es. Mag sein, er wollte weglaufen und blieb doch stehen. Mag sein, er schrie, es änderte nichts. Vielleicht haben die Teichmörder aus Zartsinn noch einen Stein mit in den Sack gelegt. Damit es schneller vorbei ist. Es war nicht schneller vorbei, denn der innerstädtischen Pfütze fehlte es an Tiefe. Der

Achtjährige sah alles. Sollte er wirklich zu der schauerlichen Gattung am Wasser zählen? Mag sein, die Umstehenden haben über die Verzweiflung des Jungen gelacht und etwas von Erwachsenwerden gesagt.

Die Szene am Teich 1821 traf auf eine Innenmembran, die noch nicht durch Gewöhnung vernarbt, noch nicht unempfänglich geworden war durch Wiederholung. Aber ist das im Fall Richard Wagners überhaupt eine richtige Wahrnehmung? Schließlich besaß er eine jener seltenen Seelen, die solche Selbstschutzmechanismen nie entwickeln.

Vielleicht hätte der Achtjährige Trost bei Rousseau gefunden, hätte er die »Abhandlung über den Ursprung und die Grundlagen der Ungleichheit unter den Menschen« gelesen. Der Autor glaubt an »zwei der Vernunft vorausgehende Prinzipien …, deren eines das brennende Interesse an unserem Wohlergehen und unserer Selbsterhaltung ist, während das andere uns eine natürliche Abneigung einflößt, ein fühlendes Wesen und vornehmlich unseresgleichen zugrunde gehen oder leiden zu sehen«. So ist das in jeder Kindheit, so war das in Rousseaus Naturzustand, den wir zu unser aller Unglück verlassen haben. Man wird einmal von der »Grundhärte der bürgerlichen Gesellschaft« sprechen, die diese auch von ihren ordentlichen Mitgliedern verlangen muss. Richard Wagner wird sie nie entwickeln. Er hat den Eislebener Hundemord nie vergessen. Vielleicht wusste er schon damals, dass er auf diesem Stern und unter seinesgleichen nie ganz zu beheimaten sein würde.

Die Musik ist ein guter Weg, bei äußerer Anwesenheit auf Erden zugleich ganz woanders zu sein. »Der Schlaf ist die Nabelschnur, durch die das Individuum mit dem All zusammenhängt«, hat Friedrich Hebbel gesagt. Auch der Schlaf ist ein Zustand offenkundig verweigerter Präsenz, und vielleicht wäre Hebbel einverstanden gewesen, sein Wort über den Schlaf auf die Musik auszudehnen. Auch Musik ist Beheimatung im All, sie besitzt fast immer, das ist oft bemerkt worden, den Doppelcharakter von Ausfahrt und Heimkehr. Ihrer weltzugewandten Seite entspricht die weltabgewandte. Aber weltabgewandt wohin? Nach oben natürlich, immer hinauf zum Vater, zum Licht, zur Empore der Engelschöre, plädieren wohl alle traditionell gestimmten Geister. Bei Wagner ist das anders, jeder »Tristan«-Hörer weiß das. Das All ist die Nacht des kreatürlichen Eins, es ist die Schwebewelt des Mutterschoßes, das tönende Ur-Meer, aus dem wir alle kommen, der Mensch und seine Mit-Tiere. Keiner hat dem zuvor Töne gefunden wie er.

Kerstin Decker,
Berlin-Treptow im Januar 2023

Vorbemerkung

»Geschichte meiner Hunde« sollte das Buch heißen, das Richard Wagner nicht mehr beginnen konnte. Vielleicht hätte er berichtet, worauf die Musikwelt nie kam: dass Richard Wagner ohne seine Hunde gar nicht Richard Wagner geworden wäre.

Ohne die katastrophale Schiffsreise von Pillau nach London kein »Fliegender Holländer«. Zweimal stand der kleine Ostseeschoner »Thetis« im Begriff, statt London direkt den Meeresgrund anzulaufen. Der Rigaer Kapellmeister würde diese werkbegründende Seefahrt niemals unternommen haben, wenn Robber, der Hund, nicht darauf bestanden hätte, ihn zu begleiten. Denn auf die Frage, wie man eine Kutsche so umbaut, dass außer den zahlenden Reisenden auch noch ein Neufundländer hineinpasst, fand selbst Richard Wagner keine befriedigende Antwort. Er las es in den Gesichtern der Mitreisenden: Sie würden von Russland nach Paris laufen müssen.

Und wie hätte er ohne den Zwergspaniel Peps herausfinden sollen, dass E-Dur die Tonart der natürlichen Liebe,

Es-Dur aber die der göttlichen Liebe ist? Bei E-Dur spannte sich jede Faser seines kleinen Körpers, bei Es-Dur wedelte er etwas schläfrig mit dem Schwanz. Wagner sang und spielte Peps alles vor, was er komponierte. Und Peps und Robber sind nur die ersten beiden von Richard Wagners Hunden.

Dieses Buch blickt auf den Jahrhundertkomponisten aus der Sicht derer, die ihn am besten kannten. In Nebenrollen treten ein Pferd, zwei Papageien sowie die Pfauen Wotan und Fricka auf. Überhaupt, das Geflügel. Über ein soeben geköpftes Huhn nachzudenken, konnte Richard Wagner zur ästhetischen Grundlagenreflexion geraten: *Dieses Mitleiden erkenne ich in mir als stärksten Zug meines moralischen Wesens, und vermutlich ist dieser auch der Quell meiner Kunst.* Weil der wahre Musiker jemand ist, der gar nicht an das Unbeseelbare, an das Stumm-sein-Müssen glauben kann?

Nicht die große Geste ist der Schlüssel zu Wagner, es ist die kleinste.

Dieser Musiker komponiert die Einheit alles Seins, und die meinende Sprache ist ihm nur eine unter vielen und ganz sicher nicht die höchste. »Da ist ein Musiker, der mehr als irgend ein Musiker darin seine Meisterschaft hat, die Töne aus dem Reiche leidender, gedrückter, gemarteter Seelen zu finden und auch noch den stummen Thieren Sprache zu geben«, hat Friedrich Nietzsche gewusst.

Aller geschöpfliche Hochmut gegenüber dem vermeintlich vernunftlosen Tier ist Richard Wagner fremd. Nicht nur als Komponist, auch als Hundebesitzer war er wohl einzigartig. Schon gegen das Wort hätte er sich verwahrt: Man besitzt keine Tiere! Es wäre ihm, dem Anwalt der geprügelten

Droschkenpferde Europas, dem ersten Kritiker der Tiertransporte (Hühner und Enten auf dem Lago Maggiore) wie eine Demütigung des Hundes erschienen. Wer seinen Hund nicht besitzt, kauft ihn natürlich auch nicht. Es ist eine zu willkürliche Art der Bemächtigung. Andererseits hatte Wagner das auch gar nicht nötig, denn egal, wo er auftauchte, wechselten die Hunde freiwillig ihre Herrn.

Und sie zu verkaufen? Den Neufundländer Robber zu veräußern, hätte ihm aus der ärgsten Pariser Not geholfen, und wovon das Tier ernähren, das mehr fraß als er und so wenig natürliche Anlagen zum Vegetarismus besaß? Allein, es war undenkbar.

Richard Wagner glaubte, seine Biographen müssten ihn zwangsläufig verfehlen. Denn sie würden ihn mit dem verwechseln, der sein Leben lebte, dieses viel zu volle, überbordende Leben.

Es gibt wohl wenige Menschen, deren Geschichte sich erzählen lässt, indem man die Geschichte ihrer Hunde schreibt, und plötzlich verschieben sich die Relationen, wechseln Vorder- und Hintergründe. Es ist ein Vorurteil der Biographen, zu glauben, bei den jeweils Nächsten eines Menschen handele es sich wiederum um Menschen.

ROBBER ODER »DER FLIEGENDE HOLLÄNDER«

Achderarmehund

Vor der Tür des sechsundzwanzigjährigen Rigaer Kapellmeisters liegt ein großer schwarzer Hund, ein Riese selbst unter den Neufundländern. Er ist viel schöner als ich, sagt der Kapellmeister. Und stärker ist er wohl auch. Wie vermisst er seinen Namen. R-o-b-b-e-r. Aber wenn andere ihn rufen, hört er es fast nicht. Sie nennen ihn ohnehin kaum noch Robber, nur Achderarmehund. Achderarmehund, sagen die Nachbarn. Achderarmehund, sagt der Hauswirt.

Robber wartet.

Er durchwartet die Tage, er durchwartet die Nächte. Im Umgang mit den Menschen, das weiß er, helfen nur Nachsicht, Geduld und Beharrlichkeit. Es hat lange gedauert, bis der Kapellmeister einsah, dass dieser Hund sein Hund war. Er konnte es unmöglich wieder vergessen haben.

Vielleicht hatte Richard Wagner irritiert, dass Robber dem Kaufmann Armistead gehört. Von ihm hat er auch seinen fremden Namen: Robber. Räuber. Aber ein Hundeleben ist viel zu kurz, um es bei einem Herrn zuzubringen, der nicht zu einem passt. Wie der Kaufmann Armistead.

Der mündige Hund wählt seinen Herrn selbst. Ein späterer Freund des Kapellmeisters würde einmal die ganze Philosophie des Abendlandes überprüfen, um am Ende einen kategorischen Imperativ einzuführen: Folge nicht mir, folge dir nach! – Aber das tat er doch jetzt schon. Darum musste er den Kaufmann verlassen. Außer sich selbst folgte er nun auch dem Kapellmeister nach, und das war nicht Nachlässigkeit oder Schwäche, das war Konsequenz.

Bisher kannte der Kapellmeister nur Pudel, wenn wir von seinem Versuch absehen wollen, einen jungen Wolf zu zähmen, der allerdings *die Gemütlichkeit unsres häuslichen Lebens,* wie sein Besitzer bald einsah, *nicht vermehrte.* Die Tatsache wog umso schwerer, da seinem *häuslichen Leben* von Anfang an eine entschiedene Tendenz zum Ungemütlichen innewohnte, was nicht zuletzt am Temperament des Ehemannes und seiner Begabung zur Eifersucht lag. Allerdings hatte er Gründe, denn seine Frau war schon zweimal mit ihrem Liebhaber geflohen. Kurz: Pudel waren besser.

Der erste hörte auf den Namen Rüpel, sonst hörte er eigentlich nicht; die beiden anderen hießen Dreck und Speck, waren schwarz wie Robber, hatten aber schneeweiße Nasen. Pudel sind ein Irrtum, weiß Robber. Richard Wagner hat keine Pudelseele. Wenn einer unter allen Einwohnern Rigas eine Neufundländerseele besitzt, stark und schön wie die seine, dann der Kapellmeister.

Ging er aus dem Haus, war Robber schon an seiner Seite. Ging er zurück ins Haus, blieb er davor und wich keinen Schritt. Der Erwählte nannte das *förmliche Belagerung.*

Ich lieg' und besitz', lasst mich schlafen, wird später ein zum Lindwurm gekrümmter Riese in seiner längsten Oper sagen, im »Ring«. Genauso war das schon jetzt. Aber Robber versperrte die Tür vor allem, damit der Inhaftierte genug Muße hatte, nachzudenken. Etwa darüber, dass man Erwählungen nicht ablehnen kann. Vielleicht auch darüber, ob es möglich ist, so viel zu dirigieren wie sein Hund frisst. Aber das würden sie zusammen tun.

Was heißt, ein Hund gehört nicht auf eine Orchesterprobe? Ein Blick hatte genügt, um zu wissen, worauf es hier ankam. Mit einem lächerlich kleinen Stab versuchte sein armer Herr, eine ganze bewaffnete Meute zusammenzuhalten. Was hier fehlte, war er, erkannte der Hund und postierte sich mit finsterer Entschlossenheit neben dem Dirigentenpult. Gemeinsam würden sie die Widerstrebenden in Schach halten. Er achtete vor allem auf die Kontrabässe, die waren am bedrohlichsten. So war es gewesen.

So würde es sein. Sie würden wieder gemeinsam dirigieren. Er musste nur warten können. Der Kapellmeister hat ihn beim Namen gerufen, er ist sein Hund. R-o-b-b-e-r. Manchmal möchte er fast aufspringen, meint er den vertrauten Schritt, die vertraute Stimme schon zu hören, aber dann ist es jedes Mal nicht wahr. Es sind Dämmertage. Der Hund träumt. Der Kapellmeister ruft nicht mehr.

Warum öffnet sich diese Tür nie? Weil er nicht drin ist, natürlich. Sind Belagerungen nur dann welche, wenn der zu Belagernde zu Hause ist? Damals war er gefangen, jetzt ist die Wohnung bald leer. Robber hat selbst gesehen, wie Hausrat hinausgetragen wurde. Aber was heißt das? Er ist da!, verrät noch immer jede Nachforschung seiner Hundenase. Er muss warten. Es ist Juni, es ist unerträglich heiß. Und er ist ein Badehund, sogar im Winter. Nie ist er mit dem Kapellmeister in die Stadt gegangen, ohne im Festungsgraben zu schwimmen. Neufundländer gehören zu den Amphibien. Er hat schon lange nicht mehr gebadet.

Achderarmehund! Der Hauswirt bleibt nachdenklich stehen. Und dann streichelt er ihn. Das heißt nur, wenn er es zulässt. Dem Tonfall nach zu urteilen, ist Achderarmehund! keine Beförderung. Robber weiß, wie Respekt klingt, so klingt er nicht. Aber was ist es dann?

Käme der Kapellmeister gleich wieder, er würde es an den Stimmen ringsum erkennen. Er hat ein sehr gutes Gehör für Töne. Der Kapellmeister sagt, er habe noch nie einen so musikalischen Hund gesehen. Und er hat ihn auch nie spüren lassen, dass er mehr fraß als er.

Hätte Robber den Kontrabassisten verschonen sollen? Er hört ihn noch schreien: »Herr Kapellmeister, der Hund!« Aber da war es schon zu spät. Nichts mehr zu machen. Ihn hatte der tückische Stock nicht täuschen können, zwar bewegte er sich meist langsam, aber immer in seine Richtung, und dann plötzlich wurde die Bewegung stärker. Das ist ein Bogen, sagen die Musiker, aber Stock bleibt Stock, und als er wieder vorschnellte, diesmal heftiger, aggressiver als vorher, sprang Robber los. Direkt auf den Kontrabass. Der Kapellmeister war verstimmt, ja, er war böse, obwohl er selbst erklärte, der Hund hätte recht gehabt: Der Bass sei zu schnell gewesen. Aber böse war er trotzdem. *Meine vortreffliche Bestie*, hatte er manchmal gesagt, und es war eine Zärtlichkeit gewesen. Jetzt ließ er das »vortrefflich« weg. Das machte Robber sehr traurig. Der lädierte Kontrabass war auch böse, wagte aber nicht, das zu zeigen.

Vielleicht sollten Sie, lieber Leser, wissen, dass wir Neufundländer keine gewöhnlichen Hunde sind. So wie der Kapellmeister, aber ich glaube, das wissen Sie, auch kein gewöhnlicher Kapellmeister ist. Wir sehen nur das ein, was wir wollen. In unserer tiefsten Neufundländerseele sind wir Anarchisten. Nur Anarchisten können wirklich treu sein. Gehorsam ist eine Eigenschaft von Kreaturen, keine von Neufundländern. Aber das mit dem Kontrabass war wirklich falsch. Ich beließ es seitdem bei Blicken, denen der Rekonvaleszente unmissverständlich entnehmen musste, dass das Vorgefallene jederzeit wieder geschehen kann.

Man kann seine Frau verlassen, vielleicht sogar seine Kinder, aber niemals seinen Hund. Herr und Hund. Ich habe schon angedeutet, dass diese Worte lächerlich sind, wenn von uns beiden die Rede ist. Und nicht nur, weil nicht der Kapellmeister sich einen Hund aussuchte, sondern der Hund sich einen Kapellmeister. Wie oft hat er mir gesagt, dass ich der einzige Mensch bin, mit dem man sich hier vernünftig unterhalten kann. Und dass er sehr allein sei: *Von nirgends her trat mir eine auch nur im mindesten anregende Persönlichkeit entgegen,*[1] wird er später etwas unpräzise zu Protokoll geben, richtig lautet der Satz: Von mir abgesehen, trat ihm von nirgends her auch nur eine im Mindesten anregende Persönlichkeit entgegen.

Habe ich Sie erschreckt und Sie fragen sich, ob jetzt schon die Hunde beginnen, Sachbücher zu verfassen? Niemand kannte den Kapellmeister so gut wie wir. Und wir sind genaue Beobachter, zumal wir ebenjene kritische Distanz zu den menschlichen Dingen besitzen, die man von einem richtigen Sachbuch verlangen muss. Doch wir können auch, was den Menschen so schwer gelingt: einfach mal das Maul halten. Wir sind die idealen Co-Autoren.

Der Hund träumt. Nichts freut ihn mehr, nicht Fressen, nicht Baden, solange der Kapellmeister nicht zurückkehrt. Er wird warten. Einmal muss jeder nach Hause kommen.

Die Selbstberufung

Fünfundvierzig Kilometer vor Riga liegt Mitau, wo die Mitauer jetzt die Opern hören, die das Rigaer Theater schon im Winter spielte. Meyerbeers »Robert, der Teufel« gilt als Höhepunkt, aber der Kapellmeister hält das wohl bereits jetzt für einen fahrlässigen Irrtum des Publikums. Am 24. Juni 1839 muss er Beethovens »Fidelio« dirigieren, die Oper, die ihn zum Musiker gemacht hatte. Nie klang eine Rettung zarter und gewalttätiger zugleich. Und wenn er, kurz vorm Ende, der Trompete das Zeichen zu ihrem Freiheitsruf geben muss, wird es zugleich die Fanfare seiner eigenen Befreiung sein. Und nur er weiß es. Leonore befreit Florestan, er spricht sich selbst frei! Wenige Tage noch, und er ist weg!

Es gibt nur eine Schwierigkeit. Was er vorhat, ist mindestens so unmöglich wie die Flucht Florestans aus Roccos Kerker zu Beginn des ersten »Fidelio«-Aktes. Mit den Worten des Selbstretters aus der Knechtschaft des Rigaer Theaters:

Er habe beschlossen, *dem Brennpunkt des europäischen großen Opernwesens unmittelbar* sich zuzuwenden.

Paris also.

Nahezu unmöglich ist das nicht nur wegen des Widerstands seiner Frau Minna, die ein gewisses Misstrauen dagegen hegt, ihre künftige Existenz auf etwas so Fragwürdiges wie das Genie ihres Mannes gründen zu sollen, näherhin auf zwei Akte einer noch nicht fertiggestellten Oper. Aber einen Namen hat sie schon: »Rienzi«. Sie ist in gewisser Hinsicht das Resultat eines Versuchs seiner Frau, ihn zu verlassen. Ja, es war kein bloßes Verlassen, es war eine genau geplante, hochdramatische Flucht. Alle Schränke und Schubladen hatte der damalige Königsberger Musikdirektor eines Mittags leer gefunden, als er *todmüde, bleich und hungernd* aus der Probe kam, augenblicklich war er noch bleicher, in seinen eigenen Worten: *Den Tod im Herzen stürzte ich aus dem Hause,* und er stürzte weiter Tausende Kilometer seiner fliehenden Frau hinterher bis nach Dresden, die gemeinsamen Hochzeitsgeschenke unterwegs zu Reisegeld machend, um Minna schließlich aus der Wohnung ihrer Eltern zu locken, die ihn am liebsten gar nicht erst eingelassen hätten. Damals füllten zwei Dinge seine Tage: Er überzeugte Minna, dass vor ihr eine große Zukunft an seiner Seite liege, und nebenbei las er den Roman des Briten Bulwer über Rienzi, den letzten der römischen Tribunen. Sollte in diesem Werk, wenn es erst Noten hätte, nicht der Keim des Ruhmes stecken, den er Minna versprochen hatte?

Wahrscheinlich erklärte er seiner Frau immer wieder, dass zur richtigen Oper nur noch die richtige Stadt fehle.

Paris! Er konnte ihren Argwohn dahingehend beschwichtigen, dass er mit Paris »in Verbindung stehe«. In der Tat hatte er Meyerbeer, den Komponisten von »Robert, der Teufel«, dessen Erfolg sich umgekehrt proportional zu seiner Begabung verhält, wie der Bittsteller einmal glauben wird, von seiner Existenz in Kenntnis gesetzt. Er hatte sich auch mit generöser Geste an Scribe, den berühmtesten Operndichter weit und breit gewandt, von beiden jedoch nie eine Antwort erhalten, was ihn aber nicht bekümmerte, konnte er doch seiner Frau mitteilen, er stehe mit Paris in Verbindung. Außerdem hatte jener Scribe tatsächlich einmal seinem Schwager Avenarius geschrieben, und diesen Brief verschaffte sich der Kapellmeister, fest entschlossen, in die eigene Zukunft zu entweichen, zur Vorlage bei Minna: *Selbst auf die keineswegs sanguinische Vorstellungsart meiner Frau wirkte dieser Scribesche Brief so bedeutend, daß die den Schrecken, mit mir sich zu dem Pariser Abenteuer aufmachen zu sollen, immer mehr zu überwinden vermochte.*[2] Das klang noch sehr vorläufig, um nicht zu sagen: widerstrebend, und wahrscheinlich wird erst die Rigaer Entlassung ihres Mannes ihre Zustimmung erzwungen haben, denn Kündigungen sind nur bedingt interpretierbar. Den Gekündigten hatte die Nachricht am meisten überrascht, doch beschloss er sofort, sie als Zeichen zu verstehen, und zwar als Vorzeichen, ja als Verheißung einer großen Zukunft, die sich seit seiner Rienzi-Lektüre nur etwas verzögert habe.

Dennoch lag ein weiterer Riegel vor dieser Zukunft, mindestens so groß wie jener vor Florestans Kerker. Um seine vergangenen und gegenwärtigen finanziellen Verhältnisse steht es nicht gut. Ein früher, einfühlsamer Biograph nennt deren Inhaber mit großer pekuniärer Sensibilität »den von aller Barschaft Entblößten« und beschreibt seine Kreditwürdigkeit wie folgt: »Mehrfache Schuld- und Wechselklagen aus dem drangvollen Königsberger Notjahr waren in seinem letzten Aufenthaltsorte gegen ihn geltend gemacht; auch einige Rigaer Kreditoren hinzugekommen.«[3]

Für Richard Wagner deutet das Ausmaß seiner Schulden vor allem auf die höchst ungleiche Verteilung des Geldes in der Welt. Eine Makelhaftigkeit, die der russische Staat ausdrücklich zu befördern gedenkt, denn bevor jemand das Zarenreich verlassen darf, muss er die Absicht seiner Entfernung dreimal in den öffentlichen Blättern kundtun, damit jeder, der noch Forderungen an ihn hat, diese auch stellen kann. Richard Wagner wird schon schwindlig, wenn er daran denkt; aber immerhin sind ihm aus jenem Königsberger Notjahr nicht nur Schulden geblieben, sondern auch die Bekanntschaft mit dem Kaufmann und Kunstfreund Abraham Möller, der dem Bedrängten überzeugend darlegte, dass der sicherste Weg, seine Schulden begleichen zu können, darin bestehe, in Paris ein reicher Mann zu werden und sie dann zu bezahlen. Nur die Reihenfolge zwischen Tilgung und Abreise würde sich also verändern, nicht aber die Absicht der Tilgung selbst. Dem Kapellmeister leuchtete das ein. Möller erbot sich, den illegalen Grenzübertritt so gut wie möglich vorzubereiten.

Natürlich ist die Sache nicht ganz ungefährlich, und wahrscheinlich ersparte der Kaufmann dem werdenden Flüchtling die Geschichte des Heldentenors Franz Mehlig, der das Gleiche ein paar Jahre zuvor versucht hatte, alle Gefahren überstand, um hernach in Folge der Aufregung an einem »hitzigen Nervenfieber« zu verscheiden. Vielleicht kannte Möller diese Geschichte auch gar nicht, außerdem würde es das erste Mal sein, dass er seine Fähigkeiten als Fluchthelfer auszuprobieren Gelegenheit findet.

Und Robber? Unmöglich. Richard Wagner weiß es. Wie mag er den Hund in den letzten Rigaer Tagen angeblickt haben. Wie oft mag er ihm erklärt haben, dass es seine, Richard Wagners Pflicht sei, dem eigenen Genie zu folgen. Die erste Tugend des Flüchtlings ist Unauffälligkeit, und was gibt es Auffälligeres als Robber? Und es ist nicht nur seine Größe und die Ernährungslage unterwegs, auch der Umstand, dass man einem Neufundländer nicht sagen kann, was er tun soll – eine Eigenschaft, die sein Herr sonst durchaus zu schätzen bereit ist –, macht ihn als Fluchtbegleiter nur bedingt tauglich. Wie oft hat er sich und dem Hund begründet, dass er ihn zurücklassen muss und doch nicht daran glauben wollen. Und nun ist er hier, in Mitau, ohne Robber, er, Richard Wagner, der Verräter. Und hält es kaum aus. Gut, dass er jeden Abend eine andere Oper dirigieren muss, er würde sonst noch zurück nach Riga fahren und den Hund holen. Also nicht denken! Dirigieren!

Er hatte schon immer Albträume.

Jetzt hat er sie auch verdient.

Und dann rast die schwarze Furie auf ihn zu, mit aller so lang zurückgestauten, ungenutzten Kraft, und wirft ihn fast um.

Die Begrüßung dauert lange, wahrscheinlich ist anfangs unklar, ob der Begrüßte sie überleben wird. Und kein Laut, kein Blick des Vorwurfs. Das beschämt ihn. Der Rigaer Hauswirt hatte die Not des Tieres nicht mehr mit ansehen können und Robber mit der Post nachgeschickt. Der entlaufene Kapellmeister verspricht unter Tränen alles, was man bei solchen Gelegenheiten verspricht. Und er meint es so. Alles andere, das weiß er jetzt, wäre ein schrecklicher Irrtum gewesen. Wo du hingehst, da will auch ich hingehen! Und wenn es nach Paris ist. Entweder wir schaffen es zu dritt oder gar nicht, teilt er seiner Frau mit. Sie sieht ihn nachdenklich an. Und dann hören sie den Florestan-Ruf der Trompete.

Die meisten Menschen hören diese Trompete nie. Die meisten Menschen werden nie gerufen von sich selbst. Und so schauen sie auch. Die Mitreisenden besehen ungläubig das Gepäck und die Begleitung des Ehepaares. Müssen diese jungen Leute mit ihrem halben Hausstand verreisen? Und was heißt, der Hund muss in den Wagen? Was heißt hier überhaupt Hund? Ist das nicht eher ein Bär? Manche glauben, der Neufundländer sei entstanden, als die einheimischen Bären Grönlands sich mit den Hunden der vordringenden Wikinger paarten. Aber die Reisenden haben jetzt wenig Sinn für Stammbäume. Entweder der Bär steigt aus oder sie.

Richard Wagner versucht, die Kutsche umzubauen. Stumm blicken die Aufgehaltenen. Dann gibt er endgültig auf, das Tier muss neben dem Wagen herlaufen. Der Kapellmeister wagt nicht, aus dem Fenster zu sehen. Das braucht er auch nicht, denn er hört seinen schweren, hechelnden Atem.

Natürlich, Neufundländer sind Lasttiere. Sie zogen den Fischern ihre Schlitten, voll beladen mit Holz für den Winter. Aber genau das ist es: Auf »Winter« liegt die Betonung; der Neufundländer ist ein Winterhund, auf Neufundland ist immer Winter, gewissermaßen. Und jetzt ist Sommer, kurländischer Sommer. Der Kapellmeister erträgt Robbers Anblick nicht. Lieber läuft er selber neben dem Wagen. Und dann lässt er, *auf das äußerste gebracht,* wieder anhalten. Es folgen erneute *ingeniöse Einfälle.* Über die Gemütsverfassung der Mitreisenden ist nichts überliefert. Am Ende ist Robber im Wagen, vielleicht schon fast so wie später in London: Kopf und Vorderbeine ragen zum einen Fenster hinaus, Schwanz und Hinterbeine zum anderen.

Wagner hat inzwischen viel Zeit, darüber nachzudenken, welche Strecke noch vor ihnen liegt. Ob die Polen, die Preußen, die Westfalen, die Holländer, die Franzosen auch so tolerant sein werden? Toleranz ist ein anderes Wort für Leidensfähigkeit.

Sie werden nach Paris laufen müssen.

Am Nachmittag des zweiten Tages steigen sie aus; die belästigte, nun tief Luft holende Reisegesellschaft fährt weiter auf der Hauptstraße Richtung Tauroggen; auf die Zurückbleibenden wartet Fluchthelfer Abraham Möller mit seinem kleinen Wagen. Sie nehmen Umwege, um Spuren zu verwischen. In einer schmutzigen Kneipe, die sich nach Sonnenuntergang mit polnischen Juden füllt, warten sie auf das Zeichen zum illegalen Grenzübertritt, da ist Möller schon wieder weg.

Die preußisch-russische Grenze ist ein Graben, an dem alle tausend Schritt ein Wachhäuschen steht, bemannt mit einem Kosaken; zwischen den Häuschen patrouillieren Wachen, um aufzupassen, dass die Kosaken nicht einschlafen und niemand über den Graben springt. Die Chance liegt darin, die Grenze genau in dem Augenblick zu überqueren, wenn die Patrouille nachschaut, ob der Kosake noch wach ist. Und wenn nicht, würde ihn Robber schon aufwecken.

Robber, und das weiß sein Besitzer genau, ist nicht nur ein Hund, den man nicht übersieht, sondern auch einer, den man nicht überhört.

Die Ankunft eines jungen Ehepaares mit unglaublich viel Gepäck und einem unglaublich großen Hund mehrere Tage später in der kleinen ostpreußischen Hafenstadt Pillau belegt, dass die russisch-preußische Grenze nicht feucht gewesen sein kann, denn andernfalls hätte Robber kaum darauf verzichtet, im Graben zu baden. Es war ihm gelungen, was ihm nie wieder gelingen würde: sich so zu verhalten, als wäre er gar nicht da. Mit den Worten seines Herrn: *Ich hatte … zu meiner seltsamen Freude das intelligente Verhalten Robbers beobachtet, welcher, als ob er die Gefahr gewahrte, sich lautlos an uns geschmiegt hielt.*[4] Von so viel Selbstverleugnung wird er sich ab sofort erholen.

Richard und Minna Wagner sind selbst überrascht, in Pillau zu sein. An diese Stadt hatten sie nie gedacht, ebenso wenig wie mit dem Schiff nach Paris zu fahren. Aber ein Schiff ist geräumiger als eine Kutsche, und wenn sie nicht nach Paris laufen wollen, das war ihnen inzwischen klargeworden, empfiehlt sich der Wechsel des Transportmittels.

Das Schiff heißt »Thetis«. Seine Maße sind bereits beschrieben worden; es ist tatsächlich ein wenig größer als eine Kutsche; der werdende Seefahrer nennt es *von kleinstmöglicher Gattung*, es ist gute fünfundzwanzig Meter lang. Segler wie dieser verkehren gewöhnlich zwischen den Ostseehäfen, aber die »Thetis« will, den Bauch voller Hafer und Erbsen, nach London. Wahrscheinlich ist die Reederei der Ansicht, es ist Sommer, auch auf der Nordsee, und am Bugspriet sänftigt Thetis die Fluten, ganz aus Holz, selbst wenn Nymphen wie sie eher auf Teiche und andere friedliebende Gewässer spezialisiert sein sollten.

Eine letzte Nacht im Pillauer Gasthof und dann eine letzte Mahlzeit an Land, solange ihr Magen noch wissen würde, wo oben und unten ist.

Was für ein Bild des Friedens. Lange, schon gedeckte Tische, und am Fenster steht die Wirtin und füllt gekochtes Obst in eine lange Reihe von Gläsern. Aber noch das vollkommenste Bild irdischer Eintracht hat einen kleinen Sprung, auch in diese tiefste Ruhe dringt nun ein Misston: Der Hauskater faucht den Hund an und flieht über alle Tische. Die Kollateralschäden sind gering. Der Hund stürzt ihm nach, und nun kann von Kollateralschaden nicht mehr gesprochen werden, es handelt sich, das begreifen Richard und Minna Wagner sofort, um einen Totalschaden.

Wenn einer große Ziele verfolgt, bereitet das manchmal viel Ungemach, auch Richard Wagner weiß das, wenige wissen das besser als er, und nein, noch ist Robber dieser lächerliche Pillauer Stubenkater nicht entwischt. In seiner Verzweiflung springt dieser auf den Obsttisch der Wirtin und durch den offenen Fensterspalt ins Freie. Der Hund hinterher. Die Arbeit der Frau findet ein jähes Ende und erfüllt binnen Augenblicken alle Kriterien der Vergeblichkeit.

Robber splittert durch die Scheibe.

Das Ehepaar Wagner steht gelähmt vor Entsetzen, dann spürt es, einander anblickend, einen jähen Fluchtimpuls.

Sie haben knapp hundert Dukaten.

Von den weniger als hundert Dukaten müssen sie die Reise bezahlen – blinde Passagiere reisen billiger – und den Aufenthalt in Paris, bis der Mann mit Hund reich und berühmt ist. Sie können hier unmöglich Totalschadensersatz leisten, sie greifen ihr Gepäck, das, was sie davon fassen können, und stürzen aus dem Gasthof.

Das Reisen als blinder Passagier ist zwar kostengünstig, aber nicht wirklich komfortabel. Zuerst muss die Hafenwache überlistet werden, um überhaupt in die Nähe des Schiffs zu gelangen. Nur gewöhnliche Seefahrer gehen über eine Brücke an Bord, die anderen müssen versuchen, die Rückwand zu erreichen, und warten, ob sie jemand hinaufzieht. Die Wand der »Thetis« ist sehr steil und erstaunlich hoch für ein Fahrzeug der »kleinstmöglichen Gattung«; Richard Wagner spürt jedes Kilo Robbers einzeln, als sie auch diese Fuhre nach oben hieven.

Jedes Schiff verfügt über sein Nibelheim, und dorthin, in die Nacht des Schiffsbauchs, ins Kabelgatt werden sie sofort verbannt. Die Hafenaufsicht erscheint an Bord. Man habe nur Hafer und Erbsen geladen, versichert der Kapitän, die drei größten Erbsen erwähnt er nicht, und die Inspektion findet auch nichts.

»Sandwike ist's …«

Am 19. Juli 1839 verlässt die »Thetis« den Pillauer Hafen, in acht Tagen gedenkt man London zu erreichen, und Richard Wagner beginnt ein Dasein, wie es auch die Teilnehmer zeitgenössischer Kreuzfahrten kennen. Die Besatzung arbeitet, während er an Deck flegelt und George Sands »La dernière Aldini« liest, um bei dieser Gelegenheit etwas Französisch zu lernen. Neben ihm flegelt sein Hund. Leider herrscht vollkommene Windstille, und auch die »Thetis« flegelt auf dem Meer. Schwer zu sagen, ob Robber schon jetzt den Matrosen Koske ins Auge fasst. Die Besatzung besteht aus dem meineidigen Kapitän Wulff, fünf für die Nachwelt auf ewig Namenlosen und dem unglücklichen Koske, einem älteren, schweigsamen Matrosen aus einem großen Pillauer Matrosengeschlecht. Nach sieben Tagen ist London zwar noch nicht in Sicht, aber dafür Kopenhagen. Der gekündigte Kapellmeister passiert Helsingør, denkt Gedanken der Form »Shakespeare und ich« und ist im Übrigen der Meinung, dass ein richtiger Sommer und eine richtige Seefahrt zusammengehören.

Kurz darauf denkt er das nicht mehr, streng genommen denkt er überhaupt nichts mehr. Am 27. Juli erhebt sich im Skagerrak ein furchtbarer Sturm. Noch im Jahr 1885 wird der bayerische Taschenkalender des legendären »Seesturms von Sandwike bei Arendal« im Jahr 1839 gedenken. Wie er klingt, wenn er sich in der Takelage der »Thetis« verfängt, hört noch heute jeder im »Fliegenden Holländer«. Was er nicht hört, ist das, was sich in der Kajüte des Kapitäns ereignet. Dort liegen der seekranke Kapellmeister, seine seekranke Frau und sein seekranker Hund. Sie wissen nicht mehr, wo oben und unten ist, aber das weiß streng genommen keiner mehr. Immerhin sind sie hier ungestört, denn der Kapitän will bei diesem Wetter nicht schlafen. Oder besser: Sie könnten ungestört sein, kämen nicht die Matrosen in regelmäßigen Abständen hinunter, und dann muss Richard Wagner aufstehen, was ihm nur mit größter Mühe gelingt. Unter seiner Bank ist das Branntweinfass. Alle Rettung, scheint die Besatzung zu glauben, ist, wenn überhaupt, dann in diesem Fass.

Am häufigsten erscheint Matrose Koske, Richard Wagner hört es schon, bevor er in der Tür steht, denn Robber beginnt zu wüten, wenn er nur Koskes Schritt hört. Die anderen lässt er trinken, aber Koske gegenüber verteidigt er das Fass, als gelte es sein Leben. Und Koske muss an das Fass, als gelte es sein Leben. Der fast schon ohnmächtige Zeuge könnte jetzt einwenden, dass sie ohnehin gleich alle auf dem tiefsten Meeresgrunde ruhen würden, gleichgültig ob durstig oder nicht durstig, weshalb man den Dingen nicht vorgreifen solle. Doch zu solchen Stellungnahmen fehlt ihm die Kraft; später gibt er zu Protokoll, dass Robber den armen Matrosen *mit stets erneueter Wut anfiel, sobald er die enge Treppe herabgeklettert kam, was mir, dem von der Seekrankheit gänzlich Erschöpften, jedesmal eine mein Übelbefinden zu den bedenklichsten Katastrophen steigernde Anstrengung abnötigte.*[5] – Da kommt der Kapitän auf die Idee, statt den Grund des Meeres direkt anzulaufen – das wird der »Thetis« erst Jahre später gelingen – zuerst einen Hafen aufzusuchen.

Der Kampf um den Branntwein endet, der Kapellmeister schleppt sich an Deck, um mit eigenen Augen das zu sehen, worauf er schon nicht mehr zu hoffen wagte: Felsen, ganz weit weg in der Ferne. Wunderbar raue, schroffe, unbedingt tödliche und doch heimatliche Felsen, Land eben. Noch glaubt er, es ist eine Felsenkette, aber als sie näherkommen, erfährt er es anders. Kuppe um Kuppe taucht aus dem Meer auf, *an ihnen vorbeigesegelt, erkannten wir, daß wir nicht nur vor uns, wie zur Seite, sondern auch im Rücken von diesen Riffen umgeben waren, welche sich hinter uns wieder ... zusammendrängten.* Es ist Sandviken, nordöstlich von Arendal. Der Sturmwind bricht sich an den zurückgelassenen Felsenkegeln, und je weiter sie fahren in diesem Labyrinth – längst führt ein einheimischer Lotse das Steuer –, umso stiller ist es.

Der Fjord wird zum Dom.

Der Gerettete könnte, was er erfährt, auch innerweltliche Transzendenz nennen. Die einen machen eine Seefahrt, um das zu erleben, andere besuchen etwas später vorzugsweise Wagner-Opern.

Er hört, wie sich der Ruf der Matrosen an den Felswänden bricht. Er versteht die plattdeutschen Worte nicht – Schunerseil – riet em daal!, Schonersegel – reißt sie nieder! –, aber er weiß auch so, was sie bedeuten: *Der kurze Rhythmus dieses Rufes haftete in mir wie eine kräftig tröstende Vorbedeutung und gestaltete sich bald zu dem Thema des Matrosenliedes in meinem »Fliegenden Holländer«.*[6]

Und Robber: Ob etwas in seinem Blut ihm zuraunt, dass er sich seiner Urheimat nähert, gesetzt den Fall, dass er tatsächlich von den Bären Neufundlands und den Hunden der Wikinger abstammt?

Bleich besehen die Matrosen ihr Schiff. Da vorn fehlt was. Der Sturm hat die Nymphe verschluckt. Ein höchst bedenkliches Zeichen, sollten sie nun schutzlos sein? Aber dies ist der Augenblick nach der Gefahr, und es ist zu viel neu gewonnener Frieden zwischen diesen Felsen, als dass die Blicke der Seeleute, auf der Suche nach den Urhebern des Schadens, ungebührlich lange auf den drei blinden Passagieren verweilen dürften. Natürlich sind Matrosen abergläubisch. Sie glauben zum Beispiel, dass man in einer so kleinen Nussschale über zwei Meere bis nach London und wieder zurückkommen kann. Oder richtiger: Gerade beginnen sie wieder, es zu glauben.

Die Mannschaft und die Erstseefahrer ruhen sich aus, der Sturm auf dem offenen Meer noch nicht. Das Haus eines verreisten Norwegers nimmt sie auf, doch nach zwei Tagen will der Kapitän trotz aller Warnungen weiter. Auf der ausfahrenden kopflosen »Thetis« verzehrt Richard Wagner zum ersten Mal im Leben einen Hummer, als sich ein heftiges Fluchen an Bord erhebt. Wagners Tagebuch vermerkt: *zwei Stöße. Wieder zurück.*[7] Der Lotse rammte einen Felsen.

Würde die »Thetis« nun untergehen, wüssten alle, wie stark die beiden Stöße waren. Aber sie schwimmt weiter. Um festzustellen, wie lange noch, wird eine Fahrt zu den Hafenbehörden notwendig, damit diese das Schiff begutachtet. Die maritime Inspizienz befindet sich in der nächstgrößeren Stadt, und der Kapitän lädt den Kapellmeister ein, ihn zu begleiten. Ihr kleines Boot findet seinen Weg durch den weit sich ins Land schneidenden Fjord, Richard Wagner verdaut den Hummer, und sein Geist macht Notizen zu einer nie gesehenen *grauenvoll erhabenen Öde.*

Der Schaden erweist sich als unbedenklich, so dass die »Thetis« am 1. August 1839 *bei gutem Winde* von Neuem in See sticht.

Über seine Gemütsverfassung beim erneuten Anblick des offenen Meeres überliefert Wagner nichts, wahrscheinlich sagt er sich, dass es bis London nun nicht mehr weit ist, bloß einmal quer rüber. Und die Amphibie Robber weiß ohnehin: Wasser ist Wasser. Schon bald wird sich seine Rasse, systematisch ausgebildet, Verdienste um die Rettung Ertrinkender erwerben. Wahrscheinlich ist er der Einzige an Bord, der richtig schwimmen kann. Und das Wetter stimmt auch: Je miserabler, desto neufundländischer, desto heimatlicher wird es.

Das Tagebuch des Seefahrers Richard Wagner gibt sich in den folgenden Tagen besonders wortkarg. *Sonntag den 4ten Abends stürmischer Nordwind; günstig. Den 6ten Abends conträren Sturm. Mitwoch den 7ten schlimmer Tag. Mittag halb 3 Uhr Sturm am heftigsten.*[8] Am frühen Nachmittag des 7. August haben sie den Tod nicht nur im Herzen, sondern ebenso vor Augen, lediglich die Art seines Eintritts ist noch offen: Entweder er kommt von oben, oder er kommt von unten. Über ihnen tobt das heftigste Gewitter, unter ihnen schwankt das beweglichste Hochgebirge aus Wasser, in dessen tiefstem Tal sie sich befinden, nur um im nächsten Augenblick auf einen weißschäumenden Gipfel gehoben zu werden. Das Meer, Richard Wagner müsste es zugeben, ist ein begnadeter Regisseur. Was für ein Sinn für Effekte!

Und die »Thetis« ist vorn ganz nackt. Keine schützende Jungfrau mehr am Bug, die hier begütigen und sich zurechtfinden könnte. Die Mannschaft blickt abwechselnd nach oben, nach unten und auf die drei blinden Passagiere. *Verzweiflungsvoll boshaft,* nennt der von allen Seiten ins Auge Gefasste den Ausdruck ihrer Gesichter. Er weiß nur zu genau, was sie längst denken: Die drei sind schuld! Die beiden und ihr schwarzer Höllenhund.

Mag sein, die Matrosen erwägen längst den letzten Ausweg aus ihrer Lage: Es gilt, dem entfesselten Geist des Elements ein Opfer zu bringen. Richard Wagners Blick sucht unwillkürlich Beistand beim Kapitän. Doch da ist keiner. Wie oft war Wulff diese Strecke gefahren, *ohne alle Beschwerde,* gerade im Sommer.

Was diesmal anders ist, wissen alle.

Minna Wagner schreit ihrem Mann durch den Sturm zu, dass sie lieber vom Blitz getroffen werden möchte, als bei lebendigem Leib in diesen Fluten zu versinken. Robber beobachtet seinen Herrn nun bei einer merkwürdigen Tätigkeit. Er bindet sich und Minna mit Bettlaken aneinander.

Menschen sind defizitäre Hunde, jeder Hund weiß das. Sie kommen auf ihren zwei Beinen kaum vorwärts, von wirklichem Laufen, Rennen gar nicht zu reden, was sie bezeichnenderweise nicht davon abhält, die Kümmerlichkeit ihrer Fortbewegung den aufrechten Gang zu nennen. Robber hat genug Gelegenheit, die Wahrheit über den aufrechten Gang zu studieren. Schon bei leichtem Schaukeln des Untergrunds können sie sich fast nicht mehr aufrecht halten, aber derart zusammengebunden sind sie gar keiner eigenen Bewegung mehr fähig.

Richard Wagner wird schon bald und nicht ganz zufällig viel Sinn entwickeln für das Opfer, zur richtigen Zeit dem

Richtigen gebracht. Sollte er gar seine Frau und sich in die unter diesen Umständen allein wünschbare Darbietungsform bringen, so dass der Gott der Tiefe die Gabe auch bemerken würde und sie nicht verschmähen müsste?

Die Besatzung bräuchte das Doppelbündel nur noch über die Reling zu stoßen. Aber nein, der Kapellmeister wäre gewiss über die Maßen erstaunt, griffen jetzt ein paar rohe Matrosenhände nach ihm, denn er hatte nur die Bitte seiner Frau befolgt, doch sicherzustellen, dass sie gemeinsam den Meeresgrund erreichen und nicht ganz vom Zufall verstreut dort unten ankommen.

Der Sturm macht weiter. Die Seeleute haben schon recht, kein normaler, rechtschaffener Provinzkapellmeister befände sich in Richards Wagners Lage. Es muss eine seltsame Bewandtnis mit ihm haben. Handelt es sich gar um einen verfluchten Kapellmeister? Haben sie nicht die Pflicht, ihn ins Meer zu werfen, schon um sich selbst zu retten? Aber selbst wenn die Matrosen die bereits in Eigeninitiative als Mumien Verpackten in der Nordsee versenken würden, wäre der schwarze Teufel immer noch da. Und wahrscheinlich würde er schon vorher sehr hinderlich sein. Also muss zuerst der Hund ins Wasser. Nur wer soll das übernehmen? Koske? – Von dieser Art sind die Ausweglosigkeiten, die Richard Wagner mehr oder minder deutlich in den Mienen der Matrosen liest und die ihn mehr entsetzen als Luftdruck und Windstärke zusammen: Die Mannschaft hatte aufgegeben, sich und ihr Schiff. Sieht Richard Wagner vor sich die Besatzung des »Holländers«?

Der Sturm umheult sie noch eine ganze Nacht lang, am nächsten Morgen wird die See ruhiger. Die Mannschaft und ihre Gäste gewöhnen sich allmählich an den Eindruck, noch am Leben zu sein. Kapitän Wulff hat keine Ahnung, wo er ist und findet es auch nicht heraus. Sie segeln einem Schiff hinterher, das sie weit vor sich erblicken. Der Schoner da vorn wird schon ein bewohntes Ziel haben. Doch dann kommt die »Thetis« ihm immer näher, was aber nicht daran liegen kann, dass sie schneller segelt, im Gegenteil. Kaum einer nimmt Anteil an den Orientierungsnöten des Kapitäns, allen genügt es vorläufig, dass die »Thetis«, egal wohin, überhaupt noch schwimmt. Da erkennt Wulff mit Entsetzen, dass der Segler vor ihm genau das längst nicht mehr tut. Sandbänke! Im selben Augenblick weiß er, wo er sich befindet: Das da muss Holland sein!

»Klar zum Wenden«, lautet der Befehl.

Am 9. August erreicht die »Thetis« bei Southwold die englische Küste; die Lotsen beginnen einen Kampf um das Schiff, bis es einem schon älteren, grauhaarigen Mann gelingt, das herabgeworfene Tau zu fangen und daran emporzuklettern. Mit blutenden Händen tritt er an Bord, die Besatzung der »Thetis«, einschließlich ihrer drei blinden Passagiere, staunt ihn an wie eine Erscheinung. Dieser Mann kommt vom Festland, noch vor Stunden muss er festen Boden unter den Füßen gespürt haben. Die Brust des flüchtigen Kapellmeisters füllt sich mit einem geradezu *religiösen Wohlgefühl*, der Lotse übernimmt das Steuer.

Das Schiff braucht bei Weststurm noch volle zwei Tage bis zur Mündung der Themse. Ständig blinken hellrote Warnzeichen durch den Nebel, und Glocken läuten. Sie gehören den unzähligen Wachtschiffen, die vor den allgegenwärtigen Sandbänken warnen, auf denen jährlich bis zu vierhundert Schiffe verenden, wie man Richard Wagner versichert. Seine Frau glaubt bei jedem neuen Glockenton, ihr letztes Stündlein habe geschlagen, aber ihr Mann kann sich keinen vertrauteren Klang schützender menschlicher Nähe denken und fällt in einen tiefen Schlaf, aus dem ihn nur die vorwurfsvollen Anfragen Minnas, ob er denn im Schlaf sterben wolle, ab und zu wecken.

Die Mündung der Themse! Ist das nicht beinahe schon wie Land? Es ist wie Land. Die »Thetis« wirft den Anker aus, der frühe Morgen bricht an, und alle gehen schlafen. Nur der zukünftige Eroberer von Paris, der Erneuerer der Kunst, im Gepäck eine halbe Oper, bleibt an Deck und beginnt, sich neben dem Schiffsmast zu rasieren. Und ich mache etwas, womit alle Hunde der Welt fast ihr ganzes Leben verbringen: Ich beobachte meinen Herrn.

Dass die Menschen sich ihres Fells so schämen, statt stolz darauf zu sein, gehört zu den auffälligsten Eigenarten dieser von der Natur so mangelhaft ausgestatteten Tiere. Wahrscheinlich ist es ihnen unangenehm, dass ihnen nur so wenige Haare wachsen, zudem nur an so lächerlich wenigen Stellen, dass sie die verbleibenden auch noch ausreißen und die Felllosigkeit zum Ideal erklären. Und was für missbilligende Gesichter sie machen, wenn ich ein halbes Meer oder den ganzen Rigaer Stadtgraben aus meinem schwarzen Fell mit der dichten Unterwolle schüttele.

Nein, nichts Gerades, Schönes, Einfaches ist gemeinhin von den Minderbehaarten zu erwarten, den Kapellmeister ausgenommen, sonst läge jetzt ich nicht bei ihm am Mast neben dem Spiegel. Auch würde mein Herr kaum am frühen Morgen des 12. August 1839 an Deck eines kleinen Ostseeschoners in der Mündung der Themse sitzen und sich rasieren, wäre er bloß ein durchschnittliches Exemplar seiner Art. Es gibt Hunde, damit sie uns Schutz und Geleit gewähren, und koste es ihr Leben. Das glauben von alters her die Menschen. So weit würde er den Egoismus der Gattung nie treiben. Der Kapellmeister ist einer der Ersten, die wissen, dass das Umgekehrte ebenso gilt: Es gibt mich, damit ich meinem Hund Schutz und Geleit gewähre, und koste es mein Leben.

Nein, er hält sich nicht für etwas Besonderes. Der Mensch ist das unglückliche Tier, denn wäre es anders, hätte er keine Kunst und würde sie auch nicht vermissen. Die Existenz der Kunst, deutet sie nicht auf einen großen Makel in der menschlichen Natur? Könnte das Herz denken, stünde es still, wird ein aufmerksamer Mitwisser des Menschen diesen Befund einmal zusammenfassen. Mein Herr ist ein Herzdenker, jetzt schon.

Dieser Morgen ist keiner wie jeder andere, wir gehören tiefer zusammen als zuvor: Der Kapellmeister ist da, ich bin da, und der Sturm ist weg.

So wie Richard Wagner jetzt mögen sich Feldherren nach gewonnenen oder selbst verlorenen Schlachten rasiert haben. Wer sich rasiert, lebt! Ich betrachte meinen Herrn und weiß: Wir sind außer Gefahr. Die Zahl der Schiffe auf der Themse nimmt zu. Vielleicht denkt der Mann vorm Spiegel daran, wie er vor kaum zwei Jahren, noch in Königsberg, die Ouvertüre »Rule Britannia« komponierte. Das Königsberger Theater hatte kurz darauf bankrott gemacht, und auch der Ouvertüre folgte nie mehr auch nur eine einzige Note, die Ankündigung – und Ouvertüren sind nichts als Ankündigungen – zu erfüllen. Immerhin erlebte die Stadt Immanuel Kants noch die Aufführung der »Rule Britannia«, und ihr Komponist war gewissenhaft genug, eine eigenhändige Abschrift anzufertigen und diese an die Londoner Philharmonische Gesellschaft zu adressieren, und zwar an deren Vorsteher Sir John Smart. Auch auf diese Sendung hat er nie eine Antwort erhalten.

Kommen all die großen und kleinen Schiffe, uns zu begrüßen, den Komponisten der »Rule Britannia« und mich, die wir schon fast nicht mehr zu den Lebenden gehörten? Oder sollte es nur an der Tageszeit liegen, an diesem Augustmorgen, aus dem schon ein Vormittag wird?

Richard Wagner, ganz weiß im Gesicht, doch diesmal nicht vor Todesangst, und ein riesiger schwarzer Neufundländer nehmen die Parade der Schiffe auf der Themse ab.

Rule Britannia!

Robber stürzt an Land, gleich neben der London Bridge. Die letzten Wochen, mehr als drei, hatte er auf einem Schiff verbracht, das streng betrachtet nur unwesentlich größer war als er selbst.

Ins Freie! Was für ein Ort!

Das ist doch mal etwas anderes als Riga. Wenn Robber zu seinem Herrn aufblickt, weiß er, dass der dasselbe fühlt:

Noch nie haben sie beide eine so große Stadt gesehen. Und gerochen! Natürlich, er weiß es, Menschen riechen nichts. Ihnen fehlt der wichtigste, der welthaltigste, der unausweichlichste Sinn überhaupt. Sonst würden sie sich auch anders bewegen, sonst würde sein Herr wie er jetzt von einer Straßenecke zur nächsten springen, auf der Spur Tausender Düfte auf einmal. Nun gut, es ist auch Gestank darunter, nie gerochener Gestank. Und dennoch, war er hier nicht schon einmal? Zumindest seine Vorfahren kennen dieses Land, und das Gedächtnis eines Hundes, viel unwillkürlicher als das der Menschen, ist mehr als bei denen üblich, nicht zuletzt das Gedächtnis seiner Vorfahren. Er war der Hund eines britischen Kaufmanns, er hat einen englischen Namen. Ja, in gewissem Sinne ist er zu Hause. Er könnte vor Freude alle Passanten umrennen.

Aber sein armer Herr und seine arme Herrin springen nicht, im Gegenteil. Obwohl diese große Stadt auch in ihren Augen leuchtet, können sie sich kaum auf ihren zwei Beinen halten. Sie glauben, der Boden schwankt, aber was in Wirklichkeit schwankt, sind sie. Bei jedem zweiten Schritt müssen sie sich irgendwo festhalten, aneinander ohnehin. Er hört ihre verzweifelten Rufe: »Robber! Robber!«, jedes Mal wenn er in diesem Menschen- und Häusermeer unterzutauchen scheint. Doch er kann jetzt keine Rücksicht auf diese Stiefkinder der Natur nehmen; was da auf ihn eindringt, ist zu neu, ist zu überwältigend. Er muss die Basisorientierung gewinnen.

Richard Wagner plant Vergleichbares, jedoch von einem festen Standort aus. Kapitän Wulff hat ihnen die Adresse einer nah gelegenen Schifferkneipe gegeben. Um den Hund, um dessentwillen sie zwei Meere durchquert haben, nicht gleich in der Stunde ihrer Ankunft zu verlieren, ruft er einen Fiaker. Robber bleibt nichts anderes übrig, er muss einsteigen. Zur »Horseshoe«-Tavern! Hier will Richard Wagner den *Plan zur Überwältigung dieses Ungeheuers von Stadt* entwerfen, doch die »Horseshoe«-Tavern erfüllt die Ankömmlinge augenblicklich mit dem sicheren Gefühl, dass sie an diesem Ort unmöglich bleiben können. Und zwar nicht eine Stunde lang. In sehr großen Städten ist wohl alles größer, auch die Gemeinheit und der Schmutz. Wann hätte Robber Physiognomien wie diese gesehen? Bunt bemalte Frauen, betrunkene Männer. Und wie das riecht! Nach allen Lastern der Welt auf einmal.

Dass sie nicht in die »Horseshoe«-Tavern passen, ist natürlich eine sehr gewagte Interpretation, denn ihre Reisekasse sagt etwas ganz anderes.

Der Komponist der »Rule Britannia« stellt zu seiner mehr oder minder großen Überraschung fest, dass er nicht versteht, was die Menschen hier reden, dabei hatte er einst einen Monolog aus »Romeo und Julia« übersetzt. Allerdings war er zum Zeitpunkt der Übersetzung zwölf Jahre alt gewesen, auch hatte er sich künftig darauf beschränkt, Shakespeare ohne weitere Sprachstudien zu lieben. Diese Art Liebe offenbart gerade all ihre Nachteile, als ein Hamburger Landsmann bereitwillig hilft. Er empfiehlt das Westend, ein *boarding house* in der Old Compton Street. Diesmal rufen sie ein Cab.

Das Westend? Ein Cab? Beides würde Gift sein für ihre Kasse, und das Reisen als blinde Passagiere ist schon durch die Anatomie dieses Beförderungsmittels ausgeschlossen. Es ist gerade groß genug, dass sich zwei normalgewichtige Menschen gegenübersitzen können, und genauso verharren Richard und Minna Wagner, als sie Robber ein Zeichen geben, auf ihre Knie zu springen, die sie in der Mitte geschlossen halten. Dann werden die Wagentüren geschlossen. Auf der einen Seite schaut nun ein großes schwarzes Hundehinterteil aus dem Fenster, in Bewegung gehalten von einem unablässig wedelnden, großen, buschigen Schwanz; aus dem anderen Fenster ragt der Anfang vom Hund, und obwohl Herr und Hund sich nicht direkt anschauen können, wissen sie doch, dass sie wiederum das Gleiche empfinden. *Was wir von diesem wunderlichen Versteck aus … zu beobachten hatten, ging über alle unsre bisherigen Vorstellungen von der Lebendigkeit und Ungeheuerlichkeit einer großen Stadt.*[9]

Die Beförderung dauert eine ganze Stunde, dann überschreiten die drei Ankömmlinge die Schwelle des *boarding houses* »Kings Arms«, worauf der Übersetzer eines »Romeo und Julia«-Monologs in förmliche Unterhandlungen mit der Wirtin eintritt, die schon zu scheitern drohen, als die Dame entschlossen ins Französische wechselt. In welcher Sprache antwortet der Gast? Einer von ihnen beiden kann kein Französisch, nur wer? Wirtin und Gast sind sich beide nicht ganz sicher, was ihr gegenseitiges Einvernehmen jedoch eher zu befördern als zu behindern scheint. Sie einigen sich über die Zimmermiete, der nunmehr neue Bewohner des »Kings Arms« schaut neben sich, wie man sich beiläufig seiner Begleitung und seines Gepäcks vergewissert. Sein Blick, schon fast wieder in der Ausgangsposition, fährt noch einmal zurück, jetzt keineswegs mehr beiläufig, eher erschrocken. Er schaut hinter sich. Doch da ist nur seine Frau, kein Hund. Sie sehen überall nach, im »Kings Arms«, auf der Straße, wieder im »Kings Arms«. Wahrscheinlich schauen sie sogar unter die Tische; sie rufen, sie schreien. Nichts. Der Augenblick des Schreckens dehnt sich zur Ewigkeit, am Ende steht die Gewissheit: Sie sind vollständig allein.

Der Hund ist weg.

Robber, um dessentwillen sie beinahe in Tücher gewickelt auf dem kühlsten Meeresgrund gelegen hätten, er ist fort. Und dabei sind ihre Knie noch hundewarm, ihre Kleider noch bedeckt von Hundehaaren. Wenn der Kappellmeister das jetzt bemerken würde, dann wohl zum ersten Mal mit übergroßer Wehmut.

Robber hat das »Kings Arms« gar nicht erst betreten. So viele Dinge sah er unterwegs, die mussten erforscht, also erlaufen werden und vor allem: erschnüffelt. Es ist die Pflicht eines Hundes zu wissen, wo er ist. Mag sein, er wollte nur um die nächste Straßenecke biegen, um das festzustellen. Aber hinter der nächsten war eine übernächste, und selbst wenn er auch die beroch: Würde er nicht immer noch rechtzeitig im *boarding house* sein? So ging das weiter. Auch in einer unvorstellbar großen Stadt muss irgendwann die letzte Straßenecke erreicht sein. Strenge Logik ist der einzig feste Anhaltspunkt im Ungefähren.

Es ist nicht ungefährlich für Hunde, ohne Leine durch London zu laufen, und dann noch allein! Ja, es ist alles größer in den großen Städten, auch und erst recht die Niedertracht. Oder sollten wir das, was Hunden in der Welthauptstadt des Kapitalismus geschehen kann, mehr unter dem Aspekt des Fortschritts formulieren?

Unter dem Aspekt des zivilisatorischen Fortschritts stellt sich die Sache so dar: Nirgends ist die Arbeitsteilung so ausdifferenziert wie an diesem *unvergleichlichen Weltplatz*. Wo es Hundebesitzer gibt, gibt es darum auch Hundefänger.

Einen Hund nicht an der Leine zu führen, ist selbst in besseren Gegenden, gerade dort, keinesfalls empfehlenswert. Neben den Füßen seines Herrn, noch unter den Rädern von dessen Kutsche kann sich plötzlich ein Sack über den Kopf des Ahnungslosen stülpen. So erging es schon unzähligen Clumberspaniels, Cockerspaniels, Sussexspaniels, aber auch Möpsen, Irish Settern, Pointern, die sich plötzlich, gewohnt, aus purpurnen Näpfen zu trinken, in dunklen Verliesen wiederfanden.

Vielleicht ist dies die richtige Gelegenheit zu erwähnen, dass Hunde in London nicht einfach nur Hunde sind wie überall sonst. Eine nach allen Regeln ausgeprägte Klassengesellschaft macht auch vor den Hunden nicht halt. Die Menschenaristokratie hat längst festgelegt, wie die Hundearistokratie auszusehen hat. Wer – je nach Rasse – die falsche Augenfarbe hat, die falsche Stirnwölbung, Locken statt glattes Fell und was der Unannehmbarkeiten mehr sind, ist gänzlich wertlos, überzähliges Dasein wie so vieles in dieser Stadt, egal ob es sich um Mensch oder Tier handelt. Gestohlen werden grundsätzlich nur Aristokraten.

Jeder einigermaßen vermögende Hundeverlierer weiß nun, was er zu tun hat. Er begibt sich zu einer bestimmten

Adresse, wo er die Summe genannt bekommt, die zur Rückerstattung seines Hundes unverzichtbar ist. Für einen reinrassigen Cockerspaniel sind im Berichtszeitraum ungefähr zehn Pfund zu zahlen. Wir verdanken diese Informationen Virginia Woolf, die die Lebensgeschichte des Cockerspaniels Flush aufgeschrieben hat, der nur wenige Jahre später in der Wimpole Street lebte. Die Wimpole Street liegt gleich neben der Oxford Street, und dass Robber auf seinem ersten Londoner Ausflug bis in die Oxford Street kam, ist bezeugt. Der Cockerspaniel Flush wurde allein dreimal gestohlen, seine Besitzerin, die Dichterin Mrs. Barrett, wandte sich in solchen Fällen unverzüglich an Mr. Taylor.

Mr. Taylor war der Vorsitzende der »Societät«, der Präsident der örtlichen Hundediebe also, und verdiente ungefähr zwei- bis dreitausend Pfund im Jahr allein an den Hunden der Wimpole Street. Die Preise waren nicht wie fast alle anderen in dieser Stadt den Marktgesetzen unterworfen, Mr. Taylor diktierte sie vielmehr. Natürlich konnte man versuchen – unsere Quelle ist noch immer Virginia Woolfs »Flush« – mit Mr. Taylor zu verhandeln, doch war das nicht ohne Risiko: »Sowie eine Dame aus der Wimpole Street ihren Hund verlor, ging sie zu Mr Taylor; er nannte seinen Preis, und er wurde bezahlt; und wenn nicht, dann wurde ein paar Tage später ein Packpapierpaket in die Wimpole Street geliefert, das den Kopf und die Pfoten des Hundes enthielt. Dies war jedenfalls die Erfahrung einer Dame aus der Nachbarschaft gewesen, die mit Mr Taylor zu feilschen versucht hatte.«[10] Wirklich beklagenswert waren die Hunde, die keiner vermisste: »Die Rippen stachen aus ihrem Fell hervor – sie waren halb verhungert, schmutzig, krank, ungekämmt, ungebürstet; doch waren sie alle, das konnte Flush sehen, Hunde von allerbester Abstammung, Leinenhunde, Hunde, von Dienstboten umsorgt wie er selbst.«[11]

Aber einen Unterschied gibt es doch. Diese Unglücklichen sind meist etwas kleiner. Wer wollte es wagen, ihn, Robber, in einen Sack zu stecken? Und wem wollte man den Hundekopf samt Pfoten zustellen?

Robber entdeckt London, und doch taucht in all dem Neuen irgendwann an diesem Nachmittag das alte vertraute Bild seines Herrn wieder in seiner Hundeseele auf. Oder wird er nur müde, spürt er gar erst seinen Magen und denkt dann an seinen Herrn?

Richard und Minna Wagner sitzen am Fenster ihres Zimmers in der Old Compton Street, schon seit zwei Stunden. Wie hatten ihre Blicke diese Stadt aufgenommen, vom Cab aus, bei dieser Fahrt, die der Kapellmeister sein Leben lang nicht vergessen würde. Jetzt sehen sie auch hinaus, aber ihre Blicke halten nichts. Menschen in ihrer Situation, die einen großen, unerwarteten Verlust erlitten haben, schauen in sich hinein, selbst wenn sie weit hinausschauen, sie werden weltlos. Und dann geschieht es. In den blicklosen Blick seines Herrn schiebt sich etwas großes Schwarzes. Vertrauter Gang, vertrautes Schwanzwedeln.

Als ob es nichts Selbstverständlicheres gäbe, taucht Robber aus einer Seitenstraße auf. Richard Wagner spürt, was Erlösung ist. Er wird diese Empfindung in der Musik der Zukunft nicht unberücksichtigt lassen. Was für eine Begrüßung! Natürlich, auch der Hund freut sich, den Kapellmeister wiederzusehen, aber ist dieses Willkommen nicht etwas übertrieben? Sie waren doch kaum getrennt. Wer soll die Menschen verstehen?

Ist man bei ihnen, tagein, tagaus, immer zu ihren Knien, zu ihren Füßen, scheinen sie einen manchmal gar nicht wahrzunehmen, betragen sich, als sei man gar nicht da. Viel besser ist es darum, einmal nicht da zu sein. Das stärkt ihr Erinnerungsvermögen. Vor allem scheint sein Herr maßlos erstaunt, dass er die Old Compton Street wiedergefunden hat und das »Kings Arms«, die Straße und das Haus, in dem er noch nie zuvor war. Er hört diese Tonlage grenzenloser Verwunderung, es klingt Anerkennung darin, aber was soll er davon halten? Da bauen die Menschen so große Städte und finden sich dann nicht in ihnen zurecht. Es gibt einfach nichts Gerades, nichts wirklich Folgerichtiges in ihrer Natur.

Und doch, in all der Bewunderung und Freude seines Herrn klingt auch ein Unterton der Strenge, ein energischer Tadel, der doch zugleich wie eine Bitte ist, weich und hart zugleich.

Dann endlich weicht die tadelnde Freude, der freudige Tadel der entronnenen Seefahrer einer großen Müdigkeit, aber selbst zum Schlafen sind sie zu unbegabt. Robber sieht sich die ganze Nacht über empfindlich gestört durch die Hilferufe seines Herrn. Sobald Richard Wagner wirklich einschläft, fühlt er sich in eine große Tiefe versinken, aus der er schreiend emporfährt. Ohnehin sind Minna und er wieder auf dem Meer, sobald sie nur ein Auge schließen, und *uns dünkte, daß diese entsetzliche Seefahrt nun unser ganzes Leben lang fortdauern würde.*[12]

Ja, ihre Neigung, sich gleich wieder einzuschiffen, und sei es nur für eine Überfahrt auf dem Kanal, ist denkbar gering; sie halten sich für tief erholungsberechtigt. Auch ist der Aufenthalt hier eine gute Gelegenheit, den Vorsteher der hiesigen Philharmonischen Gesellschaft und Empfänger der »Rule Britannia«, Mr. Smart, zur Rede zu stellen. Nur in welcher Sprache? Richard Wagner beschließt, zuerst dessen Adresse zu ermitteln, alles Weitere würde sich finden. Es scheint in den folgenden Tagen nicht wieder zu Meinungsverschiedenheiten darüber gekommen zu sein, wie diese Stadt zu erkunden sei. Vor allem: gemeinsam. Robbers Geleit hat zudem den Vorzug, dass das Ehepaar immer wieder nach Hause findet.

Nach zwei Tagen hat es in Erfahrung gebracht, dass sich der pflichtvergessene Empfänger der »Rule Britannia« zu diesem hochsommerlichen Zeitpunkt gar nicht in London aufhält. Aber Wagners Tatendrang auf seinem *unermeßlich neuen Schicksalspfad* ist groß. Er könnte auch den Ahnherrn der fünfaktigen Oper besuchen, mit der er Paris zu erobern gedenkt und von der zwei bereits existieren, wenn auch ein Teil des zweiten noch keineswegs instrumentiert ist. Dabei muss er Paris gleichsam im Sturm nehmen, denn eine andere Einkommensquelle als diese Oper werden sie nicht haben, und ihre Dukaten schmelzen während ihres hiesigen Aufenthalts wie Eis in der Augustsonne. Besser, er zählt gar nicht erst, wie viele von den ursprünglich fast hundert noch übrig sind.

Ja, er sollte Edward Bulwer-Lytton besuchen, es dürfte diesen doch interessieren, wer aus seiner Vorlage die Oper gemacht hat, die gleich in Paris berühmt werden wird. *Es wäre gut, mit ihm mich über die musikalische Ausführung seines ... Romans ... zu verständigen*, überlegt Richard Wagner.[13] Da er weiß, dass der geistige Bürge seines Librettos Parlamentsmitglied ist, wird er bei eben dieser Institution vorstellig.

Robber, der es gewohnt ist, Theater zu betreten, als ob es für einen Hund nichts Selbstverständlicheres gäbe, muss, obwohl er als Einziger Brite ist, gewissermaßen, im »Kings Arms« zurückbleiben. Die Situation der Parlamentsbesucher stellt sich inzwischen so dar: *Hier verhalf mir meine gänzliche Unkenntnis der englischen Sprache zu einer unerwartet rücksichtsvollen Aufnahme. Da in dem ungeheuren Gebäude keiner der zunächst von mir angetroffenen niederen Beamten verstand, was ich wollte und suchte, ward ich von diesen in aufsteigender Leiter zu immer höheren Würdenträgern gewiesen.*[14] Zuletzt an einen Lord, der soeben aus einem großen Saal heraustritt.

Die französisch vorgetragene Erkundigung nach Bulwer macht offenbar keinen ungünstigen Eindruck auf diesen Abkömmling der britischen Aristokratie, auch wenn er bedaure, dem Bekannten seiner Lordschaft mitteilen zu müssen, dass der Gesuchte sich zur Zeit nicht in London aufhalte. Der so Benachrichtigte nimmt die Nachricht mit Fassung auf und fragt nun stattdessen, ob er, da er schon einmal hier sei, nicht einer Parlamentssitzung beiwohnen könne. Das Parlamentsmitglied zögert, natürlich sei das so ohne Weiteres nicht möglich und schon gar nicht ohne Eintrittskarte, andererseits ist für Unmöglichkeiten die niedere Beamtenschaft zuständig, so dass dieser Gentleman dem Kapellmeister kurz entschlossen die Tür zum britischen Oberhaus öffnet. Richard Wagner hört den liberalen britischen Premier William Lamb, Viscount of Melbourne, danach Lord Brougham und auch den Herzog von Wellington, den Sieger der Schlacht von Vitoria, der ebenso – nicht ohne Blücher – die von Waterloo entschieden hat. Richard Wagner ist beeindruckt.

Am 20. August verlässt er mit Minna und Robber die Hauptstadt des Empires, um in seine eigene Schlacht zu ziehen.

Schon auf dem Dampfschiff nach Boulogne hört er, dass Giacomo Meyerbeer, der unbestrittene König der Pariser Oper, sich in Boulogne aufhalte. Ist Meyerbeer ihm etwa entgegengefahren, will er gar seinen Nachfolger persönlich willkommen heißen? Es gelingt Richard Wagner, noch an Bord ein Empfehlungsschreiben an Giacomo Meyerbeer zu erwirken. Die Saison der Pariser Theater hat ohnehin noch nicht begonnen, warum nicht etwas am Meer bleiben? Auch könnte er während dieses Aufenthalts seine Oper vervollständigen.

In der Rue de la Tonnellerie

Giacomo Meyerbeer, eigentlich Jakob Liebmann Meyer-Beer aus Berlin, ist ein höflicher Mann. Und er ist ein geduldiger Mann. Der junge Meerfahrer mit dem riesigen Hund, den er noch nie zuvor gesehen hat, will ihm seine Oper vorlesen, und zwar die ganze. Ihr Autor selbst gibt zu, dass es sich um eine längstmögliche Oper handelt. Fünf Akte. Er hat sie mit ganzer Berechnung so angelegt, dass es einem Provinztheater unmöglich sein würde, sie aufzuführen, denn Richard Wagner hasst die Provinztheater, er hasst aus Erfahrung. Aber ist sie nun nicht auch so angelegt, dass es dem Souverän der Pariser Oper, demnach der Oper überhaupt, unmöglich sein wird, sie anzuhören? Doch Giacomo Meyerbeer ist ein höflicher Mann. Und als der Vortragende fertig ist – er kommt bis zum Ende des dritten Aktes –, erklärt er sich bereit, die zwei fertig komponierten Akte zur Durchsicht anzunehmen.

Richard Wagner verlässt Boulogne mit Meyerbeers Versprechen, ihm ein Empfehlungsschreiben an den Direktor der Pariser Grand Opéra auszufertigen. In Paris lebt der Buchhändler Avenarius, der eben dabei ist, Wagners Schwester Cäcilie zu heiraten. Der Komponist des »Rienzi« hat seinen künftigen Schwager schon von Boulogne aus beauftragt, ihm und seiner Familie eine bezahlbare Unterkunft in Paris zu beschaffen, gern in seiner Nähe.

Richard Wagners Einzug in Paris lässt sich mit seiner Ankunft in London gar nicht vergleichen. Es ist alles so – klein? Und namentlich die Straßen werden immer enger und dunkler, je mehr er sich seiner künftigen Wohnung in der Rue de la Tonnellerie nähert. Es ist eine jener Gassen, die die Rue Saint Honoré mit dem Marché des Innocents verbindet.

Vor einem Haus, vor dem stehen zu bleiben er sich aus freien Stücken nie entschlossen haben würde, machen sie halt. Sie sind da. Das muss es sein, in dieser Gasse, die so übelriechend und schmutzig ist, dass selbst die Sonne sich nicht entschließen mag, hineinzusehen. Richard Wagner erblickt eine Büste Molières am Haus und liest *Maison où naquit Molière*. An der Auskunft, dass eben in diesem Haus Molière geboren wurde, wird er in den nächsten Wochen und Monaten Halt suchen. Ihre Wohnung besteht aus nur einem Zimmer und liegt im vierten Stock des kleinen Hotel garni. Richard Wagner schaut *mit wachsender Bangigkeit* aus seinem Fenster hinab auf das *ungeheure Marktgewühle …, von dem ich nicht zu begreifen vermochte, was ich in seiner Nähe zu suchen haben könnte.*

Robber sieht die Dinge anders. Wahrscheinlich kennt er bald jeden Stand auf dem Marché des Innocents, und doch zieht es ihn meist viel weiter bis in den Garten des Palais Royal. Dieser Garten bietet verschiedene Vorzüge. Alle Hunde von Paris, zumindest die besseren, scheinen sich hier einzufinden. Robber wählt seine Bekanntschaften mehr oder minder sorgfältig, und dann geht er schwimmen. Zu diesem Zweck wurde der Garten des Palais Royal mit großen Wasserbassins versehen. Robber erregt Aufsehen, er ist das gewohnt, er registriert es mit Gleichmut. Insbesondere wenn er ein Bad nimmt – und er badet sehr oft –, geschieht das nie ohne Publikum. Es ist natürlich albern, Hölzer ins Becken zu werfen und ihn aufzufordern, sie herauszuholen. Was für einfältige Kommandos! Irgendwie klingen sie in allen Sprachen gleich. Er wäre kein Neufundländer, würde er sie befolgen. Allein, es macht ihm Spaß, großen Spaß sogar. Und die Menge klatscht Beifall, wenn er mit seinem ganzen Ungestüm, das nur noch von seinem Gewicht übertroffen wird, ins Wasser der Bassins springt, so dass es nach allen Seiten spritzt und Umstehende schnell einen Schritt zurücktreten müssen, wollen sie trockene Kleider behalten. Manchmal kommt auch sein Herr mit.

Es dauert noch ein gutes Jahr, dann wird Richard Wagner Robber und sich im Palais Royal porträtieren, in der Vergangenheitsform und aus der Perspektive eines Dritten, eines Freundes gesehen. Er schreibt eine Novelle, in der fast nichts erfunden ist: *Es ist stark über ein Jahr her, dass ich* – dieses Ich gehört einem fiktiven Freund, dem Erzähler – *eines Tages im Palais royal einen großen wunderschönen Hund von neufundländischer Rasse sich baden sah. Ein Hundeliebhaber, wie ich bin, sah ich dem schönen Tiere zu, welches endlich das Bassin verließ und dem Rufe eines Menschen folgte, der anfänglich lediglich als Besitzer dieses Hundes meine Aufmerksamkeit auf sich zog. Der Mensch war bei weitem nicht so schön anzusehen als der Hund – doch fielen mir seine Züge auf.*[15] Der Erzähler erkennt seinen alten Freund, welcher nun beginnt, ihm seine Pläne darzulegen – es sind die des Autors –, und zwar mit solchem Nachdruck, dass er *seinem schönen Hunde* einmal *so heftig auf die herrlichen Pfoten* trat, *dass dieser laut aufschrie.* Der Freund trinkt *Tee mit Rum*, er *Kaffee mit Tränen.* In einem Jahr, sagt der Mann, der nichts besitzt als seinen Hund, möge er ihn wieder aufsuchen: *»In einem Jahr sollst du meine Wohnung von jedem Gamin erfragen können, oder du erhältst Nachricht von mir, wohin du zu kommen hast, um – mich sterben zu sehen.«*[16] Das ist die Perspektive. Es ist seine eigene.

Richard Wagner begleitet seinen Hund jedoch nicht nur in den Garten des Palais Royal, sondern auch an die Seine. Die Pariser wissen gar nicht, was alles in ihrem Fluss ist. Robber zeigt es ihnen. Er holt Gerätschaften aller Art vom Grund der Seine. Am liebsten taucht er am Pont Neuf.

Robber ist nicht eitel, bei weitem nicht, aber Erfolg tut jedem gut. Sein Herr müsste das wissen. Und was für Versammlungen sich jedes Mal um ihn bilden, wenn er seine Seine-Entrümpelungen beginnt. Einmal muss sogar die Polizei die Meute der Schaulustigen auflösen; dem Hundehalter wird nahegelegt, doch künftig mehr Einfluss auf das Tier zu nehmen. Vielleicht droht sie ihm gar eine Ordnungsstrafe an. In diesem Falle wäre höchstens ein bitteres Lächeln auf dem Gesicht des Ermahnten erschienen.

Robber spürt es sehr wohl, Paris tut seinem Herrn nicht gut. Er kannte sie genau, diese Obertöne von Erwartung, ja, von Erfüllung, sobald von dieser Stadt die Rede war.

Hunde müssen gute Psychologen sein, sie müssen an der Art und Weise, wie die Menschen etwas sagen, erraten, was sie sagen. Sie machen so viele Worte, dabei geht es manchmal wochenlang in allem, was sie sagen, um das Gleiche. Und wenn es um Paris ging, schwangen alle Töne der Verheißung in der Stimme seines Herrn. Robber begreift das. Die Rue de la Tonnellerie mag ein Irrtum sein, aber den Garten des Palais Royal, die Seine und den Pont Neuf möchte er nicht mehr missen. Er ist wahrscheinlich der berühmteste Hund von Paris, bestimmt auch der größte.

Ja, er weiß, Richard Wagner wollte berühmt werden in Paris, nun ist es sein Hund. Ob das ihn so verstimmt? Robber spürt es genau: Es ist nicht mehr derselbe Herr, seit sie hier sind. Und täglich wird das schlimmer.

Nur manchmal bemerkt er noch seine schöne große Neufundländerseele, für die er ihn liebt. Etwa an jenem Morgen, an dem dieser offenbar lang erwartete Brief eintraf, mit dem sein Herr gleich loslief, in Richtung Oper. *Der Direktor der Oper, Herr Duponchel, empfing mich wirklich in seinem Büro; er las den Brief Meyerbeers durch ein Glas, welches er sich in das rechte Auge klemmte, und verriet bei dieser Lektüre nicht die mindeste Ergriffenheit.*[17] Er scheint, überlegte der Überbringer des Schreibens, an diese Art von Schriftstücken durchaus gewöhnt zu sein. Er weiß nicht, was aus Herrn Duponchels Lektüre folgen wird, doch seine Erwartungen ein wenig zu dämpfen, schien dem Bittsteller bereits angemessen. Er begann zu warten. Nur darauf, was dann wirklich aus der Lektüre des Direktors der Großen Oper folgt, ist Richard Wagner nicht im Mindesten vorbereitet: gar nichts.

Wie anders sind sie durch Riga gelaufen, sein Herr und er. Hier aber hat fast jeder gemeinsame Gang etwas Niederdrückendes. Meist gehen sie zu einem Laden, an dessen Tür *Mont de piété* steht, »Berg der Frömmigkeit«. Dass es sich um ein besonderes Geschäft handeln muss, bemerkt auch Robber, denn gewöhnliche Geschäfte betritt man mit leeren Taschen und kommt mit vollen wieder hinaus. Hier aber ist es genau andersherum.

Robber möchte seinen Herrn gern verstehen, er möchte ihm helfen, aber das ist sehr schwer. *Jedoch besitzen wir selbst Betten, sowie Bettwäsche, Tischzeug, Leuchter, Geräthschaften, da wir unsre kleine Wirtschaft so ziemlich ganz mitgebracht haben, und nur das intransportabelste in Rußland verkauften,* hatte Richard Wagner seinem künftigen Schwager geschrieben, der verantwortlich zeichnet für die Rue de la Tonnellerie. Über zwei Meere hatten sie *Betten, sowie Bettwäsche, Tischzeug, Leuchter, Geräthschaften gebracht,* aber nun, wo sie alles endlich gebrauchen können, tragen sie es in kleinen Portionen in das Haus mit der Aufschrift *Mont de piété*, das Silberzeug, die Hochzeitsgeschenke, die Eheringe. Es folgt Minnas Schmuck, sodann *Reste ihrer Theatergarderobe, worunter ein schöner, mit Silber gestickter blauer Schlepprock, welcher einst der Herzogin von Dessau gehört hatte.*

»Berg der Frömmigkeit« ist ein seltsamer Name für einen Ort, den die Menschen immer mit hoffnungslosen Gesichtern verlassen. Nein, es macht keinen Spaß, den Kapellmeister auf diesen Wegen zu begleiten. Er hat auch fast nie Lust, mit ihm zu spielen, zu rennen, zu toben. Und wenn doch einmal, dann steckt etwas tief Verzweifeltes in seiner Heiterkeit, das irritiert ihn. Es steht ganz außer Zweifel: Sein Herr passt nicht nach Paris.

Richard Wagner besitzt nichts, gar nichts. Und doch stimmt das nicht ganz. Ihm gehört sogar etwas höchst Wertvolles. Würde er seinen Hund verkaufen – der Erlös könnte sie bestimmt über den Winter bringen, vielleicht noch weiter. Und sie müssten das Tier, das mehr fraß als sie beide zusammen, nicht mehr ernähren. In der Novelle ihres Zusammenlebens, »Ein Ende in Paris«, wird Richard Wagner ihre gemeinsame Ernährungslage bald so darstellen:

Ausgangspunkt ist eine Pariser Straße, auf der der ruhmwillige, jedoch vor Erschöpfung ganz matte Besitzer des schönen Hundes einfach liegen geblieben ist: *»Ich weiß nicht,* *wie lange ich so dalag; die Fussstösse, die ich von den Vorübergehenden empfangen haben mochte, hatte ich nicht bemerkt; endlich aber weckten mich die zärtlichsten Küsse – das wärmste Lecken meines Hundes. Ich richtete mich auf, und in einem hellen Moment begriff ich sogleich die wichtigste meiner Pflichten: dem Hunde Nahrung zu verschaffen. Ein einsichtsvoller Marchand d'Habits reichte mir mehrere Sous für mein schlechtes Gilet. Mein Hund fraß, und was er übrig ließ, verzehrte ich.«*[18]

Dieses Porträt ihrer gemeinsamen Mahlzeiten ist wohl auf bedrückende Weise nichtfiktional. Jeder einigermaßen Zurechnungsfähige in Richard Wagners Situation würde jetzt über Veräußerung nachdenken. Und zwingt das Schicksal sie nicht geradezu? Mag sein, andere wären solchen Einflüsterungen zugänglich. Und was heißt »Einflüsterungen«? Ist es nicht die Stimme der Vernunft selbst, die so spricht? Robbers Anlagen zum Vegetarismus würden nicht mehr so verhängnisvoll erprobt, wahrscheinlich könnte er alle Tage Fleisch fressen, denn wer einen solchen Hund kaufen kann, kann ihn auch ernähren. Richard und Minna aber könnten leben. So spricht die Stimme der Vernunft. Hört Richard Wagner sie? Durchaus. Er kennt sogar den Preis. Fünfzig Guineen. In seiner Novelle bietet ein Engländer ihm fünfzig Guineen für seinen Hund, worauf er folgende Antwort erhält: *»Erbärmlicher!« – rief ich: »– nicht für ganz Britannien ist* mein Freund *mir feil!«*[19]

Das ist es. Einen Hund zu verkaufen, setzt vieles voraus, zuerst einmal einen gewöhnlichen Hund und einen gewöhnlichen Menschen, einen Hundebesitzer also.

Richard Wagner würde nie behaupten, dass er Robber besitzt. In dieser Stadt, wo alles käuflich ist, selbst der Ruhm, spürt man solche Dinge schärfer. Das Verhältnis des Besitzens ist erniedrigend, für Mensch und Tier gleichermaßen. Aber die Menschen, er weiß das, brauchen die Illusion des Besitzens, sie ist ein Teil ihrer Schwäche. Nein, er besitzt Robber nicht. Sie haben sich erwählt, sie sind Freunde, Seelengefährten. Er besitzt Robber nicht, also kann er ihn auch nicht verkaufen. Punktum.

Der Hund spürt das. Menschen glauben, man wisse nur Dinge, die sich taghell formulieren lassen, aber das ist falsch. Wahrscheinlich wird Robber ganz schwindlig, sobald sein Hundehirn solche Zusammenhänge streift, doch das währt nie lange, und ein lautes Gebell, ein befreiender Sprung genügen, und alles ist wieder so einfach, wie es in Wirklichkeit ist.

Die Abende in der Rue de la Tonnellerie sind natürlich viel langweiliger als seine Vormittage inmitten der großen Pariser Hundegesellschaft des Palais Royal oder seine Nachmittage am Fluss. Aber ganz ohne Freude sind auch sie nicht. Irgendwann am Abend kommt meist Besuch die vier Treppen hinauf. Robber hört ihn schon auf den Stufen, hört er auch das Herz des Heraufkommenden bereits auf der Treppe schlagen? Nicht nur wegen der Anstrengung, vor allem vor Angst.

Angst vor ihm, Robber, der Bestie. Die bezieht Angriffsposition. Sie weiß genau, wer und was jetzt kommt und in welcher Reihenfolge. Zuerst ein junger, harmlos aussehender Mensch. Das ist Lehrs, Philologe, Bruder eines großen Königsberger Gelehrten und miserabel bezahlter Mitarbeiter der großen französischen Ausgabe der griechischen Klassiker. Ohne jedes musikalische Verständnis. Aber den meint Robber nicht, der muss nur immer vorangehen. Er lauert auf den, der sich angstzitternd hinter Lehrs' Rücken versteckt, und es kommt darauf an, ihn in dem Augenblick anzufallen, bevor sein Herr ihn in Schutz nehmen kann. Das Angstbündel heißt Anders, es ist etwas über fünfzig Jahre alt und in der *Bibliotheque royale* in der Musikabteilung angestellt.

Anders ist der Abkömmling einer adligen Familie großen Namens, doch war ihm von seinem früheren Leben nichts geblieben als seine große Bibliothek, weshalb er auch seinen Namen ablegte und es vorzog, fortan »anders« zu heißen. Trotz seiner großen Verdienste und der vielen Jahre seiner Tätigkeit verharrte er noch immer auf dem niedrigsten Posten eines einfachen *employé*, während junge Nichtskönner und Vielsprecher unbeirrt an ihm vorbeizogen. Dieser Anders ist der einzige musikalische Mensch, den Schwager Avenarius in Paris kennt; Avenarius wiederum war bis eben der Einzige, den Wagner in Paris kennt, weshalb jener dachte, es könne nicht verkehrt sein, wenn der junge Mann noch einen Bezugspunkt hätte in dieser Stadt außer ihm. Und darum hat ihn Robber nun ebenso. Man rühmt den Neufundländer gemeinhin für sein freundliches, ausgeglichenes Wesen, aber ausgeglichen und freundlich sind Dackel auch, er ist keiner.

Oh, er mag die Furcht dieses zurückhaltenden Mannes, er ist ein guter Ersatz für Koske, den Matrosen. Soll er ihn nur anknurren, soll er dazu laut bellen – Robbers Stimme ist seiner Größe durchaus ebenbürtig – oder soll er ihn gleich anspringen? Es macht Spaß, diese Dinge Abend für Abend neu zu entscheiden, auch wenn er sich jedes Mal den Unwillen, ja Zorn seines Herrn zuzieht. Robber soll Anders nicht erschrecken, er soll den Müll von Paris auf dem Grund der Seine lassen und immer so weiter. Er macht gern, was sein Herr will, denn er freut sich, wenn dieser sich freut, und er freut sich so dramatisch wenig in diesem voranschreitenden Pariser Herbst. Ja, manchmal sieht er schon aus wie die Rue de la Tonnellerie im November. Nur wenn Robber alles machen wollte, was sein Herr will, dann hätte er bald keinen Grund zur Freude mehr. Dann würden sie bald beide aussehen wie die Rue de la Tonnellerie im November. Wem wäre so geholfen?

Er möge Einfluss auf seinen Hund nehmen, hatte schon der Polizist am Pont Neuf Richard Wagner bedeutet. Aber wie soll er das machen? Die Grundlage ihres Verhältnisses ist unbedingter gegenseitiger Respekt. Jeder achtet den freien Willen des anderen. Das ist die Liebe der Anarchisten.

Wir wissen nicht, wann und bei welcher Gelegenheit es geschieht; wir wissen nur, dass es geschieht. Der Kapellmeister verliert die Fassung, er verletzt die Grundlagen ihres Bundes.

Er wird tätlich.

Es mag Verzweiflung sein, dass er zu diesem letzten, so unbrauchbaren Mittel greift. Er hat kein Geld, sein Hausstand befindet sich im Leihhaus. Er hat eine verzweifelte Frau, keine Aussichten und einen Hund, der zu viel frisst und macht, was er will. Richard Wagner verliert die Beherrschung. Er schlägt seinen Hund. Mag sein, er erschrickt vor dem grenzenlosen Erstaunen in dessen Augen. Mag sein, er erschrickt vor sich selbst schon im nächsten Moment.

Mitte September 1839 sind sie in Paris eingetroffen, voller Vorfreude auf die Stadt und auf sich selbst. Im Dezember stellt sich ihre Lage so dar: *Wertester Freund*, schreibt Richard Wagner an seinen Schwager ein paar Straßen weiter, *Meine Frau ersucht Sie ganz ergebenst, … ihr gefälligst 10.000 Franken zuzusenden; – sollte dies in der Schnelligkeit nicht gleich möglich sein, so bittet sie wenigstens für 12 Stunden um Ihre gütige Kaffee-Mühle, die Sie morgen früh wieder zurückerhalten sollen … Bis in den Tod Ihr Richard Wagner.*[20]

Das sind die letzten Zeilen des alten Jahres; die ersten des neuen Jahres an den gleichen Adressaten klingen so: *Mein werther Freund und Gönner, Antworten Sie mir doch ganz einfach Ja oder Nein, ob es in Ihrer Macht steht … die bewusste Summe meiner Schuld noch um fünfzig Franken zu meinen Gunsten zu vergrößern, die Summe selbst würde auch dann gerade rund, oder doch viereckig werden.*[21] Der Absender fühle im Übrigen sehr wohl, wie sehr diese Anfrage an Unverschämtheit grenze, weshalb er sie bei ihrem letzten Zusammentreffen nicht mündlich vorzutragen gewagt habe, allein die Not mache nicht nur erfinderisch, sondern auch unverschämt: *Um nämlich meine diesmalige Miethe etc. bezahlen zu können, habe ich nun gestern mit dem letzten Entbehrlichen das Leihhaus besucht, ohne jedoch genug bekommen zu können.*[22]

Eduard Avenarius, Buchhändler zu Paris, künftiger Schwager Richard Wagners, den die Leichtfertigkeit, mit diesem Menschen in verwandtschaftliche Beziehungen zu treten, gewiss schon jetzt nachdenklich stimmt, schickt die fünfzig Francs, verbunden mit der Erläuterung: »Weiter kann ich aber bei dem besten Willen nicht gehen, was ich zur Beseitigung von sonst möglichen Missverständnissen nicht verhehlen darf. Ganz der Ihre E. A.«[23]

Giacomo Meyerbeer bekommt nun auch öfter Post von seiner Bekanntschaft aus Boulogne; der Schicksals-Schiffbrüchige aus der Rue de la Tonnellerie fühlt einen gewissen Mitteilungsdrang: *Ihre Abreise von Paris –! ach, von da beginnt ein Klagelied in meiner Lebens- und Sterbensgeschichte, die dereinst, wenn ich, wie ich keineswegs zweifle, erstaunlich berühmt geworden sein werde, gewiss von irgendeinem großen Poeten in 24 bis 48 Gesängen gefeiert und beweint werden wird …*[24] Aber bis es so weit ist, müsse Meyerbeer helfen: *Sie können es sich wohl denken, wie ein sensibles Subjekt wie ich … nach Luft schnappte und sehr traurig wurde! … Die Ouvertüre zu »Faust« komponierte ich in meiner Herzensangst unter sehr vielen Zahnschmerzen … Fruchtlos waren all meine Versuche, meine Oper im Renaissancetheater zur Annahme zu bringen.*[25] Und Richard Wagner droht dem Meister an, künftig *in dieser Welt auf kein Heil zu hoffen als von Ihnen.* Ein Bittschreiben zwischen Unverfrorenheit und Trotz, demütig und frech zugleich, wie alle Bittschreiben sein sollten. Die Verzweiflung klingt deutlich genug hindurch, und doch dürfte der Empfänger ihr Ausmaß kaum erahnen.

Robber ist weg.

Das Glück hat Richard Wagner verlassen und nun sogar sein Hund. Es geschah noch vor Jahresende; er hatte Robber wie gewöhnlich am Morgen die Tür geöffnet, ihn auf die Straße gelassen, und er war nicht zurückgekehrt. Überall hat er nach ihm gesucht, er ist an ihren gemeinsamen Orten gewesen, hat jeden nach ihm gefragt. Vergeblich. Und wie haben sie gewartet, jeden Tag von Neuem: Heute würde er zurückkehren, einfach aus dem Nichts wie damals in London, wie so oft. Gewiss ist er weggelockt worden. Aber wer könnte Robber gegen seinen Willen festhalten?

In fast allen Opern der Welt und gerade in denen, die sein Herr bald komponieren wird, bringt sich einer zum Opfer, damit ein anderer leben kann. Meist handelt es sich um heroische Frauen, aber vielleicht gibt es auch heroische Hunde. Hat Robber gespürt, dass sie drei, die Überlebenden zweier Meere, in diesem Ozean Paris zwangsläufig untergehen müssen? Wollte er seinem Herrn wenigstens eine Chance lassen – die Chance auf ein Leben ohne ihn? Oder konnte Robber den Vertrauensbruch nicht vergessen, die gegen ihn erhobene Hand? Oder ist er der unendlichen Verheißung eines großen Stückes Fleisch gefolgt? Besaß er zuletzt doch zu wenig natürliche Anlagen zum Vegetarismus?

Der Kapellmeister weiß es nicht. Er grübelt, bereut, weint, sucht und wartet.

Was ist Richard Wagner noch, wenn schon sein Hund ihn verlässt?

Menschen in Not sind sehr abergläubisch. Und dass Robber von ihm fortgelaufen ist, scheint ihm die schlimmste aller nur möglichen Vorbedeutungen.

Wir schließen!

Raus aus der Rue de la Tonnellerie, jetzt oder nie!

Das Renaissance-Theater will Richard Wagners »Liebesverbot« bringen, jene schon in Magdeburg komponierte Oper, deren zweite Vorstellung nie stattfand, weil die Probe in einer allgemeinen Schlägerei der Sänger unterzugehen drohte.

Richard Wagner, der noch immer hofft, seinen Hund wiederzufinden, und ihm ein guter Ernährer sein will, hatte Giacomo Meyerbeer Mitte Februar noch einmal erinnert, dass er ein Mündel in Paris besaß: *Mein innigst verehrter Herr und Protector! Ich strotze vor Hilfsbedürftigkeit! Also will ich rasch die Saiten rauschen und die sehr alte und so sehr bekannte Urmelodie erklingen lassen: »Helfen Sie mir!« d. h. in wagnerischer Tonart (– lyrisch, weich und wehmütig –): »Haben Sie doch die übermäßige Güte, ein auffrischendes Briefchen an Antenor Joly zu schreiben!«*[26]

Genau das hatte der Bedrängte schließlich getan, und plötzlich war alles ganz einfach: Noch im Frühjahr würde das Renaissance-Theater sein »Liebesverbot« spielen, Intendant Anténor Joly hat es versprochen. Mit den Sängern der Grand Opéra, sie studieren bereits ihre Arien für eine Probevorstellung. Die abendliche Verlierer-Runde in der Rue de la Tonnellerie kommt überein, dass es in Paris nur der zu etwas bringen könne, wer etwas wage. Und wer am Renaissance-Theater gespielt werde, könne unmöglich in einem Hotel garni, vierter Stock, wohnen.

Schließlich stimmte sogar Minna zu: *Meine Frau, deren vorsichtiges und solides Wesen durch die Nötigung zur Teilnah-*

me an meiner sorglosen Behandlung der bürgerlichen Lebensfragen bereits in Schwanken und Unsicherheit gebracht worden war, ließ sich hierbei namentlich durch die Annahme bestimmen, daß sie es verstehen werde, einen eigenen Haushalt weniger kostspielig einzurichten, als das Hotel-garni- und Restaurantleben für uns war.[27]

Die neue großzügige Wohnung liegt in der Rue du Helder. Am 15. April ziehen die Robber-Hinterbliebenen ein, das heißt, sie schließen einfach die Tür hinter sich zum großen Erstaunen des Concierge, der noch lange in der Annahme verharrt, dass den neuen Mietern bald ihre Möbel nachfolgen würden. Die Wohnung ist für ein Jahr gemietet, für tausendzweihundert Francs, zahlbar in vierteljährlichen Raten. Diese Frist kann Richard Wagner nicht schrecken. In einem Vierteljahr wird er der allseits bekannte Komponist des »Liebesverbots« sein, in einem Vierteljahr wird er sogar eigene Möbel haben.

Richard und Minna Wagner sitzen in ihrer neuen Wohnung, in der nichts ist außer ihnen selbst und dem Versprechen einer großen Zukunft. Da meldet sich der erste Besuch. Es ist Lehrs, der behilfliche Lehrs, Mitarbeiter der großen Pariser Ausgabe der Bürgen der europäischen Menschheit, zudem durchaus praktisch begabt, denn er wusste den neuen Mietern schon das Unentbehrlichste gegen bequeme spätere Zahlung zu beschaffen. Lehrs, der Ratgeber, dessen Predigt stets aufs Neue »Mut zur Größe!« hieß. Doch für einen Propagandisten des Muts und der Größe wirkt sein Gesicht jetzt seltsam verfallen. Mit einem solchen Gesicht betritt man nicht die Wohnung von Freunden, die soeben umgezogen sind. Nur Augenblicke später aber gleichen auch die Mienen von Richard und Minna Wagner Ruinenfeldern: Das Renaissance-Theater ist bankrott und wurde soeben geschlossen!

Auch Richard und Minna Wagner müssten nun wie das Renaissance-Theater schon des Realismus halber sagen: Wir schließen!

Mit Grauen blickt der Komponist des »Liebesverbots« in die Maisonne und den Frühling von Paris. Der Tag der ersten Mietzahlung rückt näher. Als sie eines Morgens schon in äußerster Bedrängnis beratschlagen, läutet *der Faktor der Messagerien* – kein anderer als der Postbote – und überreicht den Verzweifelten eine Sendung aus London. Richard Wagner hält sie geradewegs für eine Sendung des Himmels – würde sie sonst ausgerechnet diesen Frühjahrsmorgen für ihre Ankunft wählen? – und erbricht das Siegel. Er erblickt – die »Rule Britannia«, seine eigene Ouvertüre in seiner eigenen, sorgfältigen Handschrift, die überall Wohlgefallen erregt und die auch Meyerbeer zu loben wusste. Wahrscheinlich dachte Meyerbeer, ein Mensch mit einer solchen Handschrift hat eine gewisse Chance im Leben verdient, egal was er für Musik macht. Und der Vorsteher der Londoner Philharmonischen Gesellschaft mag sich gesagt haben, dass dieses Dokument einer vorbildlichen Notenschrift zwar nicht unbedingt seinem Orchester, aber ebenso wenig einem Papierkorb überantwortet werden kann, weshalb er es sorgfältig verpacken und frankieren ließ, und nun ist es da. Porto: sieben Francs.

Aber der Komponist der »Rule Britannia« hat keine sieben Francs, er hat nicht einmal einen, und wenn er sieben hätte, würde er versuchen, sie seiner Vermieterin als Zeichen seines guten Willens und Vorboten der noch fehlenden zu übereignen. Der Faktor der Messagerien erhebt Einspruch, der Empfänger habe gewusst, dass er keine sieben Francs besitze, er hätte das Siegel nicht erbrechen dürfen. Also muss er zahlen, wie, das sei dem Postboten egal. Der Bedrängte erklärt, die Sendung geöffnet zu haben in der Hoffnung, die Aussicht auf viel mehr als sieben Francs darin zu finden. Auch sei ihm die Fatalität des Portos Augenblicke zu spät eröffnet worden.

Menschen ohne Geld bekommen fast nie Recht, und schon gar nicht in Paris. Richard Wagner wird diese Sicht der Dinge Giacomo Meyerbeer gegenüber bald dahingehend formulieren, *daß selbst der liebe Gott Mühe haben würde, in Paris seinen Willen schnell u. ohne Widerstand durchzusetzen.*[28] Aber diesmal gelingt es. Ihm zur Seite steht zwar nicht Gott, wohl aber die an Wirkung durchaus ebenbürtige normative Kraft des Faktischen. Richard Wagner zwingt den Postboten, sich mitsamt der einzigen Abschrift der »Rule Britannia« wieder zurückzuziehen und diese seinen Dienstherren, gewissermaßen den obersten Postboten des Landes, als wie auch immer unerwünschtes Eigentum zu übergeben.

Der Triumph währt nicht lange. Wahrscheinlich schaut Wagner, sobald er von fern einen Menschenauflauf sieht, noch immer nach, ob sich Robber nicht in seiner Mitte befindet. Er denkt auch daran, aus ihrer gemeinsamen Seefahrt eine kleine Oper zu machen. Die Sage vom fliegenden Holländer kennt er, er hatte sie schon in Riga in Heines »Salon« gelesen. Inzwischen kennt er auch den Verfasser.

Nein, keine ganze Oper soll es werden, nur ein einziger Akt. Er weiß, es besteht Bedarf an solchen Stücken; man gibt sie in der Grand Opéra als Vorprogramm zu einem großen Ballett, und ihn reizt daran zudem, alles Beiwerk weglassen zu dürfen und die Sache auf *den einfachen dramatischen Vorgang zwischen den Hauptpersonen* zusammenzudrängen. Meyerbeer erfährt das zuerst.

Nach vier Seiten Einleitung heißt es: *Ich bin auf dem Punkte, mich jemand verkaufen zu müssen, um Hülfe im substantiellsten Sinne zu erhalten. Mein Kopf u. mein Herz gehören aber schon nicht mehr mir; – das ist Ihr Eigen, mein Meister; – mir bleiben höchstens nur noch meine Hände übrig, – wollen Sie sie brauchen?*[29] Der Vorteil, irgendjemandes Sklave zu werden, besteht nicht zuletzt darin, sich selbst los zu sein. Er sehnt sich so nach dieser Erleichterung: *Ich sehe ein, ich muß Ihr Sclave mit Kopf und Leib werden, um Nahrung u. Kraft zu der Arbeit zu erhalten, die Ihnen einst von meinem Danke sagen soll. Ich werde ein treuer, redlicher Sclave sein, – denn ich gestehe offen, daß ich Sclaven-natur in mir habe; mir ist unendlich wohl, wenn ich mich unbedingt hingeben kann, rücksichtslos, mit blindem Vertrauen.* – Meyerbeer wird noch ausführlich Gelegenheit erhalten, für diese Selbstunterwerfungsphantasien des Autors zu büßen.

Es ist nun auch keineswegs so, dass sich Richard Wagner gänzlich in seiner Natur irrt, doch besitzt er nur insofern Talent zum Sklaven wie er auch genau das Gegenteilige besitzt. Darin liegt die Eigentümlichkeit seines Temperaments. Doch wer wüsste noch ganz von sich in seiner Lage, und so fährt er unbeirrt fort: *Kaufen Sie mich darum, mein Herr, Sie machen keinen ganz unwerthen Kauf! – Frei, wie ich noch bin, ver-*

komme ich u. mein Weib mit dazu; u. ist das nicht vielleicht Schade? Sollte man nicht zu etwas Besserem dasein? Dieser Sommer, aus dem Sie vielleicht schon recht gesunde Einkünfte von mir ziehen könnten, wird mich zu Grunde richten, denn ich habe nicht mehr, um das Ende des schönen Mai's sehen zu können. Bringen Sie mich wieder in den schönen Winter hinein, vielleicht zahle ich da schon Zinsen! Nüchtern heraus: – mir kann kein Wucherer mehr helfen, mir kann selbst ein gewöhnlich braver Mann nicht mehr helfen; denn der kann nicht erkennen, wie ich ihm wiederzahlen soll … Göthe ist todt, – er war auch kein Musiker; mir bleibt niemand als Sie. Ein fünf u. zwanzig hundert Franken werden mir in dem nächsten Winter helfen … Hier bin ich; hier ist der Kopf, das Herz u. hier die Hände Ihres Eigenthumes: Richard Wagner.[30]

Vor Verzweiflung beginnt er nun, Tagebuch zu führen; *ich hoffe von der Aufzeichnung der mich am meisten bewältigenden Gemütszustände und der darin entstehenden Reflexionen dieselbe Labung für mein Wesen, wie Tränen dem gepreßten Herzen es sind. Unwillkürlich waren mir eben wieder Tränen gekommen; ist man feig oder ist man unglücklich, wenn man sich den Tränen hingibt? – Ein kranker, deutscher Handwerksbursche war da; ich bestellte ihn zum Frühstück wieder; Minna erinnerte mich bei dieser Gelegenheit, daß sie eben für Brot das letzte Geld würde wegschicken müssen. Du Ärmste!*[31] Er weiß, dass die einzige mit Sicherheit vorauszusehende Perspektive die eines namenlosen Elends ist; der letzte Gedanke, der ihn noch aufrecht hält, ist, *daß Leute wie Meyerbeer, Laube – nichts für mich tun würden, wenn sie nicht glaubten, daß ich es* verdiene. *Aber mächtig kann dabei immer noch Schwäche, Laune, Zufall einwirken und mir dennoch diese Leute entfremden. Das ist ein furchtbarer Ge-*

danke, und dieser Zweifel und vielmehr die noch nicht erfolgte Bestätigung ihres Willens ist peinlich und macht meine Seele krank.[32] Was sie vor allem krank macht, ist, dass er Minna spätestens am 1. Juli ihre Finanzlage sowie deren Aussichten erklären muss: *Hilf Gott, das wird ein schrecklicher Tag werden, wenn nicht Hilfe kommt!*[33]

Hatte Robber nicht recht gehabt, ihn zu verlassen? Soweit er seinem Herrn helfen konnte, hat er es getan.

Erlösung! Natürlich komponiert Richard Wagner die Erlösung. Er komponiert alles, was er in Paris vergeblich sucht, die vollkommene Selbstlosigkeit zuerst: Sentas Ballade, die Ballade einer jungen begabten Hysterikerin.

Ende Juli lebt Richard Wagner wider Erwarten immer noch und erinnert Meyerbeer an die Existenz seines verschmähten Sklaven. Er weiß, dass Leon Pillet, der neue Direktor der Grand Opéra, gen Deutschland abreist, um Meyerbeer in Bad Ems zu besuchen, und so bittet er diesen, *in tiefster Demuth ein gutes Wort für mich und meinen »geflügelten Holländer« (I Act) fallen zu lassen, von dem ich einige Nummern fertig habe.*[34] Und er arbeitet nicht am »Holländer« allein; bis zum Herbst will er auch den »Rienzi« endgültig beenden.

Am 19. November ist es getan, *diese umfangreichste aller Opern* – er kennt seine späteren noch nicht – ist fertig. Er hatte sich zuletzt noch ein Metronom geborgt, um auch die Tempi ganz genau anzugeben, damit die Dresdner ebenso genau wissen, was sie da einstudieren sollen. Denn der Dresdner Oper will er das Werk anbieten, Paris wird es niemals nehmen, das scheint ihm längst sicher. Und in der Stadt an der Elbe, seiner zweiten Heimatstadt kennt er einen Sänger, dem er die Rolle des Rienzi zutraut; dort singt die Schröder-Devrient, die ihn einst bis in die letzte Faser seines Seins erschüttert hatte. Er schreibt ungefähr ein Dutzend Begleitbriefe, darunter auch ein förmliches Bittgesuch an den König von Sachsen, versiegelt die Schriftstücke, auf dass sie für ihn zeugen mögen. Doch das, Richard Wagner fasst diesen Umstand schmerzlich ins Auge, würden sie nur mit dem entsprechenden Porto versehen tun. Wieder stößt er an das Hindernis Welt, dabei geht er ihr inzwischen, so gut er kann, aus dem Weg.

Zudem sind mehrere Wechsel fällig geworden. Die wenigen Möbel ihrer Wohnung sind noch nicht bezahlt, weshalb sie diese wieder verpfänden mussten, sich inzwischen aber gezwungen sahen, auch die Pfandscheine zu versetzen.

Wurde er gar in Schuldhaft genommen?

Eine solche Nachricht findet sich im Bittbrief Minnas an einen Freund, doch könnte sie eher der Strategie der Nachhaltigkeit zu verdanken sein, wie man heute wohl sagen würde. Eine Bitte um Geld mit solchem Hintergrund ist viel schwerer abweisbar, es handelt sich demnach um einen erfolgsorientierten Bittbrief.

Aber auch wenn Richard Wagner nicht ernsthaft krank im Schuldgefängnis gesessen haben sollte – wofür doch vieles spricht, unter anderem die Tatsache, dass er für den Inhaftierungsabend die drei engsten Gefährten seines Elends zu sich einlud, wohl um sie zur Zeugenschaft zu verpflichten –,[35] mindert das nicht die Unhaltbarkeit seiner Lage: Er kann das Porto nicht zahlen.

Der Komponist des »Rienzi« setzt alles auf eine Karte, alles auf einen Novembermorgen. Er will das geliehene Metronom zurückbringen, seine Wechselinhaber, darunter einen Käsehändler, zur Stundung überreden und bei dem Musikverleger Maurice Schlesinger das Briefporto erpressen. Schlesinger ist der Herausgeber der »Gazette musicale«.

Um mit Schlesinger in ein geschäftliches Verhältnis zu treten, hat Wagner bei ihm seine Heine-Komposition der »Deux grénadiers« stechen lassen, und zwar auf eigene Kosten. Durch den Verkauf würde er die aufgewendeten fünfzig Francs zurückzahlen und zugleich bekannt werden. Das ist der Plan, ebenso einfach wie verblüffend.

Wer es in Paris zu etwas bringen will, muss etwas riskieren. Der Satz gilt noch immer. Zugleich würde Schlesinger merken, was für einen hoffnungsvollen Komponisten er seinem Verlag verpflichten konnte. Das Problem ist nur, dass kein einziges Exemplar der »Deux grénadiers« verkauft wurde, wodurch das Geschäftsmodell in eine gewisse Schräglage geriet.

Richard Wagner musste fortan für Schlesinger unentgeltliche Lohnarbeiten aller Art übernehmen, um die Schulden abzutragen, etwa vierzehn Suiten für das *Cornet à piston* schreiben, das Ventilhorn, zur Zeit das beliebteste Instrument der männlichen Bevölkerung von Paris. Eine Arbeit, die ihn immer wieder empfindlich vom »Rienzi« ablenkte. Er begann zur Begleichung seiner Schuld sogar Novellen für die »Gazette musicale« zu verfassen, obwohl die Kosten für die Übersetzung ins Französische seinen Verdienst dramatisch gegen null tendieren lassen. Aber er hat keine Wahl.

Genau am Tag der Vollendung seines »Rienzi« ist die erste größere Novelle erschienen.

Sie heißt »Eine Pilgerfahrt zu Beethoven« und beginnt so: *Not und Sorge, du Schutzgöttin des deutschen Musikers, falls er nicht etwa Kapellmeister eines Hoftheaters geworden ist – Not und Sorge, deiner sei auch bei dieser Erinnerung aus meinem Leben sogleich die erste, rühmendste Erinnerung getan! Laß dich besingen, du standhafte Gefährtin meines Lebens! Du hieltest treu zu mir und hast mich nie verlassen, lächelnde Glückswechsel hast du stets mit starker Hand von mir abgewehrt, hast mich stets gegen lästige Sonnenblicke beschützt! Mit schwarzen Schatten hast du mir stets die eitlen Güter dieser Erde verhüllt: habe Dank für deine unermüdliche Anhänglichkeit! Aber kann es sein, so suche dir mit der Zeit einmal einen anderen Schützling, denn bloß der Neugierde wegen möchte ich gern einmal erfahren, wie es sich auch ohne dich leben ließe …*[36]

Es ist sein Selbstporträt als in Paris verstorbener Musiker R …

Ja, es ist ein Nachruf.

Wer nichts mehr für sich tun kann, sollte sich wenigstens einen Nachruf schreiben. Wer wäre berufener, wer kennt den teuren Toten besser? Sein Nachruf würde, da durfte er sicher sein, der einzige bleiben.

Es war nicht Selbstmitleid, es war vielmehr nüchterner Realismus. Erstaunlicherweise hat die »Pilgerfahrt« eine gewisse Resonanz, die Schlesinger aufmerken lässt. Sollte sein Schuldner, dieser Nichtskönner, gar begabt sein?

Richard Wagner, das geliehene Metronom unter seinem dünnen Mantel, tritt fest entschlossen hinaus in den nebligen Novembermorgen. Wenn Schlesinger will, dass er weiter für sein Journal schreibt, muss er ihm das Porto für seine Briefe leihen. Und auch den Käsehändler wird er kleinkriegen, da ist er sicher.

Vor der Tür ist nichts als Nebel, doch in dem Nebel ist noch etwas, ein Schemen, der Umriss einer Gestalt, die ihm vertraut scheint. Und die Art ihrer Bewegung auch. Richard Wagner späht durch den Dunst, dann hat er keinen Zweifel mehr.

Es ist Robber.

Ich glaubte zuerst ein Gespenst zu sehen, rief ihn aber hastig mit schriller Stimme an, wohl so, wie man Gespenster begrüßt. Wahrscheinlich erschrickt der Angerufene nicht minder, *das Tier erkannte mich augenscheinlich und kam ziemlich nahe an mich heran.*[37] Wie viele Erinnerungen mögen in Robber wach werden, alle auf einmal: Bäder im Rigaer Stadtgraben, eine lange, wilde Seefahrt, eine Cab-Reise durch London und schließlich diese Stadt, in der er, Robber, berühmt und sein Herr immer unleidlicher wurde. Wie mag er jetzt sein? Ist der Ton seiner Stimme nicht verräterisch? Der Hund kommt auf den Mann zu, der einmal sein Herr war; dieser kommt auf ihn zu, aber schnell, ungestüm, den Arm ausgestreckt; in seinen Bewegungen ist dieselbe Ungeduld wie in seiner Stimme, als müsse er etwas fassen, jetzt sofort, und es festhalten. Ist das die richtige Art, sich einem Freund zu nähern, den man lange nicht mehr gesehen hat, fast ein Jahr lang nicht? Er ist keiner, der gefasst und festgehalten werden will. Wenn er bleibt, dann aus freiem Entschluss.

Folge nicht mir, folge dir nach! Er hält sich noch immer an Nietzsches Maxime. Und weckt dieser ausgestreckte, besitzergreifende Arm nicht noch eine andere Erinnerung aus der Zeit ihrer letzten Gemeinsamkeit? Oder nein, Gemeinsamkeit ist kaum das richtige Wort für ein Nebeneinander, in dem ein Teil am Ende zu tätlichen Übergriffen neigte. Das Tier weicht zurück. Richard Wagner meint etwas wie Furcht an ihm zu bemerken, *Furcht vor einer Züchtigung, wie ich sie ihm in der letzten Zeit unseres Zusammenlebens in törichter Weise einige Male zugefügt hatte.*[38] Er spürt selbst, dass seine Stimme zu grell klingt, dass seine Bewegungen zu fahrig sind, aber darf er Robber noch einmal verlieren? Der Hund vergrößert den Abstand zwischen sich und dem Kapellmeister, der ihm einst der liebste Mensch auf Erden war. Er hält etwas unter seinem Mantel fest, nicht sein Herz, aber auch etwas stark Tickendes, das ihn in jedem Moment herunterzufallen droht. Den Takt der Wiederannäherung kann das Metronom Richard Wagner nicht anzeigen. Der verlorene, wiedergefundene und doch schon wieder verloren gehende Hund läuft schneller, schaut sich um. Und ja, sein einstiger Herr folgt ihm, mit Metronom, er rennt, ja er rast. *Daß er mich erkannt, ward mir immer deutlicher, als ich ihn an den Straßenecken sich ängstlich nach mir umwenden sah.*[39] Robber überlässt sich ganz dem Instinkt des gejagten Tieres: Er flieht, immer schneller. *So verfolgte ich ihn durch ein im dicken Nebel kaum erkennbares Straßengewirr, bis ich schweißtriefend und atemlos, mit meinem Metronomen belastet, ihn bei der Kirche St-Roch endlich auf Nimmerwiedersehen aus den Augen verlor.*[40]

Tiefer konnten Richard Wagner weder Hunger und Kälte erniedrigen. Gemeinsam siegen oder gemeinsam untergehen! Das Einverständnis darüber war die Grundlage ihres Bundes gewesen. Also untergehen.

Erst in der Nacht kehrt er wieder nach Hause zurück. Stundenlang hatte er in Schlesingers Büro zugebracht, am Ende erfolglos. Minna späht schon am Fenster nach ihrem Mann aus; ohne Glauben an seine Einkünfte hatte sie schon bei ihrem Untermieter etwas Geld geborgt, eingekauft und ein Abendessen gekocht. Seit sie in der Rue du Helder wohnen, haben sie fast immer Untermieter. Richard Wagner wird die ausgesprochene Gutartigkeit des Neuen ohne Unterlass betonen, obwohl er Flöte spielt, eine Leidenschaft, die zu beklagen der Heimkehrer nie müde wird.

Untergehen. Aber wie soll man das in Würde beginnen, wenn der Zimmernachbar Flöte übt, entschlossen, alles mangelnde Talent durch unebirrbaren Fleiß zu ersetzen? Der frühere Rigaer Kapellmeister bringt halbe Tage in Tränen zu, zwischendurch aber muss er arbeiten, denn Maurice Schlesinger war bald nach seiner Rückkehr mit einem *grotesken Freudestrahlen* in seine Wohnung gestürzt, hatte Feder und Papier verlangt *und schrieb nieder: »La Favorite«, vollständiger Klavierauszug, Klavierauszug ohne Worte zu zwei Händen, dito zu vier Händen, vollständiges Arrangement für Quatuor, ebenso für zwei Violinen, dito für Cornet à piston. Für diese Arbeiten 1100 Franken. Sofort Vorschuß von 500 Franken.*[41] Er war noch nicht tot genug gewesen, dieses Angebot abzulehnen: *Mit einem Blick übersah ich, welches Elend ich mit dieser Bestellung übernahm, schwankte jedoch keinen Augenblick.*

»La Favorite« ist Donizettis neue Oper, ein miserables, gänzlich einfallsloses Stück Musik, wie der Untergeher urteilt, aber es sind zwei kleine Arien darin, um deretwillen die Pariser »La Favorite« mögen. Richard Wagner wundert das gar nicht; eine gewisse Minderwertigkeit scheint ihm inzwischen zu den unabdingbaren Voraussetzungen des Pariser Erfolgs zu gehören. Er geht schon gar nicht mehr in die Oper, er hält die Musik dort nicht aus. Es klingt ihm alles so seicht. Macht die Not am Ende hörender?

Auch Meyerbeers Arbeiten beurteilt er viel kühler, obwohl er ihn noch immer verehrt. Doch was ist Meyerbeer gegen Beethoven? Schon vor einem Jahr, bald nach seiner Ankunft, hatte er Beethovens »Neunte« wiedergehört, gespielt vom großen Pariser Orchester, und es war ihm wie eine Offenbarung gewesen. Dabei ist er einst im Leipziger Gewandhaus fast irre geworden an diesem Stück Musik, so schlecht war es gespielt, auch hatten Beethovens letzte Arbeiten ihn zutiefst irritiert. Jetzt ist seine alte Leidenschaft wieder da, und er meint, ihn besser, tiefer zu begreifen als je zuvor. Jetzt, wo schon alles zu spät ist. Jetzt, wo er die Schönheit dieser Musik fast wie einen körperlichen Schmerz wahrnimmt.

Er rasiert sich nicht mehr, wozu? Nur eine schlechte Oper bindet ihn noch ans Leben. Und eine Novelle. Er schreibt, schon um sich von Donizetti zu erholen, die Geschichte des Musikers »R.«, aus *einer mittelmäßigen Stadt des mittleren Deutschlands* stammend, der in Paris von seinem Hund verlassen wird und daselbst stirbt. »Ein Ende in Paris« beginnt mit »R.'s« Begräbnis, aufgezeichnet von seinem Freund: *Wir haben ihn soeben beerdigt. Es war kaltes trübes Wetter, und wir waren ihrer nur wenig.*[42] Was nun folgt, ist Rückblick – die postume Perspektive scheint dem Befinden des

Autors sowie der zu erzählenden Geschichte von Herr und Hund angemessener.

Auch »R.« entläuft sein schöner Neufundländer, obwohl jener das letzte Brot mit ihm teilt; er sucht sich ein neues Zuhause bei einem reichen, waldhornspielenden Engländer. – Dieser ist zugleich eine Reminiszenz an den flötespielenden Untermieter sowie an einen benachbarten Pianisten, der den ganzen Tag Liszts Phantasie über »Lucia di Lammermoor« übt, während er die »Favorite« kopiert. Ja, Richard Wagner übt Rache. Was ihm Robber, der Flötenspieler, der Pianist und Donizetti antun – er vermerkt es für die Ewigkeit, mit den nötigen Änderungen.

Auch »R.« sieht seinen Hund eines Tages wieder, verfolgt ihn und den Engländer zu Pferde: *»Der Verfluchte! mein Hund! Mein Hund« und wie ein Pfeil flog R. dem galoppierenden Reiter nach, welchen der Hund mit den freudigsten Sprüngen begleitete.«* Er läuft ihnen nach, bis sie ein Tor erreichen, das sich krachend hinter beiden schließt: *In meiner Wut donnerte ich an die Pforte: ein wütendes Bellen war die Antwort. Dumpf, wie vernichtet, lehnte ich mich an, bis mich endlich eine auf dem Waldhorn ausgeführte greuliche Skala aus der Betäubung weckte, die aus dem Grunde des vornehmen Hotels zu meinen Ohren drang und der ein dumpfes klägliches Hundegeheul folgte.* Das ist die Strafe für den Treulosen: Er muss den ganzen Tag schlechte Musik hören. Richard Wagner hält Musikalität mitnichten für ein menschliches Privileg, im Gegenteil: Ist der Mensch nicht das permanent verstimmte Tier? Woraus folgt, dass fast alle Kreatur der Musik näher ist, ergo auch musikalisch eminent leidensfähig. Und »R.« selbst?

Er ist wie der Autor am Ende seiner Kraft: *Jene entsetzliche Skala auf dem Waldhorn im Hotel des Engländers erfüllte mich mit so unwiderstehlichem Lebensüberdrusse, dass ich schnell zu sterben beschloß … Im Innern meiner Brust war etwas gesprungen, das einen langen, schwirrenden Klang zurückließ; als dieser verhallte, war mir leicht und wohl, wie mir nie gewesen, und ich wußte, daß mein Ende nahe sei. Oh, wie beglückte mich diese Überzeugung! Wie begeisterte mich das Vorgefühl einer nahen Auflösung, das ich plötzlich in allen Teilen dieses verwüsteten Körpers wahrnahm!*[43] Wir widerstehen an dieser Stelle der Versuchung, Richard Wagner als so noch nicht dagewesenen Komponisten der Auflösung näher zu betrachten, und setzen stattdessen mit Blick auf alles Kommende ein Ausrufezeichen hinter diese Erfahrung.

Der Autor, als er seine mortale Wunschphantasie niederschreibt, leidet nicht nur an der Vorliebe seines Untermieters für den Klang der Flöte, was zudem durch ihr freundschaftliches Verhältnis gemildert wird, vor allem strapaziert ihn Liszts Phantasie über »Lucia di Lammermoor«, wie sie durch seine Schlafzimmerwand tönt, während er dort »La Favorite« für Klaviere, Violinen und sonstige Instrumente arrangiert. Natürlich, er könnte von dieser Wand weichen und im Salon oder im Wohnzimmer arbeiten, wenn der eine Raum nicht vermietet wäre und der andere nicht wegen gefühlten Minusgraden unbenutzbar.

Die Nähe seines Bettes ist die Voraussetzung seines Überlebens, und überleben muss er zumindest bis zum Ende seines Auftrages. Darum sind im Schlafzimmer, das zugleich Arbeits- und Wohnzimmer ist, die Wege genau kalkuliert: Er braucht zwei Schritte vom Bett zum Arbeitstisch, zum Esstisch und wieder zurück. Er muss in diesem Zimmer bleiben. Darum beschließt er, bevor er seinem »R.« nachfolgen und den Weg der finalen Auflösung beschreiten kann, sich noch einmal zu wehren.

Er wuchtet das entsetzlich verstimmte Piano aus dem Salon ins Schlafzimmer, stellt *es unmittelbar an die nachbarliche Wand, forderte Brix auf, seine Pikkoloflöte herbeizuholen und mir auf derselben die Ouvertüre zur »Favorite«, welche ich soeben für Klavier und Violine (oder Flöte) arrangiert hatte, zu begleiten.*[44] Aus der Wohnung nebenan dringt den ganzen übrig gebliebenen Nachmittag und Abend lang kein Ton mehr. Am nächsten Tag erfährt Richard Wagner von seiner Concierge, dass der junge Klavierlehrer ausziehe und bereits eine andere Wohnung gemietet habe.

Trotz dieses Sieges: Die Freunde spüren, dass der Donizetti-Arrangeur im Begriff ist, ihnen und dem Dasein verloren zu gehen. Er legt die »Favorite« nicht einmal mehr weg, wenn sie zu ihm kommen. Sie beschließen eine gewaltsame Intervention.

Am Silvesterabend 1840 erscheinen die Pariser Versager nacheinander und auf erstaunlichste Weise ausgerüstet in der Rue du Helder: Zuerst kommt wie immer der Philologe Lehrs, nur diesmal mit einer großen Kalbskeule unterm Arm, gefolgt von Kietz, einem begabten jungen Dresdner Zeichner, der bei Delaroche Malerei studiert und es nach Richard Wagners Auskunft nie schafft, auch nur ein einziges Bild zu beenden. Kietz bringt Rum, Zucker und Zitrone. Anders, dessen Temperament seit Robbers Auszug für seine Verhältnisse mitunter ans Ausgelassene streift, führt zwei Flaschen Champagner mit sich, *welchen er dereinst von einem Instrumentenmacher für einen empfehlenden Artikel seiner Klaviere zum Geschenk erhalten hatte.* Der Gastgeber: *Jetzt warf ich denn die schmähliche »Favorite« beiseite und stürzte mich mit wahrhafter Begeisterung in das zu feiernde Freundschaftsfest.* Der Salon wird geheizt, Minna hat in der Küche den Beistand von vier Männern, fehlende Zutaten werden beschafft, und dann wandelt sich das Souper *zum dithyrambischen Gelage*, auf den Champagner folgt Punsch, und Richard Wagner beginnt, eine Ansprache an die Zukunft zu halten und das Evangelium der Weltverachtung zu verkünden. In Ermangelung einer Kanzel besteigt er erst einen Stuhl und dann den Tisch, und es spricht vieles dafür, dass diese Jahresabschlussrede 1840 in vielem dem Glaubensbekenntnis gleicht, dass er seinem sterbenden Musikanten »R.« in den Mund legt.

Richard Wagner hat noch nicht Feuerbach gelesen, aber er ist gut auf ihn vorbereitet: … *jetzt ein letztes Wort über meinen Glauben. Ich glaube an Gott, Mozart und Beethoven, insgleichen an ihre Jünger und Apostel; ich glaube an den Heiligen Geist und an die Wahrheit der einen unteilbaren Kunst …; ich glaube, daß alle durch diese Kunst selig werden und daß es daher jedem erlaubt sei, für sie Hungers zu sterben …; ich glaube, daß ich auf Erden ein dissonierender Akkord war, der sogleich durch den Tod herrlich und rein aufgelöset werden wird. Ich glaube an ein Jüngstes Gericht, das alle diejenigen furchtbar verdammen wird, die es wagten in dieser Welt Wucher mit der hohen keuschen Kunst zu treiben.* Der Überlebende dieses Sterbe- und Lebensbekenntnisses wird sich selbst als dieses Gericht einsetzen und wie jenes überaus rücksichtslos sein, insbesondere dort, wo seiner Ansicht nach »Wucher«, kommerzielle Gesinnung also, und schlechte Musik zusammentreffen. Mag sein, Richard Wagner zieht aus seinen Pariser Hungerjahren die Lehre, es sich manchmal zu einfach machen zu dürfen, denn auch der Hunger ist ein überaus einfacher Zustand. Doch weiter im Weltabschiedsmonolog des sterbenden Musikers: Er glaube, dass die Urheber übler Noten *verurteilt sein werden, in Ewigkeit ihre eigene Musik zu hören.*

Nachdem Richard Wagner derart probeweise verstorben ist und wiedergeboren zugleich, erkennt er sich als außerordentlichen Günstling des Schicksals. Denn er sei, so lässt er Robert Schumann wissen, noch nicht verhungert. Im Frühjahr wollen Richard und Minna Wagner ihre teure, auf ein Jahr gemietete Wohnung kündigen und aufs Land gehen, um dort von den Früchten des Waldes zu leben, allerdings kommt die Kündigung einen Tag zu spät, so dass sich ihr Kontrakt bereits ohne ihr Zutun um ein weiteres Jahr verlängert hat.

Nun hilft die Concierge, welche dem Ehepaar Wagner mit besonderer Höflichkeit begegnet, seit dieses seine Schuhe selbst putzt, was es schon längst getan hätte ohne die Furcht, die Frau so um ihre spärlichen Einnahmen zu bringen. Aber im Gegenteil: Nun da beide Parteien, Concierge und Mieter, sich gemeinsam zur Klasse derer zählen, die ihre Schuhe selbst putzen, bewährt sich auch die Solidarität dieser Klasse, und die Dienstfrau findet neue Zwischenmieter.

So atmet Richard Wagner im Frühjahr 1841 die Landluft von Meudon. Im Unterschied zu seinem Novellen-Alter-Ego »R.« gelingt es ihm auch immer wieder, in Paris etwas zu verkaufen. Etwa Anfang Juli 1841 den »Holländer«-Entwurf an die Grand Opéra.

Aber doch nicht nur den Entwurf, doch gleich die ganze Oper!, beschwört der Komponist den Direktor, der davon nichts wissen will. Ausgeschlossen! Unmöglich! Pillet überlässt den Autor geduldig seinem Trotz, bis dieser sich bereit erklärt, die gebotenen fünfhundert Francs für die »Holländer«-Idee entgegenzunehmen, dann beauftragt er einen Schwager Victor Hugos mit dem Libretto des »Holländers«, Louis Dietsch soll ihn komponieren.

Der Stadtflüchtling besieht seine fünfhundert Francs und beginnt die Parallelaktion. Solange das Geld reicht, wird er seinen »Holländer« komponieren. Der Journalist und Arrangeur fremder Opern ist sich nicht sicher, ob er noch imstande sein wird, eine eigene Note zu Papier zu bringen. Als Erstes mietet er sich ein Klavier, umkreist es scheu, doch dann, als er wagt, die ersten Töne anzuschlagen, macht er eine eigentümliche Erfahrung. Es gehorcht ihm, ja mehr noch, ihm ist, als ob er vergessen hätte, das Lied des Steuermanns im ersten Akt aufzuzeichnen, also schreibt er es schnell nieder. Als er fertig ist, fällt ihm ein, dass er es vorher noch gar nicht kannte. Ähnlich geht es ihm mit dem »Spinnerlied«: Die Musik erscheint bereits auskomponiert an den Rändern seines Bewusstseins. Diese Entdeckung macht ihn über alle Maßen glücklich. *In sieben Wochen wurde die ganze Musik des »Fliegenden Holländers« bis auf die Instrumentation ausgeführt.*[45] Er ist wieder auf hoher See, das Komponieren ist nur ein Spezialfall der Meerfahrt. Wie gern hätte er Robber vorgespielt, wie das klingt, was sie erlebt haben.

In seiner Novelle kehrt der schöne Hund zu »R.« zurück, wenn auch erst spät, zu spät. Zu »R.s« Beerdigung erscheinen außer dem Berichterstatter nur zwei Freunde, *ein Philolog und ein Maler* – unschwer wiederzuerkennen als Anders und Kietz –, *ein anderer ward vom Schnupfen verhindert* – es handelt sich gewiss um Lehrs, der Richard Wagner noch mit seinen künftigen Opern – mit ihren Stoffen – bekannt machen wird und der bald nach Wagners Abreise aus Paris mit siebenunddreißig Jahren an Tuberkulose sterben wird –, *noch andere hatten keine Zeit. Als wir uns bescheiden dem Kirchhofe des Montmartre näherten, bemerkten wir einen schönen Hund,* und hinter diesem den Engländer. Der Schluss: Der Engländer stiftet dem Toten einen Gedenkstein und reitet davon, der musikalisch quälbare Hund aber bleibt am Grab seines einstigen Herrn liegen.

Das ist das Ende eines Musikers in Paris.

Sein Alter Ego aber verlässt die Stadt im April 1842; die Dresdner Oper hat seinen »Rienzi« angenommen, und Berlin will den »Holländer« geben.

Als Kapellmeister auf der Flucht und musikalische Unbestimmtheitsrelation hat Richard Wagner Paris betreten, als er selbst fährt er fort, schon fast zu seinem Vollbild erstanden. Die wesentlichen Motive seiner Musik und seines Denkens nimmt er mit. Doch einen lässt er in Paris zurück: den Schriftsteller Wagner von fast Heinescher Leichtigkeit und Schwärze.

Und Robber.

Diesmal müssen Minna und er nicht den Seeweg nehmen. Vielleicht besieht Richard Wagner noch immer jede Postkutsche, in die sie einsteigen, mit dem Robber-Blick: Wie muss er Reisende und deren Gepäck platzieren, damit der Hund hineinpasst?

Ihre Fahrt nach Dresden dauert fünf Tage.

PEPS IM VENUSBERG

Eine Hundekindheit

Er hat kleine Rosinenaugen und kurze, zappelnde Glieder.

Was Wilhelmine Schröder-Devrient am Dresdner Bassbariton Johann Michael Wächter so beeinträchtigt, dass sie sich kaum imstande sieht, einen Ton der Senta zu halten, jedenfalls nicht, solange sie den Fliegenden Holländer dabei anschauen muss, findet Richard Wagner wunderbar. Allerdings blickt er jetzt auch nicht den Kapitän Daland an, sondern das Hundekind seiner Wirtin. Dessen Rosinenaugen sind fast immer auf ihn gerichtet, und die kurzen, zappelnden Glieder kennen nur einen Ehrgeiz: mit ihm zu gehen.

Am Tag der ersten Orchesterprobe des »Rienzi« ist Peps zur Welt gekommen, ortsüblich auch Bops ausgesprochen. Seitdem wachsen beide um die Wette, die Oper und der Hund. Aber noch, Peps hört das genau, sind es zwei Namen, die ihm gelten. Der andere ist »Striezel«. Der Mann, der jeden Tag an sein Hundekörbchen tritt, egal wie früh oder wie spät es ist, hat den zweiten Namen in einem Brief nach Paris kürzlich so begründet: *weil er aussieht wie ein Hundchen vom Striezelmarkt.*[1]

Drollig nennt er ihn. Ihn, den Abkömmling einer der ältesten Hundearistokratien. Das ist sehr kränkend. Er ist ein Spaniel, wahrscheinlich ein King-Charles-Spaniel.

Schon um die Mitte des 10. Jahrhunderts heißt es im »Book of Laws« von Hywel Dda über seine Vorfahren: »Der Spaniel des Königs ist ein Pfund wert.«[2] Wie viele Ehefrauen, Pferde, Ochsen, Gänse und Truthähne bekam man damals für ein Pfund!

Peps' Vorfahren ließen es sich bereits »in Palästen wohl sein, während die Platagenets und die Tudors und die Stuarts hinter anderer Leute Pflügen durch anderer Leute Schlamm stapften«,[3] weiß die Spaniel-Sachverständige Virginia Woolf. Unter Charles I. und II. erhielten Peps' Ahnen gar das Recht, ausnahmslos alle Räume des Palastes zu betreten. Nicht einmal der Zugang zum Parlament durfte ihnen verwehrt werden.

Und dieser Mann nennt ihn »Striezel«!

Doch vielleicht hat er ein wenig recht, vielleicht sind unter seinen unmittelbaren Vorfahren nicht nur King-Charles-Spaniels. Aber das wäre gar nicht schlimm, das machte ihn nicht geringer in den Augen des Mannes, dessen Gesicht über seinen Hundekindertagen steht. Denn der mag gar keine Aristokraten.

Er misstraut ihnen in der Oper, die er hier aufführen lassen möchte. Er misstraut ihren real existierenden Vertretern. Und das liegt nicht nur an dem aufrichtigen Erstaunen, mit dem der einstige Oberforstmeister, Kammerherr und Geheimrat August Freiherr von Lüttichau sowie Hofrat Winkler seiner in Dresden ansichtig wurden: Nicht genug, dass man die Oper dieses Kerls auf dem Hals habe, nun kommt er gleich noch selbst! Wie unerfreulich!

Wagner hatte für Winklers untergehende »Dresdner Abendzeitung« kostenlose Berichte aus Paris geschrieben, zum Dank versprach dieser, sich um seine Oper zu bemühen. Die Annahme hatte Wagner viele Gratis-Reportagen gekostet. Aber Annahme ist nicht gleich Aufführung. Mit jedem Aufschub des Premierentermins war dem Urheber des »Rienzi« deutlicher geworden, dass sein Werk es nie auf die Bühne schaffen würde ohne seinen persönlichen, bedingungslosen Beistand. In der Tat dachte, als Richard Wagner in Dresden eintraf, kein Mensch mehr an seinen »Rienzi«, und nur Chordirektor Fischer hatte die Partitur überhaupt schon gelesen.

Wenn Kammerherr und Hofrat mit Bestimmtheit etwas über dieses Werk eines absolut unbekannten jungen Menschen sagen sollten – und dazu braucht man es gar nicht zu kennen –, dann: Es ist zu lang, viel zu lang. Es ist geradezu unanständig lang.

Was Richard Wagner einst von deutschen Provinzbühnen fortgetrieben hatte – er empfand es beim Wiedersehen, Wiederhören in Dresden beinahe doppelt so stark, so dass er auch hier schon zu zweifeln begonnen hatte, ob es ihm möglich sei, sich *zwischen Ekel und Wunsch in dieser sonderbaren Welt zu behaupten.*[4]

Das Dasein ist eine einzige Dissonanz. Wenige wissen das besser als er, aber das Hundekind kann sie nicht hören. Denn da ist keine mehr in seiner Stimme, jetzt im Fast-schon-Winter 1842, als die Schröder-Devrient in die Rosinenaugen des Holländers schaut. Im Gegenteil. Plötzlich ist so viel Wärme, so viel Glück darin. Wenn Peps sich nach Richard Wagner ein Bild des Menschen formen sollte, so müsste er vermuten: Der Mensch ist das glückselige Tier.

Seit der kleine Hund geboren wurde, ist es draußen allmählich immer kälter und kahler geworden, hat die Welt ihre Farben verloren. Hat sie etwa alle Wärme und alle Farbe an den Komponisten und seine Opern abgegeben?

Richard Wagner versteht es selbst nicht.

Schon während der »Rienzi«-Proben hatte das begonnen. Er war nicht länger ausgesetzt auf dem eigenen Strand, allein; da war eine Welle, die hatte ihn emporgehoben, die hatte ihn fortgetragen, und sie ist noch immer nicht verebbt. Nie vorher und nie mehr nachher habe er Vergleichbares erlebt, wird er zu Protokoll geben. Die »Rienzi«–Proben glichen bald Festen, was nicht zuletzt an der wachsenden Begeisterung des Heldentenors lag, der den Rienzi singen sollte. Der ging normalerweise viel lieber zur Jagd als auf eine Probe, auch war er so musikalisch, dass noch die komplizierteste Note ganz von selbst vom Blatt in seine Kehle sprang, weshalb er annahm, Proben seien eine missliche Einrichtung für Minderbegabte. Aber diesmal war das anders, denn sie waren eine Gelegenheit, den Rienzi schon vor der Premiere zu singen, und immer, wenn der Tenor ein kleines Ensemblestück des dritten Finales erreichte, rief er, dieses h-Moll sei so schön, das sei nicht mit Geld zu bezahlen, und da er ein sehr kindliches Gemüt besaß, zog er ein Zehn-Groschen-Stück aus der Tasche und legte es auf einen Teller.

Und da die Übrigen weder dem Musiksachverstand noch der Freigiebigkeit ihres Heldentenors nachstehen wollten, sah und roch der gänzlich unbezahlte Leiter der Proben bereits eine unverhoffte Mahlzeit. Denn obwohl er ganz im »Rienzi« lebte – manchmal fiel ihm doch auf, dass er einen Magen besaß.

Dann begannen die Chor- und Orchesterproben, und immer, wenn das Ensemble zur ersten Szene des zweiten Aktes kam, in der die »Friedensboten« die Kunde vom siegreichen Aufstand des Volkes gegen die *Nobili*, den römischen Adel, vortragen, brach es vor Rührung in Tränen aus. Wahrscheinlich kann sich keiner der Beteiligten erinnern, je eine so lange Oper geprobt zu haben, aber niemand klagt. Und all dies las der kleine Hund wohl im Gesicht seines Herrn.

Während der Generalprobe erholten die Sänger ihre einschlägig angegriffenen Nerven mit einem exzessiven Frühstück, nur der Komponist blieb still auf einem Brettergerüst der Bühne sitzen und versuchte, möglichst gesättigt auszusehen.

Die Kunde von höchst merkwürdigen Zuständen während der Proben verbreitete sich in der Stadt, ein Wunder war angekündigt, und alle strömten, es zu sehen. Richard Wagner meinte zu träumen, vergeblich versuchte er aufzuwachen. Zur Premiere versteckte er sich im tiefsten Winkel seiner Loge und brachte es kaum über sich, in den Saal zu sehen, auf all die Menschen, die nur seinetwegen gekommen waren. Er hörte die Musik, als sei sie gar nicht von ihm, der Applaus brandete seltsam fern an sein Ohr. Am 20. Oktober 1842 abends um sechs hatte die Vorstellung begonnen, gegen zehn Uhr war der dritte Akt zu Ende. Nach jedem war er vor den Vorhang gerufen worden, musste jedoch beinahe hinausgestoßen werden, so wenig gelang es ihm, den Tumult auf sich zu beziehen.

Schon möglich, dass Richard Wagner dem braun-weiß gefleckten Hundekind mit den großen Schlappohren das alles erzählt hat. Er spricht viel mit ihm, wie man das mit kleinen Kindern tun sollte, manchmal in einer Sprache, die nur sie beide verstehen, manchmal auch in ganz gewöhnlicher Menschensprache. Viele meinen, man müsse die Worte kennen, um sie zu verstehen, man müsse ihre Bedeutung wissen, aber das ist falsch. Man muss nur musikalisch genug sein. Tonlagen verraten viel, selbst einem Weltneuling wie Peps.

Gut denkbar, dass Richard Wagner seinem Hund noch in der Premierennacht des »Rienzi« alles berichtete, schlafen konnte er ohnehin nicht. Wie um zehn Uhr abends noch zwei volle Akte übrig waren. Warum hatte er nicht gekürzt, als noch Zeit war, statt dem Chordirektor die Unverzichtbarkeit jedes einzelnen Taktes nachzuweisen? Wie er fürchtete, nun würde das Publikum nach Hause gehen. Wie er kaum noch zuhören konnte und sich bitterste Vorwürfe machte. Wie er zu seinem unmäßigen Erstaunen das Publikum auch nach der nächsten Pause noch vollzählig antraf. Wie nach Mitternacht endlich der Applaus donnerte. – Jeder, der Mitteilungen nach Wortbedeutungen misst, müsste annehmen, jetzt sei alles gut, ja großartig, aber Peps, sollte er zum Mitwisser dieses Abends geworden sein, würde es besser wissen. Denn die Stimme seines Herrn hätte sich an dieser Stelle nicht gehoben, im Gegenteil.

Hatte sich das Publikum nicht sich selbst applaudiert, dass es das überstand, sechs Stunden einer völlig unbekannten Oper eines völlig unbekannten Komponisten? Wagners Familie, aus Leipzig mit der Eisenbahn angereist – zum ersten Mal –, konnte sich gar nicht beruhigen über diese Ewigkeit, in Noten gefasst, die zudem alle Pläne für den späteren Abend zunichte machte, denn wozu geht man ins Theater, wenn nicht, um sich auf das Mahl und den Wein danach zu freuen? Jetzt blieb nur noch das Bett.

Wahrscheinlich schliefen alle nach dieser Strapaze augenblicklich ein, nur der Schöpfer des »Rienzi« lag hellwach und massakrierte in Gedanken seine Oper, *blinde Streichwut* verzehrte ihn: *Nichts schien mir in meiner Partitur mehr nötig zu sein.* War sie nicht ein *Wust von lauter Unmöglichkeiten, von denen alles und jedes ausgelassen werden konnte*?[5] So betrat er am nächsten Morgen um acht Uhr das Theater, übergab dem Kopisten die Kürzungsaufträge und verbarg sich vor allen. Erst mit der rettenden Strichfassung gedachte er seinem Ensemble wieder unter die Augen zu treten. – Wir berichten dies so ausführlich, da es sich um die Oper handelt, die schon am Beginn dieses Buches stand und deren Widerschein über der Welt des Hundekindes Peps liegt, und nicht nur, weil er am Tag der ersten Probe geboren wurde.

Wie nah doch Glück und tiefste Zerknirschung bei den Menschen beieinanderliegen. Und erst bei diesem! Welche Welten er erschaffen kann, die keinen Anhalt haben als in ihm selbst. Peps wird bald ihr intimster Mitschöpfer werden. Jetzt brauchte Richard Wagner eine Nacht und fast einen ganzen Tag, um zu erkennen, dass sein »Rienzi« ein Triumph war, ein beispielloser sechsstündiger Triumph. Der Chordirektor suspendierte umgehend die Kürzungen des Autors, keine Note möge man diesem Werk fürderhin krümmen; Tenor Tichatschek legte dar, dass, wenn er die sechs Stunden durchsingen kann, das Publikum sie doch wohl durchsitzen könne. Und wie war das: Habe er nicht noch eine Oper aus Paris mitgebracht? Und was heiße, die sei in Berlin? Ja, dann solle er sie schleunigst wieder beschaffen!

Und darum schaut jetzt, schon fast am Schluss des Jahres 1842, Wilhelmine Schröder-Devrient fassungslos in das runde, breite Gesicht des Holländer-Sängers Wächter. Selbst Wagner nennt ihn *bereits etwas invalide.* Sie besieht das Gebaren seiner Arme und Beine, die, wie er weiterhin zugeben muss, *in seiner Handhabung nur körperliche Stümpfe zu sein scheinen*, und bricht mitten in ihrer großen Arie im zweiten Akt ab. Genau in dem Augenblick, als sie dem Holländer verkünden muss, dass sie ihn erlösen wird. Erlösen, den? Niemals! Alle Noten fallen ihr einzeln aus dem Kopf, sie nimmt den Urheber des Ungemachs zur Seite und zischt ihm zu: »Wie kann ich's herausbringen, wenn ich in diese kleinen Rosinenaugen blicke? Gott, Wagner, was haben Sie da wieder gemacht?«[6]

Der Holländer ist nun einmal kein Tenor; Tichatschek kann Wagner also nicht beistehen, und der Inhaber der die Diva so herabstimmenden Physis, einst ein annehmbarer »Barbier von Sevilla«, hat das werdende Genie höchstselbst darauf hingewiesen, dass er dieser Aufgabe nicht gewachsen sei. Doch es ist kein anderer da, Wächter muss singen. Richard Wagner aber hat eine Unterredung mit dem nagelneuen Liebhaber der Diva, der auf den Namen von Münchhausen hört, was Charakter, Stetigkeit und Vertrauenswürdigkeit des Herren wünschenswert präzise wiedergibt. Doch erweist er sich als erfindungsreich und zuverlässig genug, künftig immer irgendwie im Blickfeld der Senta zu stehen und den Holländer, wenn es sein muss, zu verdecken.

Der Pariser Konkurrenz-»Holländer« ist kürzlich an der Grand Opéra auf Grund gelaufen. Wagner wird davon gehört haben. Sein Schiff muss am zweiten Tag des neuen Jahres seine Seetüchtigkeit erweisen. Peps wird gerade ein halbes Jahr alt und hat Ähnliches vor.

Wenn er erwachsen ist, wird er in die Umrisse einer Aktentasche passen. Aber der kleine Spaniel hegt bereits jetzt das sichere Gefühl, nun kein Kind mehr zu sein. Hundekenner nennen das auch die Rudelordnungsphase und legen dar, dies sei die Zeit, einen Hund zu erziehen, und zwar mit Strenge und Konsequenz. Richard Wagner sagt dazu nichts, er hat im Augenblick andere Sorgen, er leitet die nämliche Phase in seinem Orchester, auch misstraut er allen dreien, der Erziehung, der Strenge und der Konsequenz, zumindest den ersten beiden.

Er hat sich vor allem selbst erzogen, sein Hund wird das auch tun. Überhaupt sollte man nur Leuten vertrauen, die ihre Erziehung in die eigenen Hände nehmen. Auch Peps ist klar, worauf es in der Rudelordnungsphase ankommt: Es gilt, sich seinen Platz zu erobern. Erstrebenswert ist in jedem Fall die Position des Rudelführers.

Die Tochter des Dresdner Schauspielers Ferdinand Heine, den Wagner schon als Kind kannte und der bereits mit seinem Stiefvater auf der Bühne gestanden hatte – beide Familien sind auch jetzt wieder eng befreundet –, wird verantwortlich sein für ein Porträt des jungen Hundes als »braun und weiß geflecktes kleines Monster«, das den ganzen Haushalt tyrannisiere. »Haushalt« ist hier in der umfänglichsten Bedeutung des Wortes zu verstehen und schließt auch die Straße vor Wagners Wohnung ein, weshalb Marie Heine meist einen gewissen Umweg um das Haus des Königlichen Hofkapellmeisters machen wird, da andernfalls der Rudelführer laut kläffend herausgestürzt kommt, sie zu begrüßen und zu überwältigen. Aber noch wohnt Richard Wagner nicht in dieser möglichst zu umgehenden Straße, in der Ostra-Allee Nr. 6 mit Ausblick auf den Zwinger. Noch ist er nicht Königlicher Hofkapellmeister und der Abend der Uraufführung des »Fliegenden Holländers« legt diesen Posten auch nicht nahe.

Fast den ganzen ersten Akt über unterhalten sich zwei ältere beleibte Herren, sie tun das zwar mit Noten, aber das macht die Sache nicht unbedingt besser. Das Publikum ist verblüfft: Es ist alles so düster hier, so ungemütlich nasskalt, genau wie draußen. Darf man Anfang Januar nicht wenigstens im Theater ein bekömmlicheres Klima erwarten? Und was diesen erlösungsbedürftigen Seefahrer angeht, so ist das Publikum ungefähr der Meinung der Schröder-Devrient: Besser, die See verschluckte ihn gleich! Der Urheber des »Holländer« hatte einst überlegt, ob dieser Senta nicht mit sich in die Tiefe ziehen sollte, aber ist der neue Schluss etwa erhebender?

Den Dresdnern ist ihr neuer Lieblingsmusikant ein Rätsel. Jeder Akt des »Rienzi« barst vor Glanz und Bewegung, aber in diesem ganzen »Holländer« geht ungefähr so viel vor wie an einem froststarren Januarabend im Wald. Das wahre Drama spielt innen? Man hat schon bessere Ausreden gehört. Nein, diese Oper ist ein Irrtum, selbst Sentas Glut, im Blick immer den Herrn von Münchhausen, kann darüber nicht hinwegtäuschen, doch der Komponist ist noch so jung, und die Sachsen sind gutmütig. Ja, sie verzeihen ihm. Sogar der König verzeiht ihm.

Der Sinn des, nun ja, Durchgefallenen umwölkt sich: Hatte das Publikum seinen »Rienzi« überhaupt verstanden? Was bedeutet es, das es den allerschwächsten Teil des Werks – das Ballett, für dessen Dürftigkeit er sich längst schämte – am enthusiastischsten aufnahm? Und Tichatschek? Hatte er auch nur etwas gesungen von dem musikalisch wohlnotierten *finstren, dämonischen Grunde in der Natur des Rienzi?* Hatte er nicht.

Mit seiner Frau kann er solche Finsternisse nicht teilen. Warum, fragt sie wohl, sollten die Zuschauer nicht wissen, was gut, besser, am besten ist, schließlich sind sie viele, und er, der Komponist, ist nur einer. Außerdem ist es inhuman, dem Publikum nicht zu geben, was ihm gefällt.

Einen Januar lang hat Peps Gelegenheit, viel über das Verhältnis von Einzelnem und Masse zu lernen. Und über Treue zu sich selbst. Was gehen Wagner die Sachsen an, was die Provinz? Er sei kein Sachse, kein Provinzler, sagt sein Herr. Mag sein, dass Peps hier an die Grenzen seines Verständnisses stößt: Wäre das nicht gerade so, als würde er leugnen, ein Spaniel zu sein, und was hat dieses Leugnen für einen Sinn, wenn man ein Spaniel ist?

Wahrscheinlich vertraut Richard Wagner seinem Hund sogar an, was er Minna erst recht nicht sagen kann: dass er gar keine Lust hat, Musikdirektor in Dresden zu werden, und auf diesbezügliche Avancen recht kühl reagiert habe. Kurz nach der »Rienzi«-Premiere war der Musikdirektor Rastrelli gestorben.

Natürlich, auch das lernt Peps, Menschen halten sich nicht immer an ihre eigenen Vorsätze, und wahrscheinlich ist das auch besser so. Ja, ganz bestimmt ist es besser so.

Dass sich etwas Außergewöhnliches ereignen wird, spürte ich sofort an diesem Nachmittag des 2. Februar 1843. Meine Herrin schien mich fast nicht zu sehen, um mich im nächsten Augenblick mit ganz und gar unverdienten Zärtlichkeiten zu bedenken. Dann vergaß sie mich wieder. Mein Herr war nicht da, aber der Grund seiner Abwesenheit musste ein außerordentlicher sein, sonst würde sie sich nicht so betragen. Über Stunden ging das so, bis ich meinen Herrn auf der Straße erblickte.

Er kam uns entgegen, aber er war nicht allein. Dass es auch mit dieser Begleitung keine ganz alltägliche Bewandtnis haben konnte, entnahm ich schon Minnas eigentümlichem Gang. Sie *taumelte* uns entgegen, ganz seekrank vor Glück. Von Lüttichau selbst, der Intendant von Königs Gnaden, eskortierte meinen Herrn, den Schöpfer einer großartigen und einer verbesserungsbedürftigen Oper, nach Hause. Und dann hörten wir es selbst: Mein Herr war ab sofort

Kapellmeister seiner Majestät. Mit tausendfünfhundert Talern lebenslänglichem Gehalt.

Königlich Sächsischer Hofkapellmeister! Kann man mehr werden auf Erden? Vor einem Jahr zählten sie noch zu den viel zu vielen, waren sie zwei Beinahe-Hungerleider mehr im großen Paris, ich habe die Geschichte schon oft gehört. Und jetzt begleitete ein Herr von und zu meinen Herrn nach Hause.

Natürlich blicken die Dresdner nun ganz anders auf ihn. Aber so ein Titel hebt nicht nur den Herrn, er hebt erst recht den Hund. Es macht schon einen Unterschied, ob man der Hund eines Schneiders oder der des Königlich Sächsischen Hofkapellmeisters ist. Wer sollte urteilsfähiger sein in diesen Dingen als ich, der Hund der Könige? Erst jetzt passen wir wirklich zusammen.

Ich sei eine Art Wachtelhund, sagt mein Herr, aber was heißt denn hier »eine Art«? Ja, ich weiß, da ist eine gewisse Unsicherheit in meinem Stammbaum, aber ist er nicht selbst »eine Art« Promenadenmischung? Schließlich weiß er noch immer nicht mit Sicherheit, ob sein Vater, der Leipziger Polizeiaktuarius Friedrich Wagner, wirklich sein Vater war oder nicht doch der Freund der Familie, den seine Mutter so kurz nach dem Tod des Vaters heiratete. Und er wird es nie wissen. So unsicher sind mitunter die Stammbäume, nicht nur unsere. Und von gehobener Abkunft kann nun erst gar keine Rede sein.

Der Großvater meines Herrn war an der Leipziger Stadtmauer beschäftigt, als Toreinnehmer, der alle, die in die Stadt wollten, taxierte und ihnen nach gründlicher Beschau ihres Gepäcks nach Möglichkeit eine Steuer auferlegte. Ein Instinkt für den gesellschaftlichen Fortschritt musste dem Großvater gesagt haben, dass Arbeitsverhältnissen an Stadtmauern keine wirkliche Zukunft winkt, und er unterschied sich von anderen Toreinnehmern vor allem dadurch, dass er seine beiden Söhne auf die Universität schickte: Adolf studierte Theologie und Friedrich Jurisprudenz.

Und jetzt ist der Enkel des Leipziger Toreinnehmers Kapellmeister seiner Majestät. Mein Herr leugnet es gar nicht: *mit tyrannischer* Anziehungskraft habe sich die Aussicht auf Wohlversorgtheit geltend gemacht, und das *Gefühl des Wohlgelitten-, ja Angesehenseins breitete sich mit wohltätiger Wärme über den Heimatlosen aus.*[7] Wenn er jetzt daran denkt, wie seine »Pilgerfahrt zu Beethoven« begann: *Not und Sorge, du Schutzgöttin des deutschen Musikers, falls er nicht etwa Kapellmeister eines Hoftheaters geworden ist …* Wie unerreichbar schien ihm das.

Tausendfünfhundert Taler lebenslängliches Gehalt. Lebenslänglich. Mein Herr bemüht sich, das Adjektiv nicht als Urteil zu verstehen, er sagt sich vielmehr, er sei angestellt, um *das Unerhörte ins Leben zu rufen.* So hat es ihm auch Webers Witwe versichert.

Ein anderer hätte vielleicht Anstoß an meiner Größe genommen, an meiner Taschenförmigkeit. Immerhin befindet sich mein Herr jetzt an jenem eigentümlichen Ort, den man »in Amt und Würden« nennt. Und die Würde meines Herrn hebe ich nicht, daran kann meine ganze Ahnenreihe nichts ändern, selbst wenn sie weniger fehlerhaft wäre. Wenn wir beide den Brühl entlangpromenieren, lachen die Menschen mich an. Lachen sie mich gar aus? Ich weiß es nicht. Manchmal wäre es mir lieber, sie fürchteten sich.

Selbst der Königlich Sächsische Kapellmeister sagt nicht Hund zu mir, nur Hundchen. Er meint es nicht böse, eher zärtlich, aber kränkend ist es trotzdem. Toy-Spaniel nennen mich die Briten. Spielzeug-Hund! Ich bin ein Schoßhund. Hofdamen mit Verdauungsproblemen haben mich als Wärmekissen auf den Bauch gelegt. Mein Herr macht das auch, seit dem »Favorite«-Winter quält ihn sein Unterleib. Ich wärme ihn gern, denn er hat keine Angst davor, sich mit mir lächerlich zu machen.

Er gibt nichts auf die Urteile der Leute. Nicht einmal auf das des Königs.

Natürlich empfängt auch der König seinen neuen Kapellmeister und fragt, ob er sich für die Zukunft etwas wünschen dürfe. Die Mächte des Elementaren, legt der König aller Sachsen dar, würden die Opern seines nunmehr ersten Musikers im Reich doch sehr beeinträchtigen. Im »Rienzi« das Volk und im »Holländer« das Meer. Wie störend. Wie missvergnüglich. Wahrscheinlich rät ein Instinkt dem nagelneuen Königlichen Kapellmeister, diese Anfragen nicht aus dem unentschuldbarsten aller möglichen Gründe zu verneinen: der Wahrheit halber. Sollte er sich nicht vielmehr über den Scharfsinn des Königs freuen? Wo Könige denken, ist Hoffnung.

Und doch hat Richard Wagners neue Stellung in der Welt entschiedene Nachteile, denn sie spricht sich herum. Fremde Menschen in entferntesten Städten, etwa in Riga, in Königsberg, in Magdeburg und Paris, freuen sich geradezu ungebührlich, dass er noch am Leben ist. Am-Leben-Sein heißt zahlungsfähig sein. Sie schicken ihm ihre Rechnungen.

Er hat ein neues Leben, ein neues Amt, einen neuen Hund, aber die alten Schulden. Nein, es passt nicht.

Minna fährt zur Kur, ohne ihn. Er kann nicht, er muss proben und dirigieren. Und den Hund nimmt sie mit. Richard Wagner bleibt zurück, zum ersten Mal doppelt verwaist. *Den Tag als Du fortwarst litt es mich nicht zu Haus; mir wurde angst u. bange: ich lief von einem zum andern,*[8] erfährt die Frau, die soeben ihre Lebensstellung fand: Frau Königlich Sächsische Hofkapellmeisterin. *Gehe ich mit einem Anderen,* so liest sie weiter, *gehöre ich mehr ihm als mir an.* Mit Peps ist das nie so. Mit seinem Hund spazieren gehen, bedeutet Im-anderen-bei-sich-selbst-Sein, Vollkommenheit also.

Vermisst Peps nicht auch ihn? Er stellt förmliche Anfragen bei seiner Frau. Und wenn nicht ihn, so doch zumindest seinen Morgenmantel, den Peps zu seiner Hundedecke erklärt hat: *Was sagt er, daß er nicht mehr meinen Schlafrock hat?* Er ist nicht der Mann, die Differenz zwischen einem Morgenmantel und einer Hundedecke zu dem Unterschied zu erklären, auf dem die Ordnung der Welt basiere. *Was sagen die Teplitzer zu dem schönen Wacholderhund?*[9] Wenn er erst Urlaub hat, überlegt er, könnten sie zusammen nach Prag fahren, alle drei: *Pebs geht auch mit nach Prag.*[10] Das Trauma Reise mit Hund sitzt tief, darum schlägt er Minna schon im nächsten Satz vor, eine Kutsche nur für sie allein zu nehmen, *es kostet nicht zu viel.*

Dass der neue Hund *besser* ist *als Robber*, hat Wagner seinem Schwager in Paris bereits mitgeteilt. Obwohl er Robber manchmal noch immer vermisst. Denn es ist sehr schade, dass sein Erster Konzertmeister, der einst berühmte Violinvirtuose Karl Lipinsky, Robber nicht mehr kennenlernen kann. Karl Lipinsky ist der Ansicht, dass man seinen Geigenton unter allen Umständen aus dem Orchester heraushören müsse, weshalb er meist etwas früher beginnt als die übrigen Instrumente. Wahrscheinlich hört er auch etwas später auf, und es steht nicht in der Macht des von ihm aufrichtig beargwöhnten Kapellmeisters, ihn daran zu hindern. Hier hätte er seines Rigaer Assistenten bedurft.

Glaubt man dem noch heute gültigen Rassestandard für den King-Charles-Spaniel, so besteht sein höchstes Lebensziel darin, seinem Herrn zu gefallen. Dies unterscheidet ihn von Robber, doch scheint auch er im Verlauf des Frühjahrs dieses Ziel immer häufiger zu vergessen.

Peps kommt in die Flegeljahre. Er hält sich immer öfter dort auf, wo auch sein Herr anzutreffen ist, zumindest in Gedanken. In der neuen Oper, die er gerade entwirft, bezeichnet er diesen Ort mit einer gewissen bestürzenden Offenheit: im Venusberg. An Wagners dreißigstem Geburtstag ist die Dichtung des »Venusbergs« beendet.

Auch die nähere Bekanntschaft mit dem Venusberg verdankt er dem lungenkranken Lehrs, Lehrs, dem er eben noch vorgeschlagen hatte, seine Frau zur Kur nach Teplitz zu begleiten.

Kurz vor seinem Aufbruch nach Dresden hatte er Wagner das Jahresheft der Königsberger Deutschen Gesellschaft gebracht, in welchem dieser den Bericht vom Sängerkrieg auf der Wartburg in der Ursprache fand, samt textkritischer Betrachtung.[11] Dem Lesenden war, als läge eine neue Welt vor ihm. So hatte er das Mittelalter noch nie wahrgenommen. Auf ihrer Reise von Paris nach Dresden regnete es fast immer, aber als sie von Fulda kommend die Wartburg schon von weitem erblickten, schob die Sonne ein einziges Mal die Wolken beiseite und sah mit Teilnahme auf die alten Mauern und den Hörselberg. Ihm wurde so heimatlich zumute. Sollte das Zufall sein?

Nein, beschloss Richard Wagner und feierte schon bald nach seiner Ankunft in Dresden hoch oben auf dem Schreckenstein sein ganz privates Bacchanal. Er war der Inspiration halber eine *volle Mondnacht, in das bloße Bettuch gewickelt, auf den Ruinen* des *Schreckensteins* herumgeklettert, *um mir so selbst zur fehlenden Gespenstererscheinung zu werden, wobei mich der Gedanke ergötzte, von irgend jemand mit Grausen wahrgenommen zu werden. Hier setzte ich denn nun in mein Taschenbuch den ausführlichen Plan zu einer dreiaktigen Oper »Der Venusberg« auf.*[12]

Im Sommer reist Richard Wagner endlich seiner Frau hinterher. Lehrs ist nicht bei ihr, er starb nur wenige Tage, nachdem er den Fahr-mit!-Brief des Freundes empfangen hatte. Der Königlich Sächsische Kapellmeister genießt es, in derselben Pension abzusteigen wie im letzten Jahr. Doch diesmal mietet er statt eines kleinen vier große Zimmer *mit möglichster Bequemlichkeit* und lässt auch ein Klavier kommen. Der »Venusberg« braucht dringend Noten, nebenbei könnte er gesund werden. Das Wärmekissen Peps allein kann seinem »Favorite«-versehrten Unterleib nicht helfen.

In den folgenden Wochen sehen Kurgäste einen Mann, beschwert mit einem riesigen Buch, durch die Laubwege des Thunschen Gartens hetzen. Er weiß, er sollte promenieren, aber das vermag er jetzt nicht. Alles in ihm ist in Aufruhr, seit er dieses Buch aufgeschlagen hat. Es ist Grimms »Deutsche Mythologie«, gleichsam die Fortsetzung des Heftes, das Lehrs ihm gab: *Vor meiner Seele baute sich bald eine Welt von Gestalten auf, welche sich wiederum so unerwartet plastisch und urverwandt kenntlich zeigten, daß ich, als ich sie deutlich vor mir sah und ihre Sprache in mir hörte, endlich nicht begreifen konnte, woher gerade diese fast greifbare Vertrautheit und Sicherheit ihres Gebarens kam. Ich kann den Erfolg hiervon auf meine Seelenstimmung nicht anders als mit einer vollständigen Neugeburt bezeichnen, und wie wir an den Kindern die berauschende Freude am jugendlich ersten, neuen, blitzschnellen Erkennen mit Rührung bewundern, so strahlte mein eigener Blick vom Entzücken über ein ähnliches, wie durch ein Wunder mir ankommendes Erkennen einer Welt, in welcher ich bisher nur ahnungsvoll blind wie das Kind im Mutterschoße mich gefühlt hatte.*[13]

Gleichwohl wird ihm immer kränker zumute statt gesünder. Er erfährt, dass ein Kurgast nicht rennen, sondern nur schlendern darf und schon gar nichts lesen, was ihn aufregt. Auch Peps wartet, dass sein Herr endlich dieses unmöglich dicke Buch weglegt. Doch der bleibt vor Schwäche und Unwohlsein nun tagelang im Bett liegen, liest aber trotzdem weiter. Wahrscheinlich besieht Peps seinen Herrn, wie man ein Unglück besieht. Hat er ihn je so enttäuscht?

Nur manchmal springt er aus dem Bett auf, um am Klavier die Noten des »Venusbergs« zu suchen. Sie halten sich gut versteckt. Das macht ihn noch kränker. Richard Wagner erfährt, dass ein talentierter Kurgast nicht nur nicht lesen, sondern auch nicht komponieren darf.

Der *Blutandrang im Kopf* wird ihm unerträglich. Ob, was dort oben zu viel ist, sich günstiger verteilt beim Bergsteigen? Diesmal ist er nicht allein wie im letzten Sommer als Schreck vom Schreckenstein. Peps folgt ihm. Er ist ein Spielzeughund, er kennt keine Berge, gewiss wird er abstürzen, sorgt sich Wagner und wirft ihm sein Taschentuch hin. Peps weiß genau, was er tun muss. Er muss das Tuch bewachen, aber er kann nicht. Etwas treibt ihn voran, seinem Herrn nach, etwas hält ihn fest. Zwei gegenläufige Bewegungen sind gleichzeitig in ihm, sie zerreißen ihn fast. Wie verbindet man das, was man möchte, mit dem, was man muss? Es kommt darauf an, dazubleiben und mitzukommen, beides zugleich. Im Dableiben mitkommen, im Mitkommen dableiben.

Und Peps vergräbt das Tuch.

King-Charles-Spaniels kennen keine Furcht. Egal wie weit und hoch sie klettern werden, er kommt mit. Und er wird das Tuch wiederfinden, genau an diesem Felsen.

Richard! Freiheit! Santo spirito cavaliere!

Wie konnte er das tun?

Schlimm genug, dass er so lange weg war. Dass er es so lange ohne mich ausgehalten hat. Nun ist er wieder da, aber nicht allein.

Er hat jemanden mitgebracht.

Mit dem Käfig in der Hand stand mein Herr vor seiner Frau, und Minna wusste gar nicht, wen sie zuerst begrüßen sollte, ihren Mann oder den Inhalt des Käfigs. Sie ist außer sich vor Begeisterung.

Hat sie sich je so über mich gefreut?

Es ist ruchlos.

Ich weiß genau, was Vögel sind. Sie sitzen draußen in den Bäumen, frieren – gerade jetzt, im Winter – und haben Angst vor Hunden. Es gibt sie, damit ich auf sie zustürzen und sie auffliegen sehen kann. Ihr Schrecken ist das Maß meiner Kraft. Es ist ein gutes Maß. Vögel sind lächerlich.

Und dieser erst! Noch nie habe ich einen so komischen Vogel gesehen. Eine missratene Krähe, fast ohne Schwanz, statt schwarz-grau ganz grau. Was für ein schmutziges Hellgrau! Und der Schnabel ist krumm statt vornehm gerade. Ich kann mich nicht erinnern, wann Minna eine Krähe so begrüßt hätte. Und dabei ist dies, wie gesagt, höchstens eine halbe Krähe. Das Schlimmste aber ist: Mein Herr macht mit, er teilt ihre Freude. Und ist da nicht bereits eine merkwürdige Vertrautheit zwischen ihnen? Mein Herr gibt sich gar keine Mühe, es zu leugnen: *Ich führte ihn in seinem engen Käfig auf der traurigen Rückreise mit mir und war sehr gerührt, als ich bemerkte, daß er meine Sorgfalt für ihn mit schnell erklärter großer Anhänglichkeit an mich erwiderte.*[14]

Wahrscheinlich hat er mich nicht flüchtiger auf den Arm genommen als sonst; undenkbar, sein Streicheln wäre kürzer oder fahriger ausgefallen. Und doch. Er hat mir auch gesagt, wie sehr er mich vermisst hat. Erst in Berlin und dann in Hamburg. Und doch. Ich glaube, er hat mir sogar erzählt, wie es in der Hauptstadt der Preußen war, *mit ihrer dürftigen Länge, die sie für Größe ausgibt*; sie wollten dort nun endlich den »Holländer« aufführen: Wie er, um eine Katastrophe zu verhüten, in vorletzter Minute den amtierenden Musikfunktionär am Pult, der von seinem Amt fast keine, *von meiner Oper aber,* so der Heimkehrer, *auch nicht die mindeste Vorstellung hatte,* kurzerhand durch sich selbst ersetzt habe. Wie sich bei der ersten Vorstellung nach der Ouvertüre keine Hand zum Beifall rührte. Wie das Publikum, noch immer stumm, dem ersten Akt folgte. Wie er seine fast schon verzweiflungsvolle Lage erkannte, ohne doch im Mindesten zu verzagen, *da ich sehe, daß die Aufführung außerordentlich gut geht.*[15] Und wie er schließlich, noch ehe der Vorhang zum zweiten Mal fiel, einen Triumph feierte, *wie er gewiß nur wenigen zu Theil geworden ist,* größer noch als der des »Rienzi«. Wonach ihm Mendelssohn *mit akzentloser Bonhomie* seine Anerkennung *zugelispelt* habe. – Ja, das alte Vertrauen ist noch da. Und doch.

Ach, wäre es in Hamburg genauso gewesen, nie hätte mein Herr diesen unmöglichen Vogel mitgebracht, der nach seinem Tonfall zu urteilen über die Maßen wertvoll sein muss, was anzuerkennen ich ablehne. Nur weil er direkt aus dem Urwald von Zentralafrika stammt? Soll sich der Hund des Königs etwa vor einem Abkömmling des Dschungels verneigen?

Hamburg war miserabel. Wahrscheinlich bereute Richard Wagner schon am ersten Tag, sich auf diese Stadt, ihr Theater und den Direktor Cornet eingelassen zu haben. Sein Honorar war gering, er solle sich nur auf die Tantiemen der Aufführung verlassen, meinte der Direktor.

Da hatte Wagner den »Rienzi« ganz und gar provinztheaterinkompatibel angelegt, und nun zeigte ihm das Provinztheater, wie sich diese Untauglichkeit als besondere Form von Tauglichkeit interpretieren ließ: Es sah im »Rienzi« eine gute Gelegenheit, seinen gesamten Kostüm- und Kulissenfundus auf einmal auf die Bühne zu stellen, und der stimmlose Sänger des »Rienzi« hatte nie aufgehört, auch diese neue Rolle im Gestus seiner Lieblingspartie zu singen. Und das war der Elvino aus der »Sonnambula«. Wagner erwog bereits, den Einbruch des »Kapitols« in den zweiten Akt vorzuziehen, um Herrn Wurda – dies der Name des Schuldbeladenen – unter dessen Trümmern ein für alle Mal zu begraben, doch immer wieder hielt ihn etwas zurück.

Und dieses Zögern enthielt schon den halben Papagei.

Der Theaterdirektor bemerkte die *Niedergeschlagenheit* seines Gastes durchaus und war fest entschlossen, ihm eine Freude zu machen. Nur wodurch? Durch ein wenig Achtung vor seinem Werk, wodurch sonst?, antwortete wohl im sonoren Tonfall der Depression der Zeuge der Exekution seines Werks. Nein, dem Mann war offenkundig keine Freude zu machen, aber wie stünde es um seine Frau? Sie wünsche sich einen Papagei, antwortete matt der Befragte, und nur Tage später hielt er den Käfig in der Hand.

Der »Rienzi« war Peps' Oper. Sollte er sie jetzt mit diesem Vogel teilen?

Wenn der kleine Hund die schwärzeste Stunde seines Lebens angeben müsste: wahrscheinlich wäre es diese. So wie an diesem Tag hat Minna ihren Mann lange nicht mehr angeschaut, nicht, seitdem er Königlich Sächsischer Kapellmeister wurde, und Richard Wagner kennt auch den Grund: *an diesem schönen grauen Papagei ward es* seiner Frau *doch ersichtlich, daß ich es in der Welt zu etwas bringen sollte.*

Ob Peps am Abend dieses schweren Tages im März 1844 gewartet hat, dass der Vogel sich nun endlich aufmachen würde, um dort zu übernachten, wo er hingehört: im nächsten Baum? Aber am Morgen war der Papagei immer noch da.

Irgendwann weiß Peps, dass das so bleiben würde. Spätestens als er diesen dummen Namen rufen hört: Papo. Lächerlich. Immerhin hat er keinen Buchstaben mehr als der seine. Und dann sieht Peps es zum ersten Mal: Sein Herr geht zu Papo, beugt sich zu ihm, und der Vogel steckt seinen Kopf ganz tief in den Zwischenraum von Hemd und Hals. Wie oft mögen die beiden das schon gemacht haben? Nun gut, dieses kreischende Tier hat keine Zunge, lang und schön wie die seine. Es kann ihm nicht wie er übers ganze Gesicht lecken. Es ist eine Ersatzzärtlichkeit. Ganz gewiss ist es das. Aber warum sprechen sie so viel mehr mit dem Vogel als mit ihm? Hört er es noch, als der Graue zum ersten Mal »Richard!« schrie? Mit dessen Stimme. Aber das ist doch kein Grund, sich zu freuen.

Und warum sehen sie ihn halb mitleidsvoll, halb lachend an und sagen, dass er ja doch nicht sprechen könne? Hat sie das je gestört? Möglich, Peps kann sich plötzlich selbst hören. Egal was er sagen will, immer wird es ein Bellen. Ein ungestalter Laut, roh, unmoduliert. Er spürt, wohl zum ersten Mal, dass ein Abgrund zwischen ihnen liegt, zwischen ihm und seinem Herrn.

Wenn die Tiere sprechen könnten, begännen sie zu klagen, wird einmal ein Philosoph vermuten, der viel über die Sprache der Menschen und die Sprache überhaupt nachgedacht hat und weiß, dass erstere nur eine unter vielen ist und wohl nicht einmal die höchste. Dabei war nie ein Missverstehen zwischen ihnen. Das liegt daran, dass sein Herr so musikalisch ist: Er kann genauso bellen wie sein Hund, in seiner Tonlage. Haben sie nicht immer eine Sprache gesprochen?

Und kann er mit Papo etwa auf dem Fußboden rollen wie mit ihm? Kann er nicht. Dafür sitzt der Vogel bald auf der Gardinenstange, schaut schräg von oben auf den Ungeflügelten herunter und ruft: »Komm, komm herauf!«

Ein Vogel, wenn er schon statt auf Bäumen im Haus lebt, gehört in einen Käfig, das weiß jeder. Wahrscheinlich wäre auch Peps ein großer Befürworter der Käfighaltung, aber niemand fragt ihn, und der Hausherr käme nie auf den Gedanken, Papo einzusperren. Im Gegenteil. Minna und er bringen auch noch überall Äste und Zweige an, damit Papo sich mehr wie zu Hause fühlt, in Afrika.

»Richard! Freiheit! Santo spirito cavaliere!« Es ist der Ruf aus dem »Rienzi«, abzüglich des »Richard«. Peps weiß nicht mehr, wann er ihn zum ersten Mal hörte. Oh, dieser Schauspieler! Wie er seine Erfolge registriert. Wie er sich plustert. Hat er nicht schon die Attitüde eines Tenors? Und wie Tichatschek würde er am liebsten den ganzen Tag lang die Partien wiederholen, mit denen er am erfolgreichsten ist. Immer wenn Papo den Hausherrn die Treppe heraufkommen hört, bricht er nun in den gleichen Ruf aus: »Richard! Freiheit! Santo spirito cavaliere!« Und wenn Minna den Tisch gedeckt hat und ihr Mann noch nicht da ist, braucht sie nur den Vogel anzuschauen, und der beginnt schon wieder: »Richard! Freiheit! …« Dann kommt er zum Essen.

Ja, er ist ein Schauspieler, ein jämmerlicher Schauspieler. Selbst vor Fremden muss er seine Vorstellung geben, und es gelingt jedes Mal, Peps ist ja selbst anfangs darauf reingefallen. Wenn die Gäste die Gläser heben, beginnen sie schon zu klirren, noch ehe sie einander berührt haben. Greift einer zum Taschentuch, ist das Schnauben bereits vorher hörbar. Allerdings richtet sich Papo in der künstlerischen Umrahmung der Abendgesellschaften durchaus nicht immer nach dem Betragen der Gäste. Der wahre Künstler macht nicht nach, sondern vor. Sein Herr sieht das auch so. Eine Tür quietscht, und alle drehen sich um, wer hereinkommt. Aber es kommt keiner. Papo beherrscht alle Tonarten, in denen Türen quietschen, aber von Musik, glaubt Peps, hat er keine Ahnung. Und nicht vom Venusberg. Und nicht von der Erlösung.

Zum Komponieren braucht sein Herr den Hund, nicht den Papagei.

Im vergangenen Oktober sind sie eingezogen, in diese Wohnung, die sein Hauptmieter selbst *geräumig* nennt, und das will etwas heißen. Sie liegt in der Ostra-Allee mit Aussicht auf den Zwinger. Das wichtigste Zimmer darin ist das Komponierzimmer, darin steht ein großer Breitkopf & Härtelscher Konzertflügel und daneben ein samtbeschlagener Hocker. Wenn sie komponieren wollen, nimmt der Kapellmeister am Flügel Platz und auf dem Hocker sein Hund. Nun spielt Richard Wagner für ihn, Peps, den Ersthörer seines Werks. Er gibt viel auf sein Urteil. Auf das seiner Frau nicht, Minna versteht nichts von Musik, und wie der »Venusberg« klingt, will sie auch nicht wissen, am besten er klingt gar nicht. Sie hält ihn für unanständig. Er weiß doch, was die Dresdner lieben, den »Rienzi«, warum komponiert er nicht gleich noch einen? Will er sie denn alle kompromittieren?

Welche Tonart hat der »Venusberg«? Irgendwann weiß Wagner es genau. Bei E-Dur hält es Peps nicht auf dem Hocker, er steht da, zum Sprung bereit, alle Sinne gespannt, aggressiv und doch nicht aggressiv im üblichen Sinne. Wie man eben dasteht und wartet, ob der Venusberg sich öffnet. Die »Tannhäuser«-Ouvertüre wird Richard Wagner in E-Dur notieren.

Es-Dur etwa taugt viel weniger als Tonart der sinnlichen Liebe, Es-Dur muss die Tonart der Heiligkeit sein, der Kapellmeister entnimmt es dem schläfrigen Schwanzwedeln seines Hundes, wie er da in aller Gelöstheit der Kreatur auf seinem Musikhocker flegelt. Pilgerchor und Schluss des Tannhäuser werden in Es-Dur stehen.

E-Dur: sinnliche Liebe.

Es-Dur: heilige Liebe.

Das ist die Grundentscheidung seiner neuen Oper. Er verdankt sie Peps. Was hätte der kreischende, türenquietschende Vogel hier beitragen können? Vielleicht sollten wir an dieser Stelle erwähnen, dass die Musiktheorie Peps' Wahrnehmungen durchaus bestätigt. Heinse urteilt 1795: »Es dur geht in das Feyerliche der Priesterschaft ... Es dur ist so edel, so feyerlich, so wuerdig, weil Es als kleine Terz dem sanft klagenden C diente, nun aber von seinem traurigen Geschäft zu der herrlichen eigenen Existenz erhoben worden ist, daß ihr selbst dessen schöne Quinte G als reizende große Terz, und dessen ruehrende kleine Septime, als prächtige Quinte dient. Zärtlich erinnert sie sich bey ihrem Glück zuweilen ihres vorigen Zustands.«[16] Die Belege von Peps' Kennerschaft ließen sich vermehren, doch möge der folgende für die stummen anderen sprechen: »Wenn wir E dur vergleichen, können wir dieses eine weibliche, Es dur eine männliche Tonart nennen.«[17]

Der Durchschnittsmensch neigt zur Herablassung gegenüber dem Tier, und nicht nur er, seine Philosophen erst recht. Das Tier sei ausgeliefert seinen Trieben und keines Begriffs des Göttlichen fähig. Immanuel Kant kannte Peps nicht. Was verstehen die Philosophen, diese Augen-Metaphysiker, von Musik? »Der bestirnte Himmel über mir ...« Unendlicher Abstand, unendliches Gegenüber. Musik aber ist immer schon ein Inwendig-Sein, Peps ahnt das. Um die Tonart der Gottesliebe von der der Frauenliebe zu unterscheiden, muss man schon feiner organisiert sein.

Und es ist nicht nur sein Tonartempfinden allein.

Sein Herr geht nirgendwohin ohne seine Begleitung, also auch nicht in die Kirche. Richard Wagner geht nicht in die Kirche, weil er an Gott glaubt – wer die Kunst hat, hat auch Gott, gewissermaßen aus erster Hand –, aber für all jene, die aus zweiter Hand glauben müssen, dirigiert er regelmäßig die Vesper.

Peps weiß genau, wie er sich in einem Haus Gottes zu verhalten hat. Vor allem darf er, die vorgeblich niedere Kreatur, nicht hereinkommen; an der geöffneten Kirchentür muss er warten. Andere hätten ihren Hund vielleicht angebunden, aber solche Schmach mag Richard Wagner weder sich noch Peps zufügen, der im Unterschied zu den meisten Menschen genau weiß, wie sich die Tonarten E-Dur und Es-Dur unterscheiden. Auch hat er selbst schon glatt vergessen, die Messe zu dirigieren, weil er zu tief im »Venusberg« war, und vielleicht wäre es ihm nicht einmal mehr eingefallen, hätten ihn nicht Gottesdienstrückkehrer auf die Misslichkeit aufmerksam gemacht. Meistens aber gehen sie rechtzeitig los, und Wagner vertraut Peps' Taktgefühl. Er wird nie enttäuscht.

Und dann geschieht es doch. Der musikalische Leiter der Heiligen Messe wird nicht genau sagen können, woran es lag. Pauken und Trompeten erfüllen das Kirchenschiff, alle Himmel jubilieren, es ist der vollständige Triumph Gottes, der auch den kleinen Hund am Eingang ergreift, ihn von der Tür wegreißt, immer weiter, mitten in den Klang hinein, bis Peps mitten im Kirchenchor stehen bleibt. Hört er mehr Es-Dur oder mehr E-Dur? Er verharrt in einer Pose dazwischen, wahrscheinlich verlangt ihn sehr, seinen eigenen Jubel unter den der Pauken und Trompeten zu mischen. Wahrscheinlich trifft ihn ein Blick seines Herrn, der die Hundekehle im letzten Augenblick verschließt. Richard Wagner kann ganze Orchester allein mit den Augen dirigieren. Sogar seinen Hund.

Um ein Haar wäre dies Richard Wagners letzte Messe gewesen.

Im September 1844 sitzt Richard Wagner auf dem Weinberg seines Chordirektors in Loschwitz. Peps und er haben viel zu tun, sie müssen den zweiten »Tannhäuser«-Akt komponieren, in dem der Ritter im allgemeinen Sängerwettstreit sein Preislied singt, mit einer gewissen Selbstvergessenheit des Ortes gedenkend, dem er entwich:

TANNHÄUSER *in höchster Verzückung:*
Dir, Göttin der Liebe, soll mein Lied ertönen!
Gesungen laut sei jetzt dein Preis von mir!
Dein süßer Reiz ist die Quelle alles Schönen,
und jedes holde Wunder stammt von dir,
Wer dich mit Glut in seinen Arm geschlossen,
was Liebe ist, kennt er, nur er allein: –
Armsel'ge, die ihr Liebe nie genossen,
zieht hin, zieht in den Berg der Venus ein!

O ja, das will er! Peps hält sich viel im Venusberg auf, seit er ein Mann ist. All seine erotische Erfahrung sagt das Gleiche wie sein Herr: Was Liebe ist, weiß nur, wer im Berg war. Er könnte gleich wieder losgehen. Sein Herr vielleicht auch, aber der darf nicht. Dies, Peps hat es wohl längst erkannt, zählt unter den nicht gerade wenigen Nachteilen, ein Mensch zu sein, zu den größten. Ja, ihm ist so zügellos zumute, vielleicht liegt das auch an den Noten, die ihm sein Herr vorspielt, die Augen immer forschend auf ihn gerichtet. Die Tonart der Sinnlichkeit haben sie, aber die Tonart allein reicht nicht. Sie müssen weiterarbeiten.

Sie sind noch längst nicht fertig, als Peps allem Reden, allen Handgriffen seines Herrn deutlich entnimmt, dass sie an diesem Septembertag 1844 keine Musik machen werden. Wagner fährt zur Stadt, und nichts verrät seine Absicht, ihn mitzunehmen. Schon die Art, sich zu kleiden, schließt ihn aus. Er mag die Uniform nicht. Immer wenn sein Herr sie anzieht, heißt das Trennung. Aber zu einer richtigen Trennung gehören zwei. Der, der fortfährt, und der, der dableibt. Ist er ein Dableiber? Ist er nicht eher ein Mitkommer?

Richard Wagner muss seinen Urlaub unterbrechen, um in Dresden den »Rienzi« zu dirigieren. Es ist keine ganz gewöhnliche Vorstellung, denn auf der Tribüne nehmen Giacomo Meyerbeer und Gaspare Spontini Platz, der neue und der alte Leibmusikant des preußischen Königs, wobei auch die Nachbarschaft des Jüngeren den Älteren nicht in der Ansicht irremachen kann, dass die Geschichte der Oper mit ihm zu einem definitiven und durchaus triumphalen Ende gelangt ist. Und erst recht nicht dieser junge, durchaus begabte Mann dort vorn am Pult. Neben Spontini und Meyerbeer sitzt der russische General Lwow, Komponist der russischen Nationalhymne. Sie alle verfolgen Aufstieg und Fall des letzten der Tribunen.

Vielleicht sehnt der Dirigent sich schon während der Vorstellung zurück auf seinen stillen Weinberg. So viele Menschen, und was für ein Lärm, wenn auch sein eigener, wenn auch selbst erzeugt! Er geht unter im Applaus. Als er aber seinen Taktstock aus der Hand legt, stürzt ein kleiner braun-weißer Kläffer auf ihn zu, bis eben mühsam zurückgehalten.

Peps! In der Oper! Den ganzen Weg vom Loschwitzer Weinberg bis in die Stadt war er dem Wagen hinterhergelaufen. Richard Wagner hebt tief gerührt seinen Hund auf, diesen unvergleichlichen, vortrefflichen Hund.

Natürlich, er müsste jetzt Meyerbeer, Spontini und den General Lwow begrüßen, er müsste sich in der Kunst der verbindlichen Unverbindlichkeit üben, die man Konversation nennt. Aber Minna wird ganz außer sich sein vor Sorge über Peps' Verschwinden, er weiß das. Er kann jetzt keine Rücksicht nehmen auf die große Welt, er will zurück in die kleine, auf seinen Weinberg, sofort. Vielleicht hat er auch ein wenig Angst vor dem Blick Meyerbeers: Das Ansehen seines einstigen Schützlings und Beinahe-Sklaven ist eindeutig gewachsen, sein Hund eher nicht. Fürchtet er sich vor Meyerbeers Lachen?

Herr und Hund verlassen das Opernhaus ohne Gruß.

19. Oktober 1845. Auch aus Berlin und Leipzig, begleitet von einem scharfen Herbstwind, sind die Gäste in die Stadt geströmt. Das Orchester ist verstärkt: vierundzwanzig Violinen, zwei Harfen. Gerüchte kostbarster Ausstattung und einer noch nie gesehenen Pracht laufen schon seit Monaten

durch die Straßen; die erhöhten Eintrittspreise nahm man als Bestätigung. Ausverkauft ist die Uraufführung des »Venusbergs« trotzdem oder gerade deshalb. Für das, was hier bevorsteht, werden spätere Zeiten einmal nicht ohne eine gewisse Einfalt das Wort »event« entdecken.

Aber »Der Venusberg« heißt die Oper nun nicht mehr. Nicht nur die Medizinstudenten begannen, Witze zu machen. Darum beschloss ihr Urheber im letzten Augenblick die Umbenennung: »Tannhäuser oder Der Sängerkrieg auf der Wartburg«. Worum es geht, weiß trotzdem jeder.

Auch und erst recht die Venus selbst. Seit Richard Wagner Wilhelmine Schröder-Devrient mit sechzehn Jahren als Fidelio gesehen hatte, sind nun doch ein paar Jahre vergangen, was auch die Darstellerin der Venus mit Bedenken erfüllt: »Um Gottes willen, was soll ich denn als Venus anziehen?« Herkömmlicherweise, klassisch und von der Sache her gesehen: gar nichts. Doch scheint das nicht einmal wünschenswert, im Gegenteil, das Publikum könnte sich erschrecken. Vielleicht gibt sich Richard Wagner Mühe, nicht unhöflich lang zu nicken, als seine Venus ihm mitteilt, sie könne unmöglich nur mit einem Gürtel bekleidet auftreten. Und dies ist nicht die einzige Bedenklichkeit der bevorstehenden Uraufführung. Die zweite besteht darin, dass Tichatschek seine Rolle ein Rätsel ist. Richard Wagner führt das nicht zuletzt auf die spezifische *Kleinheit seines Gehirns* zurück. Er wird seinen Tichatschek immer lieben, er ist ebenso dumm wie musikalisch, aber jetzt ist Ersteres durchaus ein Problem.

Tichatschek versteht Helden, er singt Helden. Den Rienzi hat er verstanden, nicht ganz, aber doch genügend. Den

Tannhäuser versteht er nicht, was insofern schade ist, als dass alles äußere Geschehen in dieser exzentrischen Oper seine Ursache direkt in der Seele des Tannhäuser hat, worauf Richard Wagner durchaus stolz ist, nur ist auch dieses Organ im Falle des Joseph Tichatschek von so einfacher Machart, dass aus ihr allein sich überhaupt nichts ergibt. Und was eine Seele nicht versteht – der Schöpfer des »Tannhäuser« hat das längst erfahren –, kann man ihr auch nicht beibringen.

Der Einzige, dem der Komponist diese Nöte zu Hause wirklich mitteilen kann, ist Peps. Minna war schon immer gegen diese obszöne Oper, egal ob sich Tannhäuser nun läutert oder nicht, und Papo befindet sich mit seinem »Richard! Freiheit! Santo spirito cavaliere!« nicht wirklich auf der Höhe des Geschehens.

Überlassen wir einem unparteiischen Beobachter den Bericht des Abends: »Den geringsten Eindruck machte die Venusbergszene ... Sie wirkte erkältend auf das Publikum.«[18] Warum hören die Dresdner nicht, wo sie sich befinden? Verunsichert sie der Anblick der Schröder-Devrient? Oder haben Peps und er falsch komponiert? Aber nicht allen entgeht, wo sie sich hier befinden, was die Sache jedoch nicht besser macht. Der Kritiker der »Neuen Zeitschrift für Musik« notiert über den Zwiespalt des Tannhäuser: »Um sich der Macht der Venus zu entziehen, sagt er: Mein Heil ruht in Maria! Unwillkürlich sieht man auf den Zettel, um zu erfahren, wer diese Maria ist ...«[19]

Richard Wagner vermag nicht, es vor sich zu verbergen: Der ganze Saal atmet auf, als Tannhäuser aus dem Venusberg herauskommt, und genießt das Septett des Finales. Der zweite Akt ist schon viel besser: Duett mit Elisabeth, Einzugsmarsch, Sängerkrieg. Katastrophe. Lauter geschlossene Formen. Jubel. Nur Wagner erfror von innen: Mit Schrecken gewahrte er, dass, was ihm *unbegreiflicherweise in den Proben entgangen war, Tannhäuser am Schlusse des Sängerkrieges seinen* – oben angeführten – *mit wahnsinniger Ekstase und Vergessen aller Gegenwart an die Venus gerichteten Lobgesang zärtlich schwelgend an Elisabeth richtete.*[20] Wieder eine Pause von fast einer halben Stunde, sie verstimmt das Publikum. Und dann passiert erst einmal eine halbe Stunde gar nichts, der Vorhang bleibt unten, weder die Venus, noch Elisabeths Trauerzug erscheinen auf der Bühne. Nur der Hörselberg erglüht langsam und eine Totenglocke ruft leise von der Wartburg herunter. Peps war das nie zu wenig Handlung gewesen. Doch selbst die wohlmeinende »Augsburger Allgemeine Zeitung« urteilt: »Das Ganze erlischt mehr als es endet.«

Der Dresdener kommen in der Auffassung überein, dass ihrem Kapellmeister keine Melodien mehr einfallen, zumindest nicht genug, denn sonst hätte Tannhäuser unmöglich so unendlich lang von seiner Pilgerfahrt erzählt. Wann gab es je ein Rezitativ von solcher Länge? Aber das war gar kein Rezitativ! Das war überhaupt keine herkömmliche Oper mehr, könnte der Kapellmeister einwenden. Wer würde ihn verstehen?

Richard Wagner schaut seinen Hund an und weiß es.

Hund und Revolution

Ob es die Erlösung gibt, weiß keiner; wir wissen nur, wie sie klingt: A-Dur. Diesmal, im »Lohengrin«, ist es A-Dur, wahrscheinlich nicht ohne Peps' Einverständnis. Vierfach geteilte Violinen, kaum hörbar, ganz weit oben, immer höher schwebend. Ein Vorhang aus Licht. Geht es noch höher? Sie schwellen an, nur leicht, der Klang wächst, und dann zwei Oboen und zwei Flöten. Der Augenblick, da sie hinzutreten, ist nicht kritisierbar.

Im Februar 1848 wird in Paris die Republik ausgerufen. Am 29. Februar tagt in Leipzig eine Bürgerversammlung. Am 18. Mai tritt in Frankfurt die Nationalversammlung zusammen. Revolution liegt in der Luft. Richard Wagner hat Zeit. Am 28. April 1848 hat er die »Lohengrin«-Partitur beendet. Die Erlösung kennt viele Wege. Der Gral vielleicht auch. Wählt er zu seiner Ankunft statt eines Schwans gar die Revolution?

Zumindest kommt sie gerade recht, um die innere Leere zu füllen, die nicht selten auf den Abschluss eines Werks zu folgen pflegt. Und Wagner war glücklich gewesen in seinem »Lohengrin«, jetzt muss er allein weiterleben.

Was eine Revolution ist, weiß er genau, vielleicht hat er schon jetzt Hegel gelesen. Eine Revolution ist die mehr oder minder notwendige *Vernichtung der sinnlichen Form der Gegenwart*, formuliert der Kapellmeister seiner Majestät.

Mag sein, der Hund spürt längst, was ihn vom Menschen trennt: Es ist nicht zuletzt die Unfähigkeit zu solcher Abstraktion. Er hängt so sehr an der sinnlichen Form der Gegenwart, er kann sich gar keine andere vorstellen.

Revolutionäre sind Menschen, die für irgendeine Zukunft, von deren sinnlicher Form sie nicht die leiseste Ahnung haben, bedenkenlos die der Gegenwart opfern würden. Ist das nicht leichtsinnig? Ist das nicht tadelnswert?

Nein, Peps mag die Revolution nicht.

Er ist ein King-Charles-Spaniel.

Der Hund des Königs verabscheut die Revolution schon, als sie noch gar nicht da ist. Er wittert sie. Immer öfter ist sein Herr nicht zu Hause. Und wenn er zurückkehrt und ihn begrüßt, ist sein sonst so zärtlicher Blick mitunter fast beiläufig. Wahrscheinlich ist das auch so am 15. Juni 1848.

Der Kapellmeister seiner Majestät hat im Vaterlandsverein eine Rede gehalten. Diese Rede wird ihr Leben ändern, aber noch weiß das nicht einmal der Redner.

Zum ersten Mal hat Wagner bei der Überführung der sterblichen Überreste Carl Maria von Webers öffentlich gesprochen. Was für ein Feuer! Welche Eloquenz! Diesem Mann wollte er weiter zuhören, er wurde ganz Ohr und wunderte sich irgendwann, dass der begabte Redner nicht weitersprach, bis er seinen Fehler bemerkte. Doch es ist keineswegs so, dass er nun keine Gelegenheit versäumen würde, ein Rednerpult zu entern und auch diese Rede hätte er vielleicht nie gehalten, ohne die dringliche Aufforderung seines Musikdirektors August Röckel. Neuerdings hält jeder Schwachkopf Ansprachen an die Zukunft, und wer hätte so wie der Kapellmeister seiner Majestät über das Verhältnis von Republik und Monarchie nachgedacht, über das Neue und das Alte zugleich!

Im revolutionären Frühjahr hatten sich im ganzen Land Vereine gegründet, der Vaterlandsverein ist der Verein der radikalen Demokraten, alle Dresdner Revolutionäre sind im Vaterlandsverein, auch Röckel, der inzwischen außer als Musikdirektor bei der Königlichen Kapelle auch noch eine Anstellung bei der Weltrevolution hat. Er habe erst jetzt, wie das sein Freund, der Kapellmeister formuliert, *seinen eigentlichen Beruf erkennen gelernt, nämlich den des ›Wühlers‹.*

Richard Wagner wird später sagen, dass er keineswegs mit dem festen Vorsatz, seine Rede zu halten, im Vaterlandsverein erschienen sei. Aber dann sprechen der Advokat Blöde und auch der Kürschnermeister Klette, sie alle halten sich plötzlich für das Mundstück der Zukunft, *was* – so der Zuhörer – *mir den leidenschaftlichen Entschluß eingab, mich auf der wunderlichen Tribüne mit meinem Blatte einzufinden und es ungefähr 3000 Menschen mit energischer Betonung vorzulesen.*[21]

Richard Wagner spricht über unser aller Erlösung aus dem Elend, über unser aller Emanzipation von der Herrschaft des Geldes, und nicht nur, weil er fast keine Luft mehr bekommt unter der Last seiner Schulden. Die Herrschaft des Geldes sei es, die den schönen freien Willen des Menschen verkrüpple und zu *widerlichster Leidenschaft* entarten lasse, zu *Geiz und Wucher.* Und dann schlägt er dem König vor, die Rolle *des ersten Republikaners* anzunehmen, *des emanzipierten Ersten unter Freien.*

Wie ein Lauffeuer verbreitete sich die Kunde von diesem unglaublichen Vorfall. Zuerst wird der »Rienzi« abgesetzt, aber noch lacht der Königliche Kapellmeister, als ihm Papo schon auf der Treppe sein »Richard! Freiheit! …« entgegenruft.

Papo ist der Papagei der Revolution. Aber nicht Papo ist schuld.

Leider hat Richard Wagner es auch nicht versäumt, in seiner Rede den Satz *Wir haben ein stehendes Heer und eine liegende Kommunalgarde* unterzubringen. Und weil Richard Wagner, weit mehr als unter Musikern, erst recht unter großen Musikern üblich, nicht nur ein Mann des Tons und des Wortes, sondern auch einer der Tat ist, wird er nur allzu bald gemeinsam mit Freund Röckel beim Gelbgießer Oehme über hundert Handgranaten in Auftrag geben. Ich war's nicht, Wagner war's, wird der sonst so lautere Röckel beteuern. Vielleicht hat er recht. Auch wird der Schöpfer des »Lohengrin« und angehende Pyromane der Revolution seinen Heldentenor Tichatschek bald darüber aufklären, welcher Bestimmung er dessen Waffensammlung zuzuführen gedenkt. Aber noch ist das Zukunftsmusik.

Doch der Hof ist alarmiert. Die Königliche Kapelle, ist sie nicht eine verkappte revolutionäre Zelle?

Es ist keine gute Zeit für kleine Hunde. Alle sind plötzlich mit Dingen befasst, die viel größer sind als er. Und was die Menschen für einen Blick haben, ganz unscharf vor lauter Zukunft, und dazu diese fliegende Röte auf den Wangen. Er weiß nicht, was das bedeutet. Diese Art von Venusberg ist ihm nicht zugänglich. Minna auch nicht. Ihr Blick, das sieht er, wird ganz unstet vor Sorge. Ihre Worte sind es manchmal auch. Vor allem hat sie Sorge um sich, um ihre bürgerliche Reputation.

Die revolutionäre Situation im Hause Wagner stellt sich wie folgt dar: Den sich immer weiter radikalisierenden umstürzlerischen Flügel bilden er selbst sowie der Salonrevolutionär Papo; Minna und Peps sind dagegen, obwohl die Revolution auch den kleinen Hund mitunter affiziert. Wer Freund und wer Feind ist, weiß er genau. Fallen die Namen der Feinde, springt Peps nicht selten auf, um seine todbringendste Pose einzunehmen und sie niederzubellen.

Gehören Lüttichau und Wagners Kollege, der *faule Reißiger* dazu? Reißiger, der zum dreihundertsten Jubiläum der Königlichen Kapelle das Ritterkreuz des Königlich Sächsischen Zivildienstordens verliehen bekommt, während die schon in Auftrag gegebenen »Lohengrin«-Dekorationen wieder abbestellt werden?

Im Sommer 1847 ist sein Herr noch auf die höchsten Bäume des Gartens geklettert, manchmal ist er auch oben sitzen geblieben und hat den »Lohengrin« komponiert. Das hat Peps verstanden. Nun finden in ihrem Garten konspirative Treffen statt. Fremde Menschen kommen, die ihn gar nicht beachten, sogar Herren in Uniformen. Peps kann nicht wissen, dass es sich um die Offiziere Hermann Müller und Leo von Zychlinsky handelt, die mit Röckel die allgemeine Volksbewaffnung diskutieren. In ihrem Garten! Leider ermutigen sie den Musikdirektor, seine Gedanken in einer Schrift zu veröffentlichen, was Röckels sofortige Entlassung aus dem Dienst seiner Majestät zur Folge hat.

Röckel hat nun viel Zeit, Wagner und er gehen häufig miteinander spazieren und führen, begleitet von Peps, umstürzlerische Gespräche. Wir wissen nicht, ob Peps August Röckel gemocht hat. Da dieser sich nun nicht mehr um die Musik kümmern muss, hat er begonnen, revolutionäre

Periodika herauszugeben, wobei es ihm gelingt, den Noch-Kapellmeister als Hauptautor zu verpflichten.

Im Oktober 1848 veröffentlicht er in Röckels »Volksblättern« den Aufsatz »Deutschland und seine Fürsten«, gipfelnd in der Aufforderung: *Erwacht! Die elfte Stunde hat geschlagen.* Weitere Artikel des Kapellmeisters heißen etwa »Der Mensch und die bestehende Gesellschaft«, wobei schon vom Titel her klar ist, wer von beiden untergehen wird. Fast die Hälfte aller Nummern der »Volksblätter« werden unmittelbar nach ihrer Veröffentlichung konfisziert.

»Der Mensch und die bestehende Gesellschaft«. Er verfasst noch eine Variation auf dieses Thema, es ist der erste »Nibelungen«-Entwurf: sein weltgeschichtliches Revolutionsgleichnis. Im Oktober 1848 ist es fertig.

Das neue Jahr findet Richard Wagner noch immer als Königlichen Kapellmeister, was er zum Anlass nimmt, die Orchestermitglieder am 12. Februar 1849 im Gasthof »Zum Lämmchen« zu versammeln, um ihnen seine Reformpläne zu erläutern, was sein Intendant als Demoralisierung der Kapelle interpretiert. Dabei geht es um das genaue Gegenteil, um die wahre Moralisierung der Kapelle, um ihren Anteil an der Erziehung des Menschengeschlechts. Denn was macht die bestehende Ordnung dem Königlichen Kapellmeister zufolge so verwerflich? Dass sie die sittliche Erziehung, die Ausbildung des Einzelnen letztlich dem Zufall überlässt.

Vielleicht ist Richard Wagner noch immer Königlicher Kapellmeister, weil er König Friedrich August II. seine Rede über Königtum und Republik in einem langen Brief noch einmal persönlich erklärt hat. In diesem Winter hat er auch Hegels Philosophie der Geschichte gelesen, aber er formulierte schon vorher wie der Weltgeist selbst, und vielleicht fehlte nicht viel, dass Friedrich August vollständig einsah, dass er zum Vorkämpfer der Freiheit berufen ist. Ein Freistaat begründe sich in der unterschiedslosen Freiheit aller, las er, das Königtum aber sei dazu berufen, diese zu gewährleisten, *weil der König in sich die Freiheit Aller vereinigt.*[22] Es ist wirklich schade, dass er schon ein Bündnis mit der Reaktion hat. Was für ungeahnte Perspektiven! Aber Friedrich August muss schon zur Stunde wie später Wotan sagen: »Den Verträgen bin ich nun Knecht!«

Am 1. April 1849 dirigiert Richard Wagner den Soundtrack zur Revolution: Beethovens »Neunte«. Bei der Generalprobe am Tag zuvor saß ein potenzieller Weltbrandleger im Publikum, das ungekrönte Haupt der anarchistischen Internationale, der Russe Michail Bakunin, Hauptinitiator des Prager Slawenkongresses, nach der vereitelten böhmischen Revolution vom Sommer nun in Dresden untergetaucht. Gewöhnlich hielt er sich gut verborgen. Röckel, zu dieser Zeit *schon gänzlich in die Wildnis übergetreten,* hat beide gleich nach Bakunins Ankunft miteinander bekanntgemacht, jetzt sind sie unzertrennlich. Vielleicht erkennt jeder im anderen sich selbst, trotz aller Verschiedenheit: zart und gewalttätig zugleich zu sein, überhaupt ganz gegensätzliche Pole in sich zu tragen.

Richard Wagner über Michail Bakunin: *Alles war an ihm kolossal, mit einer auf primitive Frische deutenden Wucht ... Zwar wies er es zurück, über meine Kunstpläne näher unterrichtet zu werden. Meine Nibelungenarbeiten wollte er nicht kennenlernen. Ich hatte damals, von der Lektüre der Evangelien angezogen, einen für die ideale Bühne der Zukunft entworfenen Plan zu einer Tragödie »Jesus von Nazareth« verfaßt; Bakunin bat mich, ihn mit der Bekanntmachung damit zu verschonen …* Wagner hatte Jesus als Sozialrevolutionär entworfen, als unerbittlichen Kämpfer gegen die Herrschaft von Geld und Besitz, *in betreff der Musik riet er mir in allen Variationen die Komposition nur eines Textes an: Der Tenor solle singen: »Köpfet ihn!«, der Sopran: »Hängt ihn!« und der Basso continuo: »Feuer! Feuer!«*[23]

Vielleicht ist es diese Unterredung, bei der jener Mann, der Freiheit nur als Zerstörung denken kann, Wagner über eine Stunde lang durch seine erhobene Hand vorm blendenden Schein einer Lampe schützt. Ihr Verkehr miteinander ist von ausgesuchtestem Zartgefühl und erlesenster Höflichkeit. Gewiss wird Michail Bakunin Wagners Haustiere bei jedem Besuch mit Ehrfurcht begrüßen und sie dazu beglückwünschen, keine Menschen geworden zu sein. Und lässt sich an Papo nicht lernen, dass notfalls ein Satz genügt, um zu wissen, worauf es im Leben ankommt? Selbst sein »Komm! Komm herauf!« kann Wagner wohl bald nicht mehr hören, ohne an die Barrikaden in den Straßen der Stadt zu denken.

Vom »Fliegenden Holländer« zeigt sich das Löwenhaupt tief beeindruckt und kann nicht genug davon hören, ein Rätsel, das ein Wagner-Biograph mit leichter Hand und unter Hinweis auf den Auftrittsmonolog des Holländers auflöste: »Wann dröhnt er, der Vernichtungsschlag, mit dem die Welt zusammenkracht?«[24]

Er kommt näher. Er ist fast schon hörbar.

Nach der Generalprobe von Beethovens »Neunter« tritt Bakunin zum Dirigenten und spricht seinen Willen aus, für den Erhalt dieser Symphonie beim bevorstehenden Weltbrand sein Leben zu wagen. Wagner weiß, dass dieser Mensch unfähig ist, eine Floskel zu äußern.

Am 23. März wurde in der Frankfurter Paulskirche die deutsche Verfassung beschlossen, die sächsischen Kammern erkennen sie Mitte April an, nun braucht der König sie nur noch in Kraft zu setzen. Aber statt die Verfassung anzuerkennen, löst er die Kammern auf, beruft das Ministerium – die Regierung – ab und bittet Preußen um militärische Hilfe. Das ist das längst vorbereitete Fürstenkomplott.

Und dann ruft die Sturmglocke der Revolution. *Es war an einem sehr sonnigen Nachmittage, und sogleich stellte sich bei mir fast dasselbe Phänomen ein, welches Goethe beschreibt, als er die Kanonade von Valmy auf seine Sinneswahrnehmung zu verdeutlichen sucht. Der ganze Platz vor mir schien von einem dunkelgelben, fast bräunlichen Lichte beleuchtet zu sein … Die dabei sich kundgebende Empfindung war die eines großen, ja ausschweifenden Behagens; ich fühlte plötzlich Lust, mit irgend etwas … zu spielen; so geriet ich … zunächst auf den Einfall, in Tichatscheks Wohnung den von ihm als passioniertem Sonntagsjäger gepflegten Schießgewehren nachzufragen.*[25] Doch der Sänger ist verreist, und Wagner rät seiner schreckstarren Frau, die Gewehre doch dem Vaterlandsverein gegen Zertifikat zu übergeben, um planloser Requirierung durch die revolutionären Massen vorzubeugen.

Revolutionsberichterstattungen gleichen sich. Sie handeln fast nie von Haustieren. Wo ist Peps in der ersten Maiwoche des Jahres 1849? Ist er dabei, als beim Anblick des ersten Verwundeten der Ruf »Zu den Barrikaden! Zu den Barrikaden!« laut wird? Als Wagner bis ins Rathaus vordringt und dort die allgemeine Auflösung und Ratlosigkeit wahrnimmt?

Begleitet Peps seinen Herrn, als dieser plötzlich Bakunin im schwarzen Frack auf den Barrikaden *dahinwandeln* sieht, noch voll Hohn auf diese kleine, zu kleine Revolution der Sachsen, dieser kleinen, zu kleinen Menschen? Trifft er mit ihm gemeinsam auf Semper, den verunsicherten Architekten des Königs, der erklärt, einerseits der Elitekompanie der Kommunalgarde, andererseits aber der Akademie der Künste anzugehören, nur welcher Körperschaft mehr? Wie könne er Kommunalgardist und Staatsbürger zugleich sein? – Staatsbürger! Wagner wiederholt das Wort statt einer Antwort, sehr langsam und vielleicht etwas maliziös.

Ist Peps bei ihm, als der Kapellmeister des Königs den Setzer der »Volksblätter« überredet, seine größten Typen zu nehmen und Spruchbänder zu drucken, einen halben Meter lang: SEID IHR MIT UNS GEGEN FREMDE TRUPPEN?

Wer Flugblätter druckt, muss sie auch an den Mann bringen, genauer: Er muss lebensmüde genug sein, das zu tun. Oder eben Revolutionär genug? Es genügt nicht, sie an den vorderen Barrikaden zu befestigen, Wagner verteilt sie eigenhändig unter den sächsischen Truppen. Sie dürfen nicht mit den Preußen gegen ihr eigenes Volk kämpfen. Das Wunder besteht darin, dass er nicht erschossen wird. Und nein, Peps ist wohl nicht dabei.

Auch nicht am nächsten Tag, als Wagner gleich wieder in die Stadt geht und vorm Rathaus miterlebt, wie die provisorische Regierung proklamiert wird. Wieder sieht er Bakunin über die Barrikaden schweifen, wieder tritt Semper auf ihn zu, wieder will er ihn sprechen. Doch diesmal hat er andere Bedenken: Die Barrikade an der Wilsdruffer Gasse sei äußerst fehlerhaft konstruiert, er müsse das ausdrücklich bemerken. *Um sein artistisches Gewissen als Ingenieur zu beruhigen, wies ich ihn an, in das Kabinett der für die Verteidigung ernannten militärischen Kommission einzutreten.*[26] Und so baut Gottfried Semper nun als Architekt der Revolution statt Galerien Barrikaden für die Ewigkeit. Aber nicht das bewegt den russischen Flaneur im Frack auf den Straßensperren schließlich zur vorbehaltlosen Parteinahme für den Aufstand, es ist der Freiberger Kreisamtmann Heubner, letztes verbliebenes Mitglied der provisorischen Regierung. Die beiden anderen sind schon geflüchtet.

Bakunin sieht, wie jener Heubner eine bereits von allen aufgegebene Barrikade allein behauptet – waffenlos –, von ihrer Höhe sich umwendet und die Zurückweichenden mahnt, sie mögen ihren feigen Weg nicht fortsetzen. Das ist die Sprache, die Bakunin versteht. Ab sofort ist dies seine Revolution.

Man könnte den in der Stadt weilenden polnischen Offizieren das militärische Oberkommando anvertrauen, schlägt er vor. Fassungslos besehen ihn die revolutionären Sachsen. Aber die schon aufgegebene Barrikade erobern sie wieder, die Preußen weichen zurück. Richard Wagner sieht es vom Turm der Kreuzkirche aus, den er des besseren strategischen

Überblicks halber bestieg. Nein, Peps ist nicht dabei, denn wären sie gemeinsam hinaufgeklettert: Wagner hätte den Hund der Revolution nicht unerwähnt gelassen. Zumal er den Turm nun zu seinem Hauptquartier erklärt, er kann da jetzt nicht runter, nur weil es Nacht wird, Zeit also, zu Frau, Vogel und Hund zurückzukehren. Auch wohnt er längst ein wenig mehr außerhalb, in der Friedrichstadt. Es ist billiger dort. »Die Phönizier haben das Geld erfunden – aber warum so wenig?«, fragte sich Nestroy, ein nicht ganz unbekannter Wiener, schon zwei Jahre zuvor, als die Verschuldung des Sächsischen Hofkapellmeisters neuen Rekordhöhen entgegeneilte.

Ist eine Revolution nicht eine gute Möglichkeit, seine Schulden loszuwerden?

Immer mehr Revolutionsbeobachter finden sich auf seinem Turm ein. Ihnen wird so philosophisch zumute; Wagner und ein Dresdner Gymnasiallehrer reden bis tief in die Nacht hinein, die Spitzkugeln der preußischen Scharfschützen, die den Turm der Frauenkirche gegenüber besetzt halten, pfeifen ihnen um die Köpfe: Jedes Philosophieren sollte an den Kern der Existenz rühren. Zum Schutz des Kerns liehen sie sich vom Türmer eine Strohmatratze.[27]

Die Überlebenden der Nacht auf den 7. Mai 1849 werden belohnt: Eine Nachtigall weckt sie, *aus dem unweiten Schützeschen Garten …; eine selige Ruhe und Stille lag über der Stadt und der von meinem Standpunkt aus übersehenen weiten Umgegend Dresdens; nur gegen Sonnenaufgang senkte sich ein Nebel auf diese letztere herab: durch ihn vernahmen wir plötzlich, von der Gegend der Tharandter Straße her, die Musik der Marseillaise klar und deutlich zu uns herdringen; wie sie immer mehr sich näherte, zerstreuten sich die Nebel, und hell beschien die glutrot aufgehende Sonne die blitzenden Gewehre einer langen Kolonne, welche von dorther der Stadt zuzog. Es war unmöglich, dem Eindrucke dieser andauernden Erscheinung zu wehren; dasjenige Element, welches ich so lange im deutschen Volk vermißt … hatte – trat plötzlich sinnfähig in lebensfrischester Farbe an mich heran, nicht weniger als einige tausend gut bewaffnete und organisierte Erzgebirgler, meist Bergleute, welche zur Verteidigung Dresdens herangekommen waren.*[28] Andere folgen.

Vielleicht ist dies ein guter Augenblick, Revolution und Revolutionär zu verlassen und zu Peps, Papo und Minna zurückzukehren. Oder nein, noch nicht, denn unmöglich, nicht zu erwähnen, dass Richard Wagner noch am selben Vormittag das alte Opernhaus in Flammen aufgehen sieht, in dem er noch vor wenigen Wochen Beethovens 9. Symphonie dirigiert hatte. Und nicht er allein erinnert sich daran, denn bei seinem Gang über die Barrikaden ruft ihm ein Kommunalgardist zu: »Herr Kapellmeister, der Freude schöner Götterfunken hat gezündet!«

Er ist einverstanden. Er beschließt, nun keine Rücksicht mehr auf sich zu nehmen. Und nicht auf seine kleine Familie. Er beschließt, Frau, Vogel und Hund nach Chemnitz zu evakuieren, um sich fortan ganz in den Dienst der Revolution zu stellen.

Die Sempersche Barrikade hält.

Sie wird wegen Uneinnehmbarkeit umgangen.

»... nicht Hund, nicht Vogel will ich wiedersehen ...«

Es ist September, der steckbrieflich Gesuchte bricht auf zu einer weiten Wanderung. Freier Schritt für freie Schweizer!

Er genießt jeden einzelnen.

Seine Mitrevolutionäre sitzen zum Tode verurteilt in der Festung Königstein, und ihm ist, seit er noch im Mai über den Bodensee kam, so unsagbar frei, so leicht zumute. Diese Schwerelosigkeit ängstigt ihn beinahe.

Zu Fuß kommt er über Toggenburg, Appenzell und St. Gallen bis nach Rorschach am Bodensee. Dort hatte er ein paar Monate zuvor Schweizer Boden betreten. Die Schweiz sollte nur ein sicherer Umweg sein auf seinem Weg nach Paris, denn nach Paris müsse er unbedingt, hatte ihm sein Fluchthelfer Franz Liszt gesagt, doch er hatte gleich gewusst, dass er lieber hierbleiben wollte. Also war er nur ganz kurz nach Paris gefahren, um sich zu vergewissern, dass er in dieser Stadt nichts, absolut gar nichts zu suchen habe. Die Begegnung mit Meyerbeer und der Cholera halfen ihm dabei.

Noch waren die Rufe der Revolution an den Pariser Häuserwänden lesbar gewesen, doch schon etablierte sich die alte Herrschaft des Geldes sicherer als je zuvor. Für diese ebenso vorbildlos-neue wie greisenhafte Welt kann er keine Oper mehr schreiben: Wie gern würde er es versuchen, schon um Liszt nicht zu enttäuschen, aber etwas in ihm weiß nur zu genau, dass es vergeblich sein wird.

»Siegfrieds Tod« will er komponieren, aber was soll »Siegfrieds Tod« ausgerechnet in Paris? *Wollte ich noch 8 Tage länger in Paris bleiben, so stürbe ich – das ist gewiß!*, hatte er seiner Frau mitgeteilt, und: *Du kannst Dir meine Wehmuth nicht vorstellen: sowie ich allein bin, sitze ich da u. weine u. kann mich nicht fassen: nichts in der Welt kann mich aufrichten als Deine Nähe!*[29] So klangen seine Briefe, aber seine Frau schwieg. Er hatte ihr genau beschrieben, wie sie reisen musste: *Mit dem übrigen Transportablen u. begleitet von Natalien*[30] *(welche den Papo übernehmen müßte, während Du den Peps durchzubringen hättest), setzest Du Dich dann in Leipzig auf die Eisenbahn nach Nürnberg u. führest direkt weiter über Donauwörth, Augsburg, Kaufbeuren bis Lindau, wozu Du zwei Tage u. eine Nacht brauchst: von Lindau aus fährst Du mit dem Dampfschiff über den Bodensee nach Rorschach in zwei Stunden, u. dort, in Rorschach, würde ich Dich bereits empfangen u. mit Euch nach Zürich gehen.*[31] Keine Antwort. Als er diesen Reiseplan für Minna entwarf, war es Anfang Juni, jetzt wird es schon Herbst.

Es ist noch Zeit, als er in Rorschach ankommt. Er wartet am Hafen auf das Schiff, das ihm seine kleine Familie wiederbringen würde, die zu zwei Dritteln aus Haustieren besteht. Er hatte Minna immer wieder gebeten, zu ihm zu kommen. Sie hatte sich vor ihm verborgen gehalten, ihm nicht mehr geschrieben. Und als sie ihm doch wieder antwortete, stimmte ihn das keineswegs heiterer: *Am traurigsten war mir ein Brief meiner Frau … Sie kündigte mir an, unmöglich an eine Wiedervereinigung mit mir denken zu können.*[32] Schon bei ihrem letzten kurzen Zusammentreffen auf deutschem Boden hatte er sich außerstande gefunden, *sie auf die Höhe meiner Stimmung zu bringen.*[33]

Es hat keinen Sinn, es zu leugnen: In den Augen seiner Frau sowie denen der veröffentlichten nachrevolutionären Meinung des Königreichs Sachsen ist er nahezu derselbe. Er hat Minnas Existenz zerstört. Bis eben wusste sie, wer sie war. Sie war die Frau des Königlich Sächsischen Hofkapellmeisters mit tausendfünfhundert Talern Jahresgehalt. Wer war sie jetzt? Die Frau eines Flüchtlings, die Frau eines Niemands. Und ihm ist so wohl zumute als Niemand, so entbunden, so frei – zu sich selbst. Wenn sie erst einmal da ist, vielleicht wird er ihr erklären können, wer er ist. Das ist seine Hoffnung.

Und doch weiß er nicht, ob er sich mehr freuen oder mehr fürchten soll, als er ihr Schiff über den See auf sich zukommen sieht. Ja, er sehnt sich, vielleicht noch mehr nach Peps und Papo als nach dieser schon halb fremden Frau. Doch als er die drei an Land gehen sieht, überkommt ihn eine Rührung, auf die er so nicht gefasst war. *Besonders freundlich, ich muß dies offen gestehen, wirkten das Hündchen und der Vogel auf mich.*[34]

Liest er den Vorwurf schon im ersten Blick der Ankommenden? Dass er kein Recht hatte, sie so zu erniedrigen, vor aller Welt.

Können Hunde vorwurfsvoll blicken? Und Vögel? Wir lieben sie so, weil sie nichts an uns auszusetzen haben. In ihrem Blick begegnet er sich selbst. Sie erkennen ihn: Richard Wagner. Nicht den Königlichen Kapellmeister, nicht den gesuchten Flüchtling, nur ihn. Seine Frau, das ahnt er, wird nie begreifen, wer er ist; seinen Tieren genügt ein Blick, um zu bemerken, dass er sich nicht verändert hat. Peps und Papo übertreffen einander vor Wiedersehensfreude. Vielleicht auch deshalb fühlt sich Minna gehalten, den Flüchtling gleich darauf hinzuweisen, dass sie gewissermaßen nur auf Probe gekommen sei, jeden Augenblick zur Rückkehr nach Dresden bereit, *wo ihr von vielen befreundeten Seiten für den Fall eines ungeeigneten Benehmens meinerseits Schutz und Zuflucht zugesichert sei.*[35] Immerhin ist er ein Revolutionär, ein kriminelles Subjekt, einer, der die Todesstrafe zu gegenwärtigen hätte, wäre er dort, wo er hingehört: im Kerker.

Was ein geeignetes Benehmen beinhaltet, weiß Minna genau: Ihr Mann schreibt eine Oper für Paris. Diesmal muss es gelingen, Liszt sagt das auch. Sie hat es nicht übers Herz gebracht, ihren Dresdner Bekannten zu eröffnen, dass sie ihrem Mann ins Exil folge, zu diesem musikfernen kleinen Bergvolk, nein, sie hat gesagt, sie ginge nach Paris, um den Erfolg ihres Gatten zu teilen.

Das wird er ihr bald am meisten vorwerfen: *Du kamst, – wie war ich glücklich! Und doch – ich Unglücklicher! Nicht zu* mir *warst Du gekommen, um mit mir, wie ich war, nun Freud' u. Leid zu theilen, – sondern zu* dem *Wagner warst du gegangen, von dem Du annahmst, er werde nun NÄCHSTENS EINE OPER FÜR PARIS COMPONIEREN.*[36]

Er kann ihr gar nicht sagen, wie wenig er das vorhat. Er sieht mit Verwunderung und nicht ohne Dankbarkeit seinen Flügel aus Dresden ankommen, denn den, weiß Minna, braucht er für den Pariser Erfolg. Wahrscheinlich sitzt auch Peps bald wieder auf seinem Assistentenhocker und schläft im Korb neben seinem Bett, um ihn wie früher jeden Morgen sanft mit der Pfote zu wecken. Wie hat er das vermisst.

Und wenn ein Tag nicht richtig beginnen kann, wie soll er dann richtig enden? Wenn ihm die nasse Hundezunge übers Gesicht fährt, ahnt Richard Wagner jedes Mal, dass er nun aufstehen muss.

Auch wenn ihre Züricher Unterkunft mit der Dresdner Wohnung gar nicht zu vergleichen sein sollte, vielleicht nicht einmal Peps' Hocker hier und dort – Minna findet Zürich ohnehin lächerlich –, so ist die Grundordnung der Dinge doch gegeben: Herr und Hund sind wiedervereint. Sie könnten anfangen. Aber sie komponieren nicht. Noch nicht, beruhigt der Verfemte seine Frau.

Statt Gegenwart und häusliche Ruhe in Kunst zu verwandeln, verfasst Richard Wagner eine ziemlich lange Abhandlung, die den beunruhigenden Titel trägt: »Das Kunstwerk der Zukunft«. So lange kann Minna unmöglich warten! Aber noch schimpft sie nicht. Er macht sich Notizen wie: *Der Mensch ist die Vervollkommnung Gottes. Die ewigen Götter sind die Elemente, die erst den Menschen zeugen. In den Menschen findet die Schöpfung somit ihren Abschluss.*[37] Seine Frau würde ihn vermutlich für verrückt erklären, wenn sie das läse. Es ist der Grundgedanke des »Rings«. Wenigstens beharrt er nicht auf seiner Idee, in Zürich öffentliche Vorlesungen zu halten, die Scham hätte sie nicht ertragen. Außerdem sagt er, er verdiene mit seinen Traktaten Geld. Vom Erlös des »Kunstwerks der Zukunft« wolle er die, er sieht es ja ein, unumgängliche Reise nach Paris finanzieren.

Es ist nicht die erste Schrift, die er hier beginnt. Die Vorgängerin trug den Minna zufolge zu missbilligenden Titel »Kunst und Revolution«, und es war ihm gelungen, sie an einen Leipziger Verleger zu verkaufen. Für diese neue, viel umfänglichere Arbeit würde er mindestens das Doppelte fordern, erklärt der Essayist der Zukunft seiner Frau. Vielleicht würde es sie auch günstiger stimmen, wenn sie wüsste, dass ein König der Zukunft schon bald »Das Kunstwerk der Zukunft« lesen wird. Da ist Ludwig II. von Bayern zwölf Jahre alt.

Die ersten Notizen hatte er sich noch im Sommer im »Café littéraire« gemacht, die Tapeten betrachtend, die unter dem Vorwand, das griechische Altertum darzustellen, die erstaunlichsten Obszönitäten abbilden. Da fiel ihm das Aquarell ein, das ihm bereits als Kind in der Wohnung seines Schwagers Brockhaus höchstes Interesse erregt hatte: Dionysos, der griechische Gott der Ausschweifung, erzogen von den Musen des Apoll.

Das Früheste und das Zukünftigste, das längst Vergangene und das erst zu Gewinnende. Und dazu Feuerbachs Evangelium der Sinnlichkeit, das er gerade entdeckt. Das Bild, die Tapeten und der Philosoph! Die griechische Antike und ihre Wiedererweckung durch ihn, Richard Wagner.

Wenn die Revolution in der Praxis fehlschlug, muss man sie in der Theorie beginnen und nachweisen, warum sie trotzdem siegen wird. Minna sagt, einen Revolutionär könne sie unmöglich lieben. »Mein Knübeltopf von Mann«, sagt sie, wenn sie es gut mit ihm meint.

Vermutlich geht es Peps wie Minna. Auch er sähe seinen Herrn lieber komponieren. Beim Komponieren schaut er ihn an, fragt ihn, hört ihm zu. Aber beim Lesen und Schreiben?

Was störst du den großen Richard Wagner?, fragt er seinen Hund manchmal, um schon in der Art der Erkundigung den Abstand zwischen ihnen zu widerrufen. Wenn jemand das Recht hat, ihn von sich abzubringen, dann Peps.

Er beendet »Das Kunstwerk der Zukunft«. Er hat nun keine Ausflucht mehr, er muss nach Paris. Aber er ist krank, fortwährend erkältet. Und ist da nicht eine *Schwäche auf der Brust*? Soll er so reisen? Doch er liest es in Minnas Blick: Sie hat nicht vor, ihn zu schonen. Die Welt auch nicht. Das entnimmt er schon der Post, die er gewöhnlich bekommt. Aber dann trifft ein Brief ein, der ist anders: Eine wohlhabende Dresdnerin hat von seinen Nöten gehört und spendet ihm fünfhundert Taler. Vielleicht, fragt Wagner vorsichtig seine Frau, könnten sie auch in Zürich ihr Auskommen finden? Doch Minna versichert ihm, nicht zuzusehen, *wie ich in Zürich als elender Schriftsteller und Dirigent von Winkelkonzerten jämmerlich verkäme ... Als ich ausgehen sollte, um mein Postbillett zur Reise zu lösen, fühlte ich mich so matt, daß ich unter heftigem Schweiße zusammenbrach und noch einmal umkehrte, um meiner Frau vorzustellen, ob es denn nicht doch vernünftiger sei, daß ich unter diesen Umständen die Reise aufgäbe.*[38]

Die Antwort lautet: Nein.

Anfang Februar 1850 nimmt Richard Wagner Abschied von Frau, Hund und Papagei, um nach Paris zu fahren, wo er eines gewiss nicht tun wird: eine neue Oper komponieren. Aber wenn nun jemand wissen will, warum er da ist? Er könnte nur antworten: Fragen Sie meine Frau!

Mitte April bekommt Minna Wagner Post von ihrem Mann aus Bordeaux. Der Brief füllt schon im Druck über zehn Seiten und handelt von ihrer Ehe. Wahrscheinlich ahnt Minna, dass es sich hierbei nicht um einen jener philosophischen Traktate handeln kann, die ihr Mann neuerdings so gern verfasst, obwohl auch von dieser lästigen Prosa darin die Rede ist: *Alle meine Ansichten und Gesinnungen blieben Dir ein Gräuel – meine Schriften verabscheutest Du, trotzdem ich Dir deutlich zu machen suchte, daß sie mir jetzt nöthiger wären als alles Opernschreiben. Alle Personen, mit denen ich* nicht *gleichgesinnt war, vertheidigtest Du, – alle mir Gleichgesinnten verdammtest Du, – ich durfte sie vor Dir nicht einmal entschuldigen.*[39] Das klingt nicht, als ob er um ihre Einsicht werbe, nein, das klingt bedenklich anders. Dieser Traktat zielt wie jeder andere offenbar auf Konsequenzen, doch würden sie, wie gewöhnlich in dieser Gattung, auch im Reich der Theorie liegen? Vielleicht hätte sie von ihrem Mann doch nicht verlangen sollen, sie künftig wieder mit »Sie« anzusprechen, wegen fortgesetzter Uneinsichtigkeit und Widersetzlichkeit. Jetzt gewinnt ihre Forderung schon in seinen ersten Zeilen eine eigentümliche Bedeutung: *Liebe Minna! So nenne ich Dich noch trotz der Unterschrift des letzten Briefes, den ich von Dir erhielt, in dem Du Dir für nächstens wieder Dein »Sie« ausbatest. »Liebe Minna!« so nenne ich Dich in der schweren Stunde, in der ich heute vor Dich hintrete …*[40]

Wahrscheinlich macht Minna, was wohl die meisten Empfänger solcher Post tun würden: Sie schaut nur allzubald ans Ende, dorthin, wo gewöhnlich die Konsequenzen stehen. Sie liest: *Indem ich Dir sage: »ja! trennen wir uns!«, sage ich aus, daß wir uns nicht wiedersehen werden, daß ich mich trenne von Allem, was ich je besaß, was die Gewohnheit mir lieb und theuer gemacht hatte: nicht Hund, nicht Vogel will ich wiedersehen, nichts, kein Andenken will ich mir erhalten wissen.*[41] Ob die Empfängerin den Besprochenen den Brief vorliest? *Hund u. Vogel*! Ja, was ist das denn? Immer hat er sie beim Namen genannt, er, in dessen Opern die Namen eine solche Rolle spielen.

Aber jetzt hat er Angst davor, weil er es sonst nicht aushielte, sie ahnt es. »Hund« und »Vogel«, das sind Worte der Distanz, es macht sie zu bloßen Exemplaren ihrer Art, zu einem Hund und einem Vogel unter Abermillionen. Doch es gibt nur einen Papo, einen Peps, und denen könnte er nicht in die Augen sehen und dann für immer fortgehen.

Schon am Tag zuvor hat er seinen Entschluss einem Dresdner Freund mitgeteilt: *Nackt und bloß … bleibe ich zurück, scheide mich von einer welt, an der ich selbst scheitern mußte. Nicht hund noch vogel werde ich wiedersehen – es muß sein!*[42] Wie viele Männer hätten bei solchen Gelegenheiten ihre Haustiere erwähnt, einen Schoßhund und einen Papagei? Wohl die wenigsten. Erst jetzt, in der Stunde des proklamierten Abschieds wird Peps vom Hündchen zum Hund befördert. Ahnt Freund Uhlig, dass ihm die Trennung von beiden fast schwerer wird als die von seiner Frau?

Tausend Thränen weine ich seit 14 Tagen um dieser jammervollen Trennung willen! Aber es muß sein! … Leb wohl! Leb wohl! Minna! Meine gute Minna, leb wohl.[43] Oder muss er weinen, weil Peps nun nie mehr im Korb neben seinem Bett schlafen, ihn nie mehr mit der Pfote wecken wird, wie er es jeden Morgen getan hat? Weint er, weil er nun nie wieder Papos »Richard! Freiheit! Santo spirito cavaliere!« hören und der kleine Kopf sich ihm nie mehr zärtlich zwischen Hals und Hemd schieben wird?

Die Hälfte seiner neuen Rente sei für sie, erfährt Minna. Ob sie bei der Lektüre eine leicht sentimentale Rührung spürt oder ob sie sofort empört auffährt: Was, vierzehn Tage weint er schon? Bereits seit zwei Wochen will er sie verlassen, und sie erfährt das jetzt erst?

Wohin ich gehe, weiß ich nicht, liest sie, und: *Forsche nicht nach mir!*

Der Schelm! Sie weiß, was sie zu tun hat.

Julie Ritter, die Dresdner Spenderin der fünfhundert Taler, ist nicht mehr allein; es hat sich unterdessen gewissermaßen ein Zwei-Frauen-Nothilfe-für-Richard-Wagner-Verbund mit Hauptsitz in Bordeaux gegründet, denn dort wohnt eine junge Engländerin, die mit sechzehn Jahren die Dresdner Uraufführung des »Tannhäuser« erlebt hatte. Inzwischen ist sie fünf Jahre älter und verheiratet mit einem französischen Weinhändler. Wahrscheinlich überkam Jessie Laussot, wie es unglücklich verheirateten Frauen oft geschieht, das Bedürfnis, noch einmal in ihrem Leben etwas wirklich Sinnvolles zu tun, und so beschloss sie, Richard Wagner zu retten. Und zwar mit dem Geld ihrer Mutter.

Die Retterin erkundigte sich mit höchster Anteilnahme nach dem Befinden des nach Paris Verschickten, der inzwischen Meyerbeers »Prophet« gesehen hatte und, obwohl er in der Mitte des Parketts saß, die Oper mitten in der Vorstellung verließ, in einem Anfall akuter musikalischer Übelkeit und wahrscheinlich schon vor dem dritten Akt, der zum ersten Mal in der Geschichte der Oper elektrisch beleuchtet wurde. Gewiss war Richard Wagner der einzige Meyerbeer-Flüchtling, denn »Der Prophet« spielte allein bis zu seiner hundertsten Aufführung eine dreiviertel Million Francs ein und machte seinen Schöpfer zum Kommandanten der Ehrenlegion, während der Zuhörer seinen Verdacht bestätigt sah, in diesem Europa nichts mehr zu suchen zu haben, und mit der Idee experimentierte, im Orient unterzutauchen. Und da seine Frau ohnehin nicht mehr wissen will, wie es ihm wirklich geht, erzählte er es eben Jessie Laussot. Der Berichterstatter: *Meine Erwiderung fiel so aus, dass sie die dringende und freundliche Einladung, mindestens für kurze Zeit in ihrem Hause mich zu erholen … veranlaßte.*[44]

Ob er nun in Paris keine Oper komponierte oder in Bordeaux keine Oper komponierte, war schließlich gleichgültig.

Anfangs hatte Minna nur erfahren, dass sie ihre Briefe nun nach *Bordeaux, Mad. Jessie Laussot; 26, cours du 30 Juillet* adressieren müsse, und: *Grüße Peps und Papo, und sage Ihnen, daß ich sie nun sobald* nicht *wieder verlasse, gewiß nicht; die Trennung ist zu unerträglich.*[45]

Ahnte etwas in ihm die bevorstehende Gefahr?

Jessie Laussot überwältigte Richard Wagner allein schon durch ihren Vortrag der B-Dur-Sonate von Beethoven, der Hammerklavier Sonate. Immer hatte er jemanden gesucht, der ihm das schwierige Werk vorspielen würde – nun hatte er ihn gefunden. Er könnte sie täglich hören. Dreitausend Francs jährlich will der Familienverbund Ritter-Laussot-Taylor – so heißt Jessies Mutter – ihm zahlen, er sieht einem sorgenfreien Leben entgegen; der Begünstigte eröffnet seinen Investoren im Gegenzug seine Eignung als Investitionsobjekt: Eine Oper sei in absehbarer Zeit nicht von ihm zu erwarten, schon gar nicht für Paris, vielleicht nie mehr. Im Übrigen denke er daran, »Wieland, der Schmied« oder »Siegfried« zu komponieren. Jessie findet »Wieland, der Schmied« besser. Sie versteht ihn, ihre Mutter eher nicht, zumal sie überaus schwerhörig ist, was ihrer Teilnahme an den Gesprächen ihrer Tochter und des Hausgastes gewisse natürlich anmutende Grenzen setzt. Der Weinhändler ist meistens nicht da.

Der Gast fasst die bald eintretende Situation im Hause so zusammen: *Es konnte nicht ausbleiben, daß wir für unsre Unterhaltungen und die darin besprochenen Gegenstände uns bald von unserer Umgebung belästigt fühlten.*[46]

Richard Wagner sieht in den Abgrund von Jessie Laussots Ehe, er erhält einen ihn tief herabstimmenden Mahn- und Drohbrief aus Zürich und außerdem die Nachricht, dass die Todesstunde seiner Mitrevolutionäre nun gekommen ist, was ihn daran erinnert, dass auch er, der Verschonte, längst nicht mehr ganz auf die Seite der Lebenden gehört. Andererseits hat er sich selten lebendiger gefühlt als eben jetzt.

In welcher Tonlage schreibt man an zum Tode Verurteilte? Richard Wagner an Bakunin und Röckel: *Jetzt erfahre ich, daß der König v. S. das todesurteil über Euch beide bestätigt hat: nun möchte ich Euch eine freude machen, indem ich Euch meinen treuesten brudergruß bringe.*[47] Es klingt seltsam. Als ob die beiden vorhätten zu verreisen. Ansonsten hoffe er, dass der Gruß sie noch unter den Lebenden antreffe. Und dann sagt er ihnen, was man Menschen in ihrer Situation zu sagen versucht ist: dass sie nicht vergebens sterben. Jeder Anfänger-Anarchist weiß das besser, und erst Bakunin! Und erst Richard Wagner! Allein der Absender muss die Adressaten stutzig machen: Wagner, Bordeaux. Sie sitzen in der Festung Königstein, und er sitzt im Weinberg, im Weinberg des Lebens, er leugnet das gar nicht. *Nun denn, liebe brüder!* Nun denn? So setzt man sich an die Mittagstafel. Nein, er hat kein Talent für letzte Grüße. *Diesen kuß und diese letzte thräne! … Froh und stolz – so steht Ihr ewig vor mir – so lasset auch mich dereinst mein leben zum ruhme unsrer Freundschaft vollenden!*[48]

Aber vorher will er noch etwas verreisen, das Reiseziel gibt er so an: *mich aufs Geratewohl in das Unerreichbare zu verlieren.*[49] Jessie erfährt es zuerst. Und sie reagiert, wie er es erhofft: mit Begeisterung. Sie wüsste nicht, wohin sie sich lieber verlieren würde als gerade dorthin. Griechenland? Kleinasien? Sie reden in Andeutungen, und dann ist die für einen Erstbesuch einzig schickliche Frist endgültig verstrichen, Wagner fährt zurück nach Paris, teilt seiner Frau mit, sie *ferner von der unmittelbaren Teilnahme an meinem Schicksale zu entbinden,*[50] schreibt von Hund und Vogel, die er nicht wiedersehen wolle und wartet auf Nachricht von Jessie. Er versucht sich zu sagen, dass sein Entschluss, sich irgendwo verloren zu gehen, nichts zu tun habe mit der so ersehnten, so erhofften Begleitung, unterrichtet diese aber umgehend von seinen Schritten, worauf ihn aus Bordeaux die Nachricht erreicht, dass Jessie Laussot beabsichtige, sich ganz unter seinen Schutz zu stellen.

Er kann nicht mehr schlafen, er braucht dringend Ruhe.

Er verlässt Paris, um im, wie man ihm gesagt hat, *stillen* Montmorency die Dinge abzuwarten. Er findet einen Weinbauerngasthof und lässt sich mit Brot, Käse und einer Flasche Rotwein an dessen Gartentisch nieder: *Es versammelte sich eine Schar Hühner um mich, denen ich fleißig von meinem Brote zuwarf; der Hahn rührte mich durch seine aufopfernde Enthaltsamkeit, mit welcher er jede Nahrung, trotzdem ich sie ihm besonders zuwarf, nur den Weibchen zuwies. Diese wurden aber immer kühner, flogen auf meinen Tisch und machten sich ungescheut über meine Provision her; auch der Hahn flog ihnen nach, und da er bemerkte, daß nun doch einmal alles drunter und drüber ging, so warf auch er sich mit langverhaltener Begier geradenwegs über den Käse her. Wie ich dieses flatternde Chaos mich endlich vollständig von dem Tische verdrängen sah, brach seit lange zum ersten Male wieder eine große Heiterkeit in mir aus; ich mußte laut lachen und blickte mich nach dem Wirtshausschilde um.*[51] Sein Gastgeber, liest er, heißt Homo. Was für ein Ort! Hier will er bleiben bis zum großen Verschwinden.

Ihr Schiff ins Unerreichbare verlasse am 7. Mai Marseille und gehe vorerst nach Malta, lässt er Jessie wissen. Diese steht inzwischen vor der Verlegenheit vieler junger Menschen: Wie sag ich's meiner Mutter? Vorerst hält sie es wie die meisten: am besten gar nicht.

Kurz darauf trifft Minna in Paris ein. Richard Wagner ist entschlossen, sich von seiner Frau nicht finden zu lassen – als sie, seiner Spur folgend, endlich in Montmorency eintrifft, ist er schon weg. Kietz, der malende Gefährte seines einstigen Pariser Elends, dessen Modelle meist schon starben, bevor er ein Porträt beenden konnte, bürgt für die Zeitpläne und kommt sich vor »wie die Achse, um die das Unglück der Welt sich dreht«.

Am 4. Mai schreibt Richard Wagner seiner Frau noch einen Abschiedsbrief, seiner Hoffnung Ausdruck gebend, sie habe sich inzwischen mit seinem Vorschlag genügend vertraut gemacht: *Soeben stehe ich nämlich im Begriffe nach MARSEILLE abzureisen, von wo ich sogleich mit einem englischen Schiffe nach MALTA abgehe … Für jetzt ist die moderne Welt hinter mir geschlossen, denn ich hasse sie und mag nichts mehr mit ihr, noch mit dem was man heut zu Tage in ihr »Kunst« nennt, zu thun haben.*[52] Sie werde bald erstes Geld empfangen, es sei ihm unmöglich gewesen, sie noch einmal in Zürich zu besuchen, *Dich zu sehen, von Hund und Vogel Abschied zu nehmen.*

Nein, er hätte es nicht gekonnt.

Es folgen noch ein paar gute Ratschläge für die Zurückbleibende: *… lege Dir irgendwo ein kleines Gärtchen an, pflege Hund u. Vogel und – hoffe auf die Zukunft.*[53]

Kurz darauf will ein tobender Weinhändler aus Bordeaux Richard Wagner eine Kugel durch den Kopf schießen.

Papos Liebestod

Röckel und Bakunin sind doch nicht zum Tode verurteilt worden, es war eine Falschmeldung. Röckels endgültiges Urteil lautet lebenslange Festungshaft, Bakunin ist wohl gerade höchst unfreiwillig unterwegs nach Sibirien. Und er, betritt er sein Privatsibirien, über dessen Schwelle er niemals wieder einen Fuß setzen wollte?

Anfang Juli 1850 spricht Richard Wagner Peps und Papo wieder mit ihren Vornamen an. Sie zu erblicken heißt, alles zu widerrufen, er hatte es gewusst. Ist er abermals beschämt über die reine Wiedersehensfreude, über die Abwesenheit jeden Vorwurfs in ihren doch so klugen Tieraugen?

Beide liebten mich vorzüglich, oftmals bis zur Belästigung,[54] wird er sich einmal erinnern. Und so begrüßen sie ihn wohl auch. Gewiss legt Papo seinen Kopf an die vertraute Stelle, und Richard Wagner könnte, die Hundezunge im Gesicht, darüber nachdenken, dass niemand sich selbst reinwaschen kann.

Früh am Morgen tritt er in das Haus ein, das Minna in seiner Abwesenheit für sie fand. Es heißt »Abendstern« und liegt eine Viertelstunde zu Fuß von Zürich entfernt am See, ein altbürgerliches Wohnhaus, fast ein Häuschen. Es gehört einer alten Frau, die ihnen die obere Etage überließ. Hier kann er noch im Nachthemd hinunter an den See gehen. Es gefällt ihm, sehr sogar. Und wieder erkennt er das Talent seiner Frau, jeden Platz auf Erden in eine Heimstatt zu verwandeln.

Dass sie über *das Vorgefallene* nicht sprechen werden, hatte zu den Bedingungen seiner Rückkehr gehört. Mit wenigen Blicken werden sie nochmals darüber einig. Es soll ein Neuanfang sein.

Er betritt sein künftiges Arbeitszimmer. Wahrscheinlich stellt sich schon in diesen ersten Julitagen die künftige häusliche Ordnung her. Peps beschließt, keinen extra Hocker mehr zu benötigen, und beharrt darauf, auf Wagners Schreibtischstuhl zu liegen, natürlich auch und erst recht, wenn dieser darauf sitzt, also hinter ihm. Peps im Rücken, ruft es in regelmäßigen Abständen aus dem Wohnzimmer: »Richard? Richard?« Bleibt Papo zu lange ohne Antwort, kommt er selbst ins Zimmer geflogen, landet mit genau berechnetem Schwung auf dem Arbeitstisch, dass die Papiere aufliegen. Der gestörte Autor darf nun gespannt sein. Papos Repertoire ist nicht gerade klein. Er bevorzugt Beethoven. Papo trägt verschiedene Themen der 9. Symphonie ebenso sicher vor wie den Anfang der 8. Symphonie in F-Dur und die »Rienzi«-Ouvertüre. Oft aber bringt er den Schreibtisch auch nur in eine neue, nur ihm verständliche Ordnung. Richard Wagner, der sich nicht einmal gegen ein Hühner-Bacchanal auf seinem Abendbrottisch wehren kann, lässt es geschehen. Die Liebe ist nicht zuletzt eine Belästigung. Im Unterschied zu der Jessies ist die von Peps und Papo durch nichts zu irritieren. Dass er sich, Peps im Rücken, nicht mehr anlehnen kann, nimmt er ebenfalls hin. Wer sich anlehnt, arbeitet nicht, und das scheint ihnen beiden verwerflich, wenn auch aus verschiedenen Gründen.

Richard Wagner treibt, was einem wie ihm noch übrigbleibt: Theorie.

Kein Leben. Kein Süden. Keine Jessie. Also Theorie.

Da bin ich denn wieder allein, und das glück ist verflogen wie ein traum! – Mir bleibt die hoffnung, – – fast bin ich nicht mehr jung genug, um von der hoffnung zu leben! Gott weiß, ob ich es ertragen kann! … Wie lebe ich nun? Wo lebe ich nun? Lebe ich überhaupt?[55] Das fragte er sich vor Monatsfrist hoch oben in Zermatt, denn er war fast bis aufs Matterhorn geklettert, als alles verloren war, vielleicht in der Hoffnung, einfach herunterzufallen.

Er hatte Jessie nicht einfach aufgegeben, nur weil ihm ihr Gatte ein Loch in den Kopf schießen wollte, im Gegenteil. Er war nach Bordeaux gefahren, um den gewaltbereiten Weinhändler zur Rede zu stellen. Wahrscheinlich gedachte er, ihm seine Ansichten über die Ehe zu erläutern, er hatte das schon schriftlich getan und dem ungeliebten Ehemann auch seine Ankunft mitgeteilt. Außerdem musste er Jessie sehen, der ihre Mutter das Versprechen abgenommen hatte, ihn mindestens ein Jahr lang nicht zu treffen. In Bordeaux hatte er den Weinhändler davon in Kenntnis gesetzt, dass er ihn erwarte, doch statt Eugène Laussot erschien die bereits alarmierte Polizei in seinem Hotel und teilte ihm mit, ihm wegen fehlenden Visums den Aufenthalt verweigern zu müssen.

Ein Ehemann gibt die Ehre seiner Frau durch Denunziation bei den Behörden preis? Statt der Anweisung der Polizei zu folgen, drang Wagner nun in das Laussotsche Anwesen vor, traf jedoch niemanden an und platzierte einen Brief der Aufklärung und Empörung in Jessies Zimmer.

Laussot hatte seine Familie vorsorglich aufs Land evakuiert. Der Brief erreicht die Empfängerin nie.

Theorie also. »Oper und Drama«, aber davor noch etwas anderes. An dieser Stelle sei es einmal ausgesprochen: Wäre Richard Wagner die Revolution des eigenen Lebens geglückt, er hätte wohl nicht auf dem Papier eine Ersatzrevolution beginnen müssen. Säße er jetzt mit Jessie Laussot auf einem orientalischen Basar, das rhythmische Rufen des Muezzins als einzige Musik im Ohr – hätte er die Muße gefunden oder auch nur das Bedürfnis gehabt, einen Aufsatz zu schreiben, der unter dem Titel »Das Judentum in der Musik« eine traurige Berühmtheit erlangen würde?

Er schreibt nicht viel anderes über die Juden als der Jude Karl Marx vor ihm. Überall, wo Wagner »Juden« sagt, mag man »Geldherrschaft« einsetzen, dann hat man den Extrakt der Sache. Das Judentum ist ihm keine Rasse, sondern eine Stellung zur Welt: die rein materialistische. Er wollte vor der Verfasstheit der europäischen Gegenwart, die er missbilligt, in eine bergende Vergangenheit entweichen – nun, da er weiter ihr Inhaftierter ist, in der Gegenwart und in seiner Ehe, will er wenigstens ihr Richter sein. Und das Schicksal der Juden, Ahasvers Schicksal der ewigen Wanderschaft: Ist es nicht versehentlich von ihnen auf ihn übergesprungen? Ahasver, das ist er selber. Er wird es immer wieder bemerken. Es ist der Name eines Leidens an der Welt. Gegen dieses Judentum hat er nichts.

Eine Hundegeschichtsschreibung ist nicht unbedingt der Ort für solche Betrachtungen. Oder doch? In Paris hatte er, statt seine Oper zu komponieren, Proudhon gelesen: Eigentum ist Diebstahl. Die Welt ist voller falscher Übereinkünfte, ob es Jessies Ehe ist oder die neue absolute Herrschaft des Geldes. Es sind Übereinkünfte, die den Menschen zum bloßen Objekt machen, ihn sich selbst entfremden. Jessie hat ihn verstanden. Er hat nicht viel übrig für die Kontrakte der Welt. Und was lehrt ihn der Erfolg von Meyerbeers neuer Oper? Ja, hätte er den »Propheten« nicht gesehen!

Bakunin und Röckel zu lebenslänglicher Haft verurteilt, Meyerbeers »Prophet« an der Spitze der musikalischen Welt, und nicht einmal die Arbeit »Siegfrieds Tod« nimmt ihn auf. Es ist – vielleicht sollte man es einmal so sehen – viel zusammengekommen, ihm seine eigene Schrift nicht zu ersparen. Und selbst wenn der »Ring« gelänge: Für wen ihn denn aufführen? Richard Wagner hat ein Publikumsproblem: Für das Auditorium der Gegenwart will er keine Note mehr schreiben, der Stift würde ihm vor Ekel aus der Hand fallen. Und erst der ganze »Ring«: *An eine AUFFÜHRUNG kann ich erst NACH DER REVOLUTION denken; erst die Revolution kann mir die Künstler und Zuhörer zuführen.*[56] Ja, er glaubt noch immer an die Revolution, schon insofern er an sich selber glaubt. Sie hält sich nur verborgen, und er weiß auch, wo.

Er hatte in Paris eine Versammlung besucht: sechstausend Männer in einer großen »Salle de la Fraternité« im Faubourg Saint-Denis. Er hatte eine Meute erwartet und eine ernste Gemeinschaft gefunden. Und würden die Sozialdemokraten nicht spätestens bei den Wahlen von 1852 zur entscheidenden Macht werden?

Für Marx ist der Kommunismus Fluchtpunkt und Gegenwelt; für Richard Wagner sind es die Hühner des Weinbauern Homo, Papo, der Salonrevolutionär und der Gefährte, über dessen vermeintlichen Charakter die Menschen ein so eindeutiges Urteil haben, dass es in ein Adjektiv passt: »hündisch«. *Meine ganze Politik ist nichts weiter als der blutigste Haß unserer ganzen Zivilisation, Verachtung all dessen, was ihr entsprießt und Sehnsucht nach der Natur … In allem wurzelt bei uns der Knechtssinn: daß wir Menschen sind weiß keiner in Frankreich außer etwa Proudhon – und auch der nur unklar! – in ganz Europa sind mir die Hunde lieber als diese hündischen Menschen.*[57]

Und gehört er selbst etwa nicht zu ihnen, er, der dem Versöhnungsangebot seiner Frau schließlich nachgab? Sein Umkehr-Brief begann mit *Meine liebe, arme Frau!*, war auch sehr lang, aber doch kürzer als der Abschiedsbrief, und das Entscheidende stand wiederum hinten: *So, meine gute, vielgeprüfte u. standhafte Frau, – haben wir denn ein neues Leben zu beginnen: das alte laß mit den letzten Erfahrungen vollkommen abgethan sein! Nur Angenehmes, bewährte Freunde, u. unsere guten Thiere, wollen wir zur Erinnerung in das neue Leben mit hinübernehmen.*[58]

Minna versah diesen Brief mit Kommentaren wie »Offenbare Lüge«, »Schändlich!« oder »Darum also!« sowie einem Fazit. Es lautete: »Nicht diesem Brief, der viel unwahre Beschuldigungen so wie Beleidigungen enthält, nur meiner *all* zu großen Liebe, die mich das Vorgefallene vergessen und verzeihen läßt, danke ich die Wiedervereinigung.«[59] Es ist diese philiströse Selbstgerechtigkeit, die er nicht ertrug. Unter deren Dach er nun wieder zurückkehrte.

So kommt der Winter. Den Minusgraden draußen entsprechen die Minusgrade in ihm. Richard Wagner arbeitet. Papo pfeift nicht mehr wie sonst. Es liegt am Winter, auch er pfeift nicht mehr wie sonst. Papo hat eben noch etwas Neues gelernt, das große Marschthema des Schlusssatzes von Beethovens c-Moll-Symphonie, die Wagner den Zürichern unlängst dirigiert hat. Mit *unsäglichem Jubel* warf er es seinem Herrn entgegen, wenn dieser nach Hause kam. Und doch, mitunter klingt es kläglich. Papo ist indisponiert, er lässt die Flügel hängen. Dann denkt der Musiktheoretiker manchmal: Ich sollte »Oper und Drama« zur Seite legen, ich sollte mit Papo zum Tierarzt gehen. Doch immer, wenn er sich gerade entschließen will, wird es besser. »Richard! Freiheit! Santo spirito cavaliere!« Wenn Papo jetzt seinen Ruf anstimmt, mutet es eigentümlich nachrevolutionär an.

Es ist der Winter, sagt er sich, bald werden sie beide wieder schöner singen.

»Oper und Drama« ist Wagners musiktheoretisches Hauptwerk, es wird bald Mitte Februar, er arbeitet an der Abschrift des dritten Teils: »Dichtkunst und Tonkunst im Drama der Zukunft«. Der dritte Teil, sagt er, *ist ein Stück Arbeit, das – auf den Grund geht.*[60] Auf den Grund aller musikalischen Dinge. Das »Richard? Richard?« aus dem Nebenzimmer wird leiser, er hört es kaum. Der Papagei möchte zu ihm ins Arbeitszimmer, aber der grundlegende Autor will nicht gestört werden. Allein schafft Papo den Weg nicht mehr, da gibt Minna seinem Drängen nach und stellt den Käfig auf Wagners Schreibtisch. Wahrscheinlich sieht es Peps hinter dem Rücken des Autors auf dessen Stuhl mit Argwohn. Will der Vogel sich wichtigmachen?

Doch übergeben wir dem beeinträchtigten Verfasser den Bericht: *er wollte sich an die zum Fenster hereinscheinende Sonne setzen, – ich schloß die Vorhänge, um arbeiten zu können; er wurde mir überhaupt störend, und die frau mußte ihn wieder fortnehmen: – da gab er einen mir bekannten traurigen laut von sich.*[61] Er schreibt hier sein ästhetisches Hauptwerk, mehr als vierhundert Seiten Begründung, warum seine Kunst geschichtlich notwendig ist, liegen bereits hinter ihm; er ging bis in die griechische Antike zurück, um das darzustellen, um das völlig neue und doch so alte Verhältnis von Wort und Ton zueinander zu begründen und gleich ist er fertig.

Einen Tag noch. Oder zwei.

Nein, er kann sich jetzt nicht dazwischen pfeifen lassen. Er kann jetzt nicht den kleinen Vogelkopf an seinem Hals wärmen. Papos Lider sind halb geschlossen, aber Lebensmüdigkeit ist doch kein Papageien-Privileg. Lebensmüde ist er auch, und dagegen hilft: Arbeiten! Arbeiten! Arbeiten! Ein, zwei Tage noch! Dann wird er fertig sein. Dann, sagt er Papo, hole ich einen Arzt. Dann werden sie zusammen in der Sonne sitzen, den ganzen Tag lang, seinetwegen. Dann wird er ihn wärmen. Er weiß nicht, was er sagt.

Am andern Morgen früh war er plötzlich – todt! –

Ja – wenn ich Euch sagen könnte, was mir mit diesem Thierchen gestorben ist!! … Es ist mir ganz gleichgültig, ob man mich darüber auslacht: was ich empfinde, das empfinde ich nun einmal, und ich habe nicht mehr Lust, meinen Empfindungen Zwang anzuthun; allerdings müßte ich denen, die mich auslachen könnten, bücher darüber schreiben, um ihnen begreiflich zu machen – was einem Menschen – der mit Allem NUR AUF DIE PHANTASIE angewiesen ist – solch ein kleines geschöpf sein und werden kann. – Es ist nun drei tage her, – und nichts kann mich noch beruhigen: – und so geht's auch meiner frau. – der Vogel war etwas Unwillkürliches zwischen uns und für uns.[62] Es ist ein Brief an seinen Dresdner Freund Uhlig. Die Stimmung, in der er die letzten Seiten von »Oper und Drama« fertig machte, könne er ihm nicht schildern, überhaupt schreibe er nur, um das ihm nun verhasste Manuskript aus dem Haus zu bekommen: *Hier hast Du mein Testament: ich kann nun sterben, – was ich nun noch thun könnte, kommt mir wie unnützer Luxus vor.* Und dann notiert er Uhlig das erste Thema des letzten Satzes von Beethovens c-Moll-Symphonie. Papos letztes Lied.

Er hört ihn schweigen, in jeder Minute. Auch Franz Liszt, der in Weimar gerade den »Lohengrin« uraufgeführt hat, erfährt drei Tage später von seinem Verlust: *Hast Du noch muth? Bist Du heiter? Hast Du noch rechte lust zum leben unter dem majestätischen Volke der Philister, das jetzt die welt beherrscht? … Mein armer, lieber kleiner Papagay ist nun auch gestorben! Das war mein »spiritus familiaris« – mein guter Hausgeist. – Leb wohl – und verzeihe mir!*[63]

Er will jetzt »Siegfrieds Tod« komponieren.

Oder ist es in Wahrheit »Papos Tod«?

Die Wanderung und der Philosoph

Ruhe! Ruhe! Ruhe! – Land! Land! Eine Kuh, eine Ziege u. s. w. – dann Gesundheit – Heiterkeit – Hoffnung! – sonst – alles verloren! Ich mag nicht mehr! Und nieder mit der Kunst! Herbst 1851. Er möchte Bauer werden.

Im Juli 1852 hat er noch immer kein Land, keine Kuh und keine Ziege, dafür ist die Urfassung »Walküre« fertig, er aber auch. Er sieht keine andere Möglichkeit, seine überreizten Nerven zu erholen, als über die höchsten Spitzen der Alpen zu klettern und dann auf der Südseite hinunter nach Italien. Früher, in der Sächsischen Schweiz, ist er mit Peps gemeinsam in die Berge gegangen, in diese Schweiz geht er lieber allein.

Zur Aufwärmung besteigt er das Faulhorn, 2684 Meter hoch. Am Ausgang des Haslitals mietet er sich einen Knecht als Bergführer. Es ist ein übel aussehender, roher Mensch, wahrscheinlich ist sein Herr froh, ihn loszuwerden, wenn auch nur kurz. Der Knecht, das spürt er bald, ist ein verhinderter Herr, er ist ein Schinder. Dass zwei Frankfurter kurz vorher unter seiner Führung den Tod fanden, weiß Richard Wagner noch nicht.

Der Hasli-Knecht hetzt ihn hinter sich her, ohne Sicherung, das Siedelhorn hoch, 2881 Meter. Er lässt ihm kaum Zeit, in die innere Welt des Berner Oberlandes hineinzuschauen, dort, wo die Vieltausender ganz unter sich sind. Beim Abstieg über die Schneefelder kann er ihm wieder kaum folgen. Dann liegt der Griesgletscher vor ihnen. Wer von hier aus nach Italien will, muss über den Gletscher. Sie steigen auf: Ein Gespensterzug kommt ihnen von den Almen entgegen.

Es sind bis auf die Knochen abgemagerte Kühe, sie gleichen Skeletten, die langsam talwärts schwanken. Erschrocken sieht er diesem Todesmarsch zu, die Maul- und Klauenseuche ist unter den Hochlandherden ausgebrochen. Der Anblick lähmt ihn. Am Fuß des steil aufsteigenden Gletschers erklärt er seinem Bergschinder schließlich, umkehren zu wollen. Da trifft ihn der durch nichts gemilderte Hohn des Knechts. Diese elementare Verachtung versetzt ihn in eine Wut, die sich irgendwie betätigen muss, die ihn ganz von selbst aufwärts, gletscheran gehen lässt. Jetzt ist es der Knecht, der kaum mitkann. *Die zwei Stunden andauernde Wanderung über den Rücken des Gletschers vollbrachten wir unter Schwierigkeiten, welche selbst den Grimselknecht um sich besorgt machten. Es war frischer Schnee gefallen, welcher die Eisschründe oberflächlich verdeckte …*[64] Am Ausgang des Hochtals beginnt der Knecht sich zu rächen und gleitet statt im Zickzack in gerader Linie über die steilsten Abhänge. Das Bergduell ist noch nicht zu Ende, doch wir erzählen die Geschichte dieser Wanderung um ihrer Ankunft willen. Und die braucht ihre Fallhöhe, oder sagen wir besser: Abstiegshöhe. Sie braucht die Höhe der ewigen Menschenleere. Greifen wir also vor: Wagner wird den Zweikampf gewinnen, allerdings erst ein paar Monate später, als der Name des Knechts in allen Schweizer Zeitungen steht. Da klettert der auf keinen Berg mehr, sondern besieht die nicht minder steilen Wände eines Schweizer Gefängnisses: Er wird den Hof seines Herrn anzünden, obgleich auf dessen Geheiß. Vorerst atmet der Inhaftierte der Zukunft noch freie Bergluft, muss aber den ganzen Weg zurückgehen, während der Überlebende seiner Begleitung durch das Formazzatal hinunter nach Italien wandert, *aus den grässlichsten Eisregionen nach und nach, über verschiedene Talstufen, durch alle Vegetationen des nördlichen Europas bis in das üppigste Italien … Ich war ganz berauscht und lachte wie ein Kind, als ich aus Kastanienwäldern durch Wiesen und selbst Getreidefelder ging, welche wiederum ganz mit Weindächern überdeckt waren.*[65] Was für ein Abstieg, welche Rückkunft ins Leben. Und immer voller wird es, immer neue Farben gewinnt es. Satt, seiner selbst gewiss und selbstvergessen zugleich.

Er taucht ein ins Treiben der ersten südlichen Stadt, die er sieht, aber es ist nur eine kurze, freundliche Berührung, denn ein Pferdewagen bringt ihn gleich weiter, von Domodossola an die Ufer des Lago Maggiore. Ausruhen. Fahren.

Der Zauber hält an. Ein Offizier möchte zu ihm in den Wagen steigen, er weist ihn ab. Er kann sich diesen Traum aus lauter Wirklichkeit jetzt nicht brechen lassen. Die schweren Glieder werden leicht, und die Rückkehr ins Leben dauert an. Ihm ist so einfach zumute. Seligkeit. Glück. Lauter ungeteilte Zustände. Das Leben, mag er in solchen Augenblicken glauben, ist ein einziger ungeteilter Akkord.

Am nächsten Morgen nimmt er das Dampfschiff, *voller italienischer Philister, die auch nicht übel sind.* Und da plötzlich ist alles vorbei. Er sieht Hühner und Enten, zusammengepfercht, *dem schrecklichsten Verschmachten überlassen.* Er versucht wegzuschauen, statt des gemarterten Geflügels die Reisenden anzusehen. Aber die wenden ihre Blicke nicht von den Käfigen ab. Sie lachen und reden, reden und lachen und haben dabei die Qual der Tiere vor Augen, ohne Regung, so als sähen sie nichts. Er fühlt einen *rasenden Ingrimm,* möchte aufspringen, möchte sie fragen, ob sie denn blind und taub seien. Doch er bleibt stumm. *Zu wissen, dass man nur ausgelacht wird, wenn man hier einschreiten wollte!!*[66]

Plötzlich fühlt er sich der Eiswüste, aus der er kam, verwandter als den Menschen. Das ist der Riss, der durch die Schöpfung geht … *meist glaube ich doch empfinden zu müssen, daß diese gattung vollständig zu grunde gehen muß.*[67]

Ausgelacht wurde er schon öfter, und das wird sich nicht bessern. Richard Wagner ist der Schreck der europäischen Droschkenkutscher. Egal ob in Zürich, Dresden oder bald in London: Immer wieder fällt er prügelnden Droschkenkutschern in die Zügel. Die Begegnungen gleichen sich. Die Zurechtgewiesenen sehen ihn zuerst meist fassungslos an, um nur allzu bald einen Ausdruck des Zorns anzunehmen: Bei dem zu prügelnden Pferd handele es sich um ihr Pferd, woraus folge, dass sie mit ihm verfahren könnten, wie sie wollten. Eben darin bestünde ihr Irrtum, erklärt nunmehr mit Regelmäßigkeit der Kritiker des Eigentums, wobei unklar ist, ob er die Aufgehaltenen auch davon unterrichtet, dass es sich keineswegs um ihren privaten Irrtum handele, sondern gewissermaßen um einen Irrtum der Gattung.

Die Unterredung zeitigt meist auf beiden Seiten beträchtliche Grade von Unversöhnlichkeit, gewöhnlich sieht Wagner dann keinen anderen Ausweg, als dem Besitzer das Tier abzukaufen, ein Anerbieten, das sein Gegenüber nur wütender macht, schon weil es sich keines Unrechts bewusst ist. Und bereits deshalb, weil es wie ein Schuldbekenntnis wäre, kann es sich nicht darauf einlassen.

Was käme auch dabei heraus? Richard Wagner hätte ein Pferd, das er nicht braucht; der Mann ohne Pferd aber bräuchte dringend ein neues. Den Droschkenkutschern Europas wird es, jedem für sich, nur zu bald klar: Vor ihnen steht ein völlig närrischer Mensch. Und sie retten sich ins Lachen. Sie lachen ihn aus. Richard Wagner beginnt, große Städte schon deshalb zu meiden, weil er den Anblick des Elends der Pferde nicht erträgt.

Und dies hier auf dem Lago Maggiore sind nicht einmal Pferde. Es sind Hühner und Enten, für den Teller geboren. Man würde ihn nicht einmal verstehen. Auch stammt all sein Italienisch aus der Oper, und mit Bestürzung nimmt er wahr, dass Hühner und Enten in italienischen Opern nie vorkommen. In gar keiner Oper. Er hätte so gern ein Glas Milch. Aber auch dieses Wort ist ihm noch nie begegnet.

Wenn er erst sein kleines Haus hat und Bauer ist, soll es den jetzt Unaussprechlichen an nichts fehlen. Dann wird er beim Gott der Hühner und Enten um Vergebung bitten für seine Art.

Was macht ihn so wehrlos gegenüber dem Leiden der Tiere, dass er schon beim Anblick eines geprügelten Droschkenpferdes Mühe hat, die Fassung zu wahren? Noch Jahrzehnte später kann es geschehen, dass Richard Wagner wohlgelaunt in die Stadt läuft, totenbleich zurückkehrt, zu keiner Auskunft zu bewegen ist, bis Cosima endlich erfährt, was geschah: Er habe einen kranken Hund gesehen und ihm nicht helfen können. So wenig. So viel.

Woher rührt seine Unfähigkeit, sich gegen den Anblick der leidenden Kreatur zu panzern? Zu den frühesten Gravuren seiner Seele gehört der Anblick eines neugeborenen Hundes, den man im Teich ertränken wollte. Doch so nachlässig, wie Menschen oft sind, haben sie sich nicht einmal beim Ertränken genug Mühe gegeben. Es war noch ein Funke Leben in ihm, seine Schwester Cäcilie und er zogen das Hundekind aus dem Wasser, versteckten es im eigenen Bett, wo es warm war und trocken. Nun brauchte es nur noch ganz still zu liegen, zu schlafen und groß zu werden, für alles andere gelobten sie zu sorgen. Doch der kleine Überlebende machte, was Neugeborene überall auf der Welt tun, egal ob Mensch oder Tier: Es war nicht still. Es winselte. So fanden es die Erwachsenen und *nahmen es fort*. Kein Bitten, kein Flehen half.

Diese Ohnmacht gehört zu den frühen Narben seiner Seele, die nie verheilen würden. Seele, also das am Menschen, worin Gefühl und Verstand unlösbar ineinander liegen, ganz und gar unbegabt zum Abstand wie das bloße Denken, dieser Virtuose der Distanzerklärungen.

Was soll das Kind von den Erwachsenen halten, denen ihre eigene Mitleidlosigkeit gar nicht auffällt, die sie vielmehr als Vernunft ausgeben? Und es sind nicht einmal Fremde, es ist die eigene Mutter. Er braucht kein Christentum, um zu wissen, dass diese Welt unerlöst ist. Es ist diese Einsicht, die verhindert, dass sich alle Empörung seines Gefühls gegen sie wendet.

Man muss gut vor ihr verbergen, was überleben soll. Darum schnitt schon der Junge ein großes Loch in die Rückwand seines Schreibschranks, nahm ein Schubfach heraus und setzte die Kaninchenfamilie hinein, die er unterwegs gefunden hatte. In Richards Kammer quieken die Mäuse, befand seine Mutter, aber ihren Sohn schien das nicht zu stören, im Gegenteil. Wahrscheinlich behauptete er, nichts zu hören.

Es wurde immer enger im Schreibschrank des Kaninchenretters, denn die Tiere nutzten exzessiv den einzigen Vorteil ihrer Dunkelhaft so nah beieinander. Es riecht auch nicht gut im Zimmer ihres Sohnes, stellte Rosine Geyer fest, doch der hörte nicht nur nichts, er roch gleichfalls nichts. Erst das Erscheinen eines Lehrers im Zimmer seines unzuverlässigen Schülers beendete jäh die Laufbahn des Kaninchenzüchters Richard Wagner.

Von der Wanderung über den Griesgletscher her gesehen, dauert es noch zwei Jahre, bis er dem Mann begegnet, der sein tiefstes Empfinden teilt, ja mehr noch, der es zur Grundlage seiner Philosophie erhoben hat. Endlich eine Philosophie, die ihn nicht auslacht! Er kannte sie längst, ohne sie noch zu kennen. Ihr Autor ist Arthur Schopenhauer, der erste Buddhist des Abendlandes, Herr – oder Knecht? – eines großen Pudels.

Der Philosoph und sein Hund gehören zusammen. Das moderne Maschinenzeitalter, das alles zur Fabrikware mache, betrachtet auch das Tier als Fabrikat der Natur zum Gebrauch des Menschen.

Mit tiefer Befriedigung liest Richard Wagner, dass nach Buddhas Lehre jeder in der Gestalt des Wesens wiedergeboren wird, *dem er … irgend einen Schmerz zufügte.* Dass diese Seelenwanderung nicht eher aufhören würde, bis der nicht gerade vorteilhaft Wiedergeborene keiner Kreatur mehr ein Leid antue, scheint ihm die einzig akzeptable Ordnung der Dinge. Der Dampfer voller Italiener an jenem vollkommenen Sommertag auf dem Lago Maggiore war also in Wahrheit einer voller werdender Enten und Hühner?

Er hat das biblische Herrschaftswort noch nie glauben können. Schopenhauer auch nicht. Der Mensch: Herr über alle Schöpfung, die nur da sei, ihm zu dienen, so wie er selbst dem Herrn dienen solle? Hier irrte Gott! Herrschaft und Knechtschaft sind keine Kategorien der Existenz, wo sie wesentlich wird. Der Nutzen mag die Hauptkategorie des Zeitalters sein – aber wo das Leben beginnt, zählt sie nicht mehr. Wann mag er zum ersten Mal Schopenhauers »Parerga und Paralipomena« lesen, jene Prophetie, dass die Moderne das Leiden der Tiere ins Unermessliche steigere? Und »das moralisch edelste aller Tiere« werde am häufigsten für die Vivisektion benutzt: der Hund.

Herbst 1854. Richard Wagner liest Schopenhauer und kennt ihn längst. Im Jahr zuvor hat er das »Wiegenlied der Welt« komponiert, den Schöpfungsmorgen, wie ihn sich selbst die Bibel nicht vorstellen konnte, die zeitgenössische Naturwissenschaft schon eher: Alles Leben stammt aus dem Wasser. Der Anfang des »Rheingolds« steht in Es-Dur. Die Tonart der heiligen Liebe ist zugleich die der Unversehrtheit der Natur. Das ist seine Religion.

Entwicklung, Eigensinn. Die Bibel nannte es nur anders: Sündenfall.

Leben ist Leiden. Als sein Herr Schopenhauer liest, fühlt auch Peps, dass Buddha und der Pudelhalter recht haben. Er ist nun schon ein alter Hund, ein Hundegroßvater Es beginnt bereits am Morgen, manchmal steht er aus seinem Korb *verkehrt herum* auf. Und selbst an seinem Lieblingsplatz, in der Mitte zwischen Minnas und Richards Bett, ist er nicht wirklich sicher. Ganz unerwartet, besonders wenn sein Herr unruhig schläft, kann sich direkt unter ihm ein Spalt auftun und ihn verschlucken. Allein kommt er aus diesem Verließ nicht mehr heraus. Einmal muss er die halbe Nacht lang winseln, bis sein Herr ihn endlich zwischen den Betten entdeckt und ihn *beim Schwanze herauszog.*

Gut, dass Franz Liszt ihn so nicht sehen kann. Denn der wurde bei seinem Besuch im letzten Jahr von Wagner zum *Doppel-Peps* ernannt. Liszt war geistesgegenwärtig genug gewesen, sofort zu begreifen, dass es sich hierbei um den höchsten Titel handelte, den Wagner an einen Mann zu vergeben hatte, um eine Liebeserklärung ohnegleichen, weshalb es geschehen konnte, das Liszt seine Briefe nun mit »Dein Doppel-Peps oder Double extrait de Peps oder Double Stout Peps con doppio movimento sempre crescendo al ffff.« unterzeichnete.

Die Queen grüßt Peps

Ach Gott, liebes Mienel, ich bin ganz heiser vom vielen mit-der-Königin-Reden. Erst frug sie mich, was Peps macht, teilt Richard Wagner seiner Frau am 12. Juni 1855 mit.

Einmal im Jahr geht Queen Victoria ins Konzert, und dass sie ausgerechnet eines mit diesem unmöglichen Dirigenten wählen würde, von dem jeder »Times«-Leser weiß, was von ihm zu halten ist, nämlich gar nichts – ein Urteil, das nach jedem seiner Konzerte hier gewissenhaft erneuert wird –, setzt das musikalische London in Erstaunen. Zumal die Königin ausdrücklich die Wiederholung der »Tannhäuser«-Ouvertüre verlangte, die beim vorletzten Konzert erklang.

Peps kann es nicht hören, aber nicht nur dem Mann am Pult, sondern auch seinem tonartverantwortlichen musikalischen Assistenten müsste diese Aufführung die letzten Zweifel nehmen: Sie haben damals doch alles richtig gemacht. Die Königin von England kann den Venusberg hören! *Ganz erhitzt* habe sie dagesessen, erfahren Minna und Peps. Ausgerechnet Queen Victoria, die nicht unbedingt im Verdacht steht, eine Förderin der sinnlichen Ausschweifung zu sein. Sie ist gar nicht dick, lässt Wagner seine Frau wissen, aber sehr klein. Und sie habe eine rote Nase.

Vielleicht ist diese Röte auch eine Wirkung seiner Musik, der sie mit einer für königliche Verhältnisse geradezu bestürzenden Begeisterung applaudiert, die sich auf den ganzen Saal überträgt, und damit nicht genug. Sie bittet den Dirigenten, dessen eigentliche Identität als Revolutionär, Demagoge und Hochverräter die »Times« soeben dem großen Publikum enthüllt hatte, in ihren Salon, um ihn mit den Worten zu empfangen: »Ich freue mich, Ihre Bekanntschaft zu machen, Ihre Komposition hat mich entzückt!«

Wahrscheinlich erwähnt der so Begrüßte seinen Assistenten nicht und zeigt ihr auch nicht das Bild, über das schon alle Londoner Bekannten lachen mussten, so *ungeheuer wurstlich* sehe Peps aus. Dafür erkundigt sich die Königin, ob Wagners Opern nicht ins Italienische übersetzt werden könnten, damit man sie auch in Britannien hören könne. Die Frage muss er, assistiert von Prinz Albert, leider und aus ganzem Herzen verneinen, doch meint er, in der Königin und ihrem Gemahl den *ersten Menschen in England* zu begegnen, *die offen und unverhohlen für mich sich auszusprechen wagten.*

Im Übrigen könne Minna froh sein, dass er sich noch an sie wende, denn sein Rendezvous mit der Königin habe ihn so stolz gemacht, *daß ich eigentlich mit niemand mehr rede.*

Die Tonart seiner Briefe aus London hat sich geändert, noch vor Monatsfrist begannen sie: *O Muzius! Muzius! Was ist das für ein Hundeleben!* Und sie endeten: *Ach, der alte gute Peps! Hüte nur seine Augen recht! – Ach noch zwei Monate! Ach! Ach! Ach! – Der gute Richel, der!*[68] Und zu seinem Geburtstag hatte er sich – wahrscheinlich in der Befürchtung, es würde niemand sonst tun – unter besonderer Berücksichtigung seines hiesigen Befindens vorsichtshalber selbst gratuliert:

Im wunderschönen Monat Mai
kroch Richard Wagner aus dem Ei:
ihm wünschen, die zumeist ihn lieben,
er wäre lieber drin geblieben.[69]

Doch Peps wird seinen nächsten Geburtstag nicht mehr erleben. Das sieht er bald, zurück bei Frau und Hund. Peps geht es wie Tristan, dessen Plan längst gefasst ist. Er kann nicht sterben, ohne Isolde noch einmal zu sehen. Peps kann nicht sterben, ohne seinen Herrn noch einmal zu sehen. Oder ist es andersherum: Wird Wagner wissen, wie es Tristan ergeht, weil er jetzt den todkranken Peps erblickt, wie er mit letzter Kraft auf ihn zukommt?

Diesmal wird er nicht versagen.

Den Tierarzt sucht er sofort auf, doch der kann, erfährt er, nichts mehr für ihn tun. Krämpfe schütteln den kleinen Hund. Die Medizin weiß von züchtungsbedingten Kleinhirnvorfällen bei seiner Rasse. Der Heimgekehrte kann es kaum mitansehen.

Sobald die Schmerzen nur etwas nachlassen, macht sich Peps auf, schleppt sich ins Arbeitszimmer, um seine Assistentenstelle am Schreibtisch einzunehmen. Aber er sieht seinen Herrn nicht mehr, selbst wenn der neben ihm steht. Richard Wagner weiß, was er seinem Hund schuldig ist. Isolde ist bei Tristan, wenn er stirbt. Auch er wird da sein.

Am Morgen des 8. Juli 1855 sagt er das Essen bei einem vermögenden Seidenhändler-Ehepaar ab, es sind die Wesendoncks: *Ich fürchte, mein guter, alter, treuer Freund – mein Peps – wird mir heute sterben. Es ist mir unmöglich, das arme Tier im Sterben zu verlassen. Sind Sie uns böse, wenn wir Sie bitten, heute ohne uns zu speisen? … Gewiß lachen Sie mich nicht aus, wenn ich weine?*[70]

Und er bereitet sich auf das Äußerste vor. Er mietet einen Kahn, rudert quer über den See, wo er einen jungen Arzt mit einer Apotheke erlesener Gifte weiß. Mit der Phiole in der Tasche fährt er zurück, gleitet allein über das Wasser durch einen unendlich großen, stillen Sommerabend. Tod und Verklärung. Tristan. Und Blausäure.

Tag und Nacht wachen Wagner und Minna nun an seinem Korb. Noch immer wendet Peps, der sich schon nicht mehr bewegen kann, den Kopf nach ihm, dann nur noch das halbblinde Auge.

In der Nacht zum 10. Juli liegt er wie immer in seinem Korb neben Wagners Bett. *Plötzlich erwachte ich durch das Stöhnen, welches ihm ein äußerst heftiger Krampfanfall hervorrief; dann sank er lautlos um.*[71] Wagners Blick fällt auf die Uhr. Zehn Minuten nach ein Uhr. Er wird das Todesdatum, die Todesstunde seines Hundes niemals vergessen. Es wird fast immer, in jedem Jahr wieder, ein stiller Gedenktag.

Am nächsten Morgen erbittet er von seiner Vermieterin ein Stück Garten, um Peps zu begraben. Es ist davon auszugehen, dass Wagner seinem Hund eine Grabrede hält, bevor sie ihn mittags *unter den bittersten Tränen* in seinem Korb, auf seinem Kissen in die Grube senken, um ihn mit der leichten, warmen Sommererde zuzudecken.

Unaufhörlich musste ich weinen, und habe um den lieben, dreizehnjährigen Freund, der stets mit mir arbeitete und spazieren ging, eine Trauer und einen Schmerz empfunden, der mich deutlich darüber belehrt hat, daß – die Welt nur in unserem Herzen und unserer Anschauung existiert.[72] Will heißen: Schopenhauer hat recht.

Er und Peps sind seine Lehrer.

Der Schluss der »Walküre«, ist er nicht wie ein postumer Gruß an seinen Mitkomponisten? E-Dur, die Tonart der Liebe: der natürlichen Liebe! Und sollte nicht alle Liebe natürlich sein? Noch einmal von fern das Wiegenlied der Welt vom Beginn des »Rheingolds«, verwandelt: Loge, der Elementargeist, der selbst von Wotan nicht zähmbare, züngelnde Feuergott umgibt Brünnhildes Felsen mit einem Ring aus Flammen. Dieses eine Mal beugt sich selbst er, der sich keiner Harmonik fügt, unter eine Tonart: E-Dur! Alles Leben kommt aus dem Wasser. Im Feuerzauber scheint noch einmal der Weltanfangsfriede der Fluten auf.

TRISTAN, EIN LEBENSMÜDES PFERD UND LEO, DIE BULLDOGGE

»Wagner ist ein böser Mann!«

»Ich sehe Wagner oft dank der Abwesenheit seiner Frau, seines Papageis und selbst seines Hundes«, bekundet Georg Herwegh, Dichter der Revolution und früherer Freund von Karl Marx im Mai 1858.

Dank der Abwesenheit seiner Frau, seines Papageis und selbst seines Hundes komponiert der Besprochene das letzte von fünf Gedichten seiner Nachbarin und arbeitet am zweiten »Tristan«-Akt. Leider sind auch seine Nachbarin und ihr Mann verreist, und all diese Abwesenheiten sind kein Zufall, sondern hängen auf eine den Verwaisten tief betrübende Weise zusammen.

Der Papagei heißt Jacquot; er selbst hat ihn Minna in einer leichtsinnigen Stunde gekauft. Jacquot ist nicht wie Papo, er weiß nicht viel von Beethoven, eigentlich gar nichts. Er ruft, sobald er den Hausherrn sieht: »Wagner ist ein böser Mann!« Das hat ihm Minna beigebracht.

Der Satz hebt seine Laune gewöhnlich nicht.

Der Vogel weiß nicht, was er sagt, es ist nur ein Tier. Das mögen andere glauben. Ein Blick auf den Papagei genügt ihm, um zu ahnen: Der weiß genau, was er sagt. Beide unterhalten ein etwas unterkühltes Verhältnis gegenseitiger Hochachtung zueinander, Wagner spricht den Vogel meist mit »Mr. Jacquot« an, vielleicht in der Annahme, dieser würde die Bekundung von Distanz bemerken, die darin enthalten ist, und sie würde ihm zu denken geben.

Auch als Gastgeber sind Jacquot und Papo durchaus verschieden. Statt die Gäste wie Papo insbesondere am fortgeschrittenen Abend zeitlos gut zu unterhalten, etwa durch sich öffnende oder schließende Türen, beginnt Jacquot irgendwann Mozart zu singen, meist Leporellos »Keine Ruh' bei Tag und Nacht«. Die noch Verbliebenen neigen dann meist zu einem etwas überstürzten Aufbruch. Jacquots Charisma wird von leicht unterkühlter Art bleiben. Genau wie Wagners Verbindlichkeitsadressen an den Vogel: *Grüße Jacquot, dem ich immer sehr geneigt bleibe, trotzdem er mich nicht weiter liebt.*[1]

Der Hund heißt Fips, er ist Peps' Nachfolger und sieht fast genauso aus. Er ist ein Geschenk von Mathilde. Er sollte nicht mehr so um Peps trauern müssen. Fips ist der Ersatz.

Richard Wagner glaubt nicht, dass Hunde, Papageie oder auch Menschen einfach zu ersetzen sind. Wie könnte er Fips hinter sich auf dem Stuhl wissen und mit ihm den »Tristan« komponieren? Wie könnte er Mr. Jacquot Einführungen in Beethoven geben, als sei er sein Vorgänger? Die Liebe haftet so sehr am Individuellen, das doch nur eine kleine Abweichung vom Allgemeinen ist. Er bemerkt es mit Schmerz und Interesse.

Einfacheren Naturen gelingen Ersetzungen wohl leichter.

So sind Fips und Jacquot mehr Minnas Tiere als die seinen. Dabei mag er Fips, sehr sogar. Zwei Jahre zuvor sind sie im Sommer gemeinsam zur Kur gefahren, und Richard Wagner hatte seinen ersten großen Streit mit der Eisenbahn, die darauf beharrte, Fips in einer Transportkiste unterzubringen, worauf der Hundehalter dem Repräsentanten der Bahn sinngemäß mitteilte, dass er eher diesen in die Kiste stecken würde als seinen Hund.

Briefe nach Hause unterschrieb Wagner damals oft nur mit Fips, vielleicht wegen dessen Sympathiebonus bei Minna, und weil er genau wusste, wie sehr er ihr fehlte. In seinem Fall war er längst nicht mehr sicher.

Und seither ist das nicht besser geworden, im Gegenteil.

Wäre er für Ersetzungen begabter, hätte er wohl auch schon Mathilde ersetzt, Mathilde Wesendonck. Es wäre einfacher, viel einfacher.

Es ist nicht gut, die Frau seines Freundes, Förderers und Mäzens zu lieben. Die Frau des Mannes, dessen Zigarren man raucht. Aber nun, da sie schon fast neun Monate Nachbarn sind, einander vis-à-vis leben, sich fast täglich sehen, ist alles noch viel auswegloser: so ausweglos nah. Deshalb sind alle Beteiligten sich im Augenblick so fern, rein räumlich gesehen. Und Herwegh genießt die Abwesenheit von Wagners Privatzoo.

Es geschah nur Wochen, nachdem die Wesendoncks ihre Villa bezogen hatten, die »hochherrschaftlich« zu nennen gewiss etwas blässlich gesprochen ist. Da wohnte er mit Minna, Fips und Jacquot schon längst in dem kleinen Landhaus nebenan. Otto Wesendonck hatte es für Wagner herrichten lassen, nicht unbedingt, weil er sich berufen fühlte, Wagners Schweizer Haustraum mit Schafen und Kühen, Hühnern und Enten endlich zu erfüllen, sondern eher, weil der potenzielle Käufer des Nachbargrundstücks das Landhäuschen darauf abreißen und dafür ein Irrenhaus errichten lassen wollte. Dann lieber Wagner!, überlegte Otto Wesendonck. Doch scheint der Ursprungsplan der Anstalt auf verschwiegene Weise an seiner Durchsetzung zu arbeiten.

Am 18. September 1857 war Richard Wagner in Mathilde Wesendoncks Salon getreten, unterm Arm den letzten Akt der Tristan-Dichtung. Sie war fertig, nun fehlten nur noch die Noten. In der Schilderung des Vollenders: *Du geleitetest mich nach dem Stuhl vor dem Sopha, umarmtest mich, und sagtest: »Nun habe ich keinen Wunsch mehr!« – An diesem Tage, zu dieser Stunde wurde ich neu geboren.*[2] Was bis dahin unausgesprochen zwischen ihnen war – nun hatte es Sprache gefunden. Er verstand es als Bund, als Liebesbekenntnis: *In jenem wundervollen Augenblicke lebte ich allein. Du weißt, wie ich ihn genoß? Nicht aufbrausend, stürmisch, berauscht; sondern feierlich, tief durchdrungen, mild durchwärmt, frei, wie ewig vor mich hinschauend. Von der Welt hatte ich mich, schmerzlich, immer bestimmter losgelöst … Schmerzlich war selbst mein Kunstschaffen; denn es war Sehnsucht, ungestillte Sehnsucht, für jene Verneinung, jene Abwehr – das Bejahende, Eigene, Sich mir Vermählende zu finden. Jener Augenblick gab es mir, mit einer so untrüglichen Bestimmtheit, daß ein heiliger Stillstand sich meiner bemächtigte.*[3] Der *sehnsüchtige Zauber* war gelöst. Wahrscheinlich sagen sie seit dieser Stunde »du« zueinander.

Wir behaupten an dieser Stelle, dass das Kurzporträt einer menschlichen Liebe hierher gehört, aus mehreren, gleich genauer anzugebenden Gründen, doch weiter im Porträt: *Und dies eine weißt Du auch, daß ich seitdem nie mehr in Zwiespalt mit mir war. Verwirrung und Qual konnte über uns kommen; selbst Du konntest vom Trug der Leidenschaft hingerissen werden: – ich aber – das weißt Du! – ich blieb mir nun stets gleich, und meine Liebe zu Dir konnte nie, durch keinen noch so schrecklichen Augenblick mehr ihren Duft, ja nur ein zartes Stäubchen ihres Duftes verlieren.*[4]

Fips, Jacquot und Minna werden es gespürt haben: Der Hausherr war nur mehr ein Scheinleib unter ihnen. Undenkbar, Fips' Hundekorb hätte wie früher der von Peps neben seinem Bett gestanden. Wahrscheinlich besah er schon länger nicht ohne Erstaunen die, nun ja, alte, herzkranke, zänkische Frau neben sich. Sie litten beide an ganz verschiedenen Herzanfällen, an ganz verschiedenen Schlaflosigkeiten.

Was machte diese Fremde in seinem Schlafzimmer?

Er brauchte es für sich,[5] er musste hier allein sein, denn er erwartete Besuch: *Ehe ich die Augen schloß, ging es mir lebhaft durch die Seele, wie ich mich sonst immer an dieser Stelle in Schlaf gebracht durch die Vorstellung, eben da würde ich einst sterben: so würde ich liegen, wenn Du mir mein Haupt in Deine Arme schlössest, und mit einem letzten Kusse meine Seele empfängest! Dieser Tod war mir die holdeste Vorstellung und sie hatte sich ganz an der Lokalität meines Schlafzimmers ausgebildet: die Türe nach der Treppe zu* – in Richtung Minna, Fips und Jacquot, fügen wir der Deutlichkeit halber hinzu – *war geschlossen, Du tratest durch die Gardine des Arbeitszimmers; so schlangest*

Du Deinen Arm um mich; so auf Dich blickend starb ich. – Und wie nun?[6]

Besser kann man die Frage dieses Frühjahrs gar nicht formulieren:

Und wie nun?

Er sei vollkommen »gut, sanft, und teilnehmend«, berichtet Herwegh über Wagners frau-, hund-, vogel- und nachbarlosen Gemütszustand im Mai 1858.

Hier irrt Herwegh!

Die Katastrophe ereignete sich bereits vor einem Monat, im April. Minna fing einen Brief ihres Mannes ab, öffnete ihn und *verlor den Verstand.*[7] Dies ist die Interpretation des Ehemanns, der weiterhin die Ansicht vertritt, seine Frau habe dieses Schriftstück gar nicht begreifen können. Der Absender will andeuten, dass ihr jedes Verständnis für die nicht handgreiflichen Dinge des Lebens abgehe, worunter auch eben solche Formen der Liebe fallen. Minna war wirklich sehr wütend. Es ist nicht unwahrscheinlich, dass Mr. Jacquot sich sofort und mit einschlägigen Äußerungen auf die Seite Minnas schlug. Über Fips' Parteinahme ist nichts bekannt. Ihr Mann blieb sehr ruhig, und wahrscheinlich irritierte Minna dies am meisten.

Positivist sein dürfen! Es ist schwerlich jemand denkbar, der unbegabter dazu wäre als er, wahrscheinlich hält er diese neue Philosophie ohnehin für eine Art verachtenswürdiger Selbstverpflichtung zur Dummheit, andererseits erkennt er nun auch, wie komfortabel ein Positivist lebt. Die Welt ist alles, was der Fall ist? Nun denn!

War was?

Ist was?

Welch ruhigen Sinnes darf er all dies verneinen. Jenseits dessen, was die Welt und was der Fall ist, fängt sein Reich erst an.

Minna ist herzkrank. Die »Musik«, die ihr Mann jetzt schreibt und als deren Inspiration sich selbst zu vermuten sie keinen Anlass hat, macht sie nicht gesünder. »Tristan«, pah! Sie hält diese Musik für ganz und gar unmoralisch, skandalös, genau wie die Handlung, diese Apotheose des Ehebruchs, genau wie die Blicke, die ihr Mann für diese Frau hat, ihre Nachbarin, eine verheiratete Frau. Und wie er ihr diese schauerlichen Noten vorspielt! Hector Berlioz wird das »Tristan«-Vorspiel einmal ein »chromatisches Stöhnen« nennen, und niemand versteht das besser als Minna Wagner; dieses Stöhnen macht sie ganz krank, und wenn sie es nicht schon wäre, würde sie es jetzt.

Welchen Platz nimmt sie in seinem Leben noch ein? Die Anreden seiner Briefe lauten: *Mein liebes Mienel!, Bestes Mutzigen!, Mein guter Mutz!, Guter alter Muzius!* Oder *O Du, die Du der gute Muzius selber bist!* oder *Liebe Mietz!* Es klingt Zärtlichkeit darin, Nähe, Vertrautheit, Fürsorglichkeit. Die Zärtlichkeit, die Nähe, die Vertrautheit und die Fürsorglichkeit, die man für ein Haustier hat?

Kein Zweifel, Minna gehört zur Fips- und Jacquot-Fraktion.

Haustiere ernähren sich von der Liebe, die sie bekommen. Und sie bekommen sie meist allein schon deshalb, weil sie sie nicht einfordern können. Minna ist so unendlich weit entfernt von der Weisheit der Haustiere. Ihrem kranken Herzen blieb nichts übrig: Es musste die Fassung wiedergewinnen, wollten sie weiterhin hier wohnen. Sie sah das ein. Und auch die fehlende Heftigkeit ihres Mannes, seine Ruhe, seine tiefe Resignation, sind ein bedenkliches Zeichen. Es ist Leiden und Schmerz darin, dieses Leiden ist seine Rechtfertigung, wenn das Wort denn hier angebracht sein sollte.

Richard Wagner schickte die Haustier-Fraktion zur Kur. Eine Trennung würde ihnen beiden guttun.

Vielleicht war es ein Aufbegehren gegen ihren Liebesplatz, gegen ihre Fips- und Jacquot-Haftigkeit, dass Minna kurz vor ihrer Abreise und gegen jede Verabredung mit ihrem Mann doch zu Mathilde Wesendonck hinüberging. Auch hatte Emma Herwegh es ihr geraten. Mit den Worten »Wäre ich eine gewöhnliche Frau …« trat sie zur Nachbarin. Mit diesen Worten, die sie zu einer gewöhnlichen Frau machten. Es lässt sich nicht leugnen: Minna mangelt die elementarste Liebesweisheit der Haustiere.

Die Welt ist alles, was der Fall ist?

Erst jetzt, derart in der Welt, wurde diese unmögliche Liebe zum Fall. Das war Minnas Triumph und ihr Untergang zugleich. Denn erst jetzt, da aus den feinen Fäden, die ihren Mann und die Nachbarin umspannen, ein Strick zu werden drohte, lief die dreifache Mutter Mathilde Wesendonck zu Otto Wesendonck, um ihm alles zu offenbaren. Aber was alles? Die Anatomie eines Missverständnisses?

Und dann reiste die Haustier-Fraktion ab. Wesendoncks verreisten auch, »zur Zerstreuung«, sagten sie. Und den

Mann, den alle fünf zurückließen, nennt Herwegh »gut, sanft und teilnehmend«.

Schon im Frühjahr konnte Richard Wagner manchmal nächtelang nicht schlafen wegen eines Mannes, der bei Mathilde ein und aus geht. Er heißt Francesco de Sanctis, ist Neapolitaner sowie Professor für Ästhetik und italienische Literatur. Vor allem aber ist er Italienischlehrer. Mathilde Wesendonck nimmt neuerdings Italienischunterricht, wahrscheinlich handelt es sich um eine Therapiemaßnahme. Mit ohnmächtiger Wut sieht Wagner den Neapolitaner kommen, sieht, wie er die Villa betritt, als ob es nichts Selbstverständlicheres gäbe. Am schlimmsten aber ist es, wenn Mathilde und Francesco de Sanctis zusammen ausgehen, Arm in Arm. Francesco de Sanctis ist alle Musik der Welt vollkommen egal.

Erkundigungen der Form *Wie geht es der eifrigen Schülerin des de Sanctis?* versuchen, seinem Ärger eine möglichst unverfängliche Form zu geben. Minna würde Francesco de Sanctis mögen. Doch sie hat keine Gelegenheit mehr, ihn näher kennenzulernen.

Am 15. Juli kehrt sie mit Fips und Mr. Jacquot aus der Gesundheitsverbannung in Brestenberg zurück. Sie tritt durch ein blumenumranktes Gartentor: Der Diener und Gärtner, nicht ihr Mann, hatte es zu ihrer Begrüßung geschmückt. Sie ahnt nicht, dass ihnen nur noch wenige Wochen an diesem Ort bleiben, der ihr endgültiges Zuhause werden sollte. Auch Wagner, »gut, sanft, teilnehmend«, weiß es wohl nicht.

Nur Tage nach Minnas Rückkehr ist von Güte, Sanftheit und Teilnahme kaum etwas übrig. Er erträgt seine Frau nicht mehr, nicht ihre Sticheleien, nicht ihr Rechthaben. Das Gespinst aus tausend unsichtbaren Fäden ist zum Strick geworden. Minna und Mr. Jacquot: Das ist zu viel.

Richard Wagner will nur noch weg, aber er kann nicht.

Das Haus ist voll. Schon Anfang Juli hatten sich zwei einander feindlich beäugende Tenöre eingefunden, Tichatschek und Albert Niemann; seitdem kommen immer neue Gäste, darunter auch sein junger Freund, der Dirigent Hans von Bülow mit seiner Frau Cosima, der Tochter Franz Liszts. Mr. Jacquot hat viel Gelegenheit, Mozart zu singen. Wahrscheinlich hält er sich auch mit Informationen über den Charakter des Hausherrn nicht zurück, zumindest spricht dieser in den folgenden Wochen nur von dem *dummen Papagei* oder *dem Rotschwanz*. So weit vergisst er sich sonst nie. Besser, ich singe selbst, beschließt Wagner – die beiden Tenöre halten sich aus Konkurrenzgründen zurück. Der Abreisewillige trägt ganze Partien aus dem »Rheingold« und der »Walküre« vor, denn er ist ein guter Gastgeber.

Nur die Wesendoncks kommen fast nie. Mathilde und Minna im selben Zimmer, das geht nicht mehr.

Am 16. August verabschieden sich die letzten Gäste, es sind Bülows, er in Tränen, Cosima düster schweigend. Am nächsten Morgen wird auch Wagner reisen, sehr früh. Er weiß noch nicht, wohin, Hauptsache weg. In der Nacht liegt er wach, erwartet den Tag: *Er erschien diesmal später, als ich es von schlaflosen Nächten im vergangenen Sommer her gewöhnt war. Schamrot kroch die Sonne hinter dem Berge hervor. – Da blickte ich noch einmal hinüber. – … Mir kam keine Träne; aber mir war es, als erblichen alle Haare meiner Schläfe! – Nun hatte ich Abschied genommen. Jetzt war alles kalt und sicher in mir. Ich ging hinunter.* Minna erwartet ihn, stumm wie er. *Es war eine schreckliche, jämmerliche Stunde … Wir stiegen in den Garten hinab. Es war ein prachtvoller Morgen. Ich sah mich nicht um.*[8]

Zwei Tage später erscheint eine Anzeige im »Tagblatt der Stadt Zürich«: »Zu verkaufen, wegen Abreise: Ein großer eleganter Spiegel mit schönem goldenen Rahmen, ein neuer nußbaumener Spieltisch mit gestochenem Fuß; ein großer runder dito. Ein dito Kulissen-Speisetisch für 14 Personen, 12 dito Stühle. Nußbaumene Bettstellen, Federmatratzen, seidene Kanapees, Fauteuils, Zimmerteppiche usw. Ein Weinschrank, gut 300 Flaschen haltend, zum Verschließen. Bei Frau Wagner auf dem Gabler in Enge, neben Herrn Wesendonck.«[9]

Es ist nicht anzunehmen, dass Mr. Jacquot den Hausherrn vermisst. Fips geht es anders.

Das tote Huhn von Venedig oder Tristan, II. Akt

Vor kurzem fiel mein Blick von der Strasse in den Laden eines Geflügelhändlers; gedankenlos übersah ich die aufgeschichtete, sauber und appetitlich hergerichtete Ware, als, während einer seitwärts damit beschäftigt war, ein Huhn zu rupfen, ein anderer soeben in einen Käfig griff, ein lebendes Huhn erfaßte und ihm den Kopf abriß. Der gräßliche Schrei des Tieres … drang mit Entsetzen in meine Seele.[10] Und nun bekommt er ihn da nicht mehr heraus. Er muss den »Tristan« komponieren mit dem Todesschrei eines Huhns in Herz und Hirn.

Er verlässt den Palazzo Giustiniani immer erst am späten Nachmittag. Am 29. August kam er in Venedig an, schon am nächsten Tag mietete er die große Wohnung am Canal Grande. Vier Wochen ist er nun hier. Er spürte sofort, dass er am richtigen Ort ist. Die Stadt ist genau wie die Oper, die er hier beenden will: Ihre Schönheit ist die des Todes, aber darin ist alles Leben. Und auf ihrem Grunde wohnt der Schrecken. Venedig ist wie seine Oper nicht viel mehr als eine Illusion im Ungefähren, eine schwimmende Fata Morgana, lose hingelagert zwischen dem Blau des Himmels und dem des Wassers, zwischen zwei Unendlichkeiten. Nur ein solcher Halt im Haltlosen kann ihn jetzt retten: die allerwirklichste Unwirklichkeit. Und Venedig ist still. Er liebt die abendlichen Fahrten auf dem Kanal, *alles lautlos: nur das sanfte Gleiten der Gondel, das Plätschern des Ruderschlages. Breite Mondesschatten.*[11] Keine Droschken, keine Maschinen. Hier herrscht, was auch im »Tristan« herrscht: Schweigen. Ein tiefes, tönendes Schweigen.[12] So tief, dass es die ganze Welt in Schwingung versetzt. *Alles ist Ohr.* Er muss an Bord seines eigenen Werks gehen.

Ob er auch das Flüstern der Geheimdienste hört?

Sachsen besteht auf der Auslieferung des politischen Flüchtlings Richard Wagner. Seit dem Wiener Kongress fristet die Serenissima ihr rapide verarmendes Dasein als österreichische Provinzhauptstadt. Bevor wir das revolutionäre Subjekt ganz nach Hause schicken, sollten wir herausfinden, was genau es hier macht, beschließt die Wiener Polizei und erfährt, dass diesem im Augenblick ganz und gar nicht umstürzlerisch zumute ist. Der venezianische Polizeirat Dr.

Angelo Crespi kann das auch begründen: »Als Beweis seiner nervösen Überreiztheit kann man anführen, daß er, da die Farbe der Tapete seines Schlafzimmers im Palazzo Giustiniani a S. Barnaba ihn unangenehm berührte, er gleich den Tag nach seiner Ankunft sich von seinem Hausherrn die Erlaubniß erbath, eine seiner Stimmung mehr zusagende Schattierung von roth als Dekorierung wählen zu dürfen, und noch denselben Tag das Gemach damit ausschlagen ließ.«[13] Wahrscheinlich passte die Wandfarbe nicht zu der seiner mitgebrachten seidenen Bettbezüge. Die sind grün. Richard Wagner gehört zu den Menschen, die eine verfehlte Farbnuance um den Verstand bringen kann.

Entweder man verändert die Welt oder sein Schlafzimmer, meldet Dr. Crespi nach Wien, sinngemäß. Auch lasse Wagner selbst namhafte Personen abweisen, die ihn kennenlernen wollen; Revolutionäre sind gemeinhin kontaktfreudiger.

Der Mann im Palazzo Giustiniani bildet ohne Zweifel eine geheimdienstlich schwer erfassbare revolutionäre Ein-Mann-Zelle der Musik, und ein venezianischer Saal ist ihm dazu als Verschwörungsraum gerade groß genug. Er wartet auf seinen Flügel, den »Erard«, denn der kommt nicht so leicht über den Gotthard wie er.

Er schreibt viel an Minna, im Abstand des Briefes findet er wieder zu ihrer alten Vertrautheit. Auch Grüße an den *dummen Rotschwanz* sind darunter. *Und Jacquot soll sagen: doch ein guter Mann – Wagner.* Bei anderen Absendern dürfte man ob solcher Worte auf neu gewonnene Einsichten schließen, bei diesem Autor eher nicht.

Dies ist die Stelle, nach Huhn und Papagei auch das Geflügel zu erwähnen, das wie kein anderes für Wagners Werk steht: der Schwan, Lohengrins Schwan. Längst nennt er das Instrument so, auf das er so sehr wartet, und nicht nur, weil er auf ihm einen Schwanengesang zu Ende komponieren will, wie es noch keinen gab, sondern auch, weil es – ein Geschenk der berühmten Pariser Firma – im Mai bei ihm ankam, *als ich wußte, daß ich Deine Nähe verlieren würde …* Das Du dieses Satzes ist das gleiche wie das Du seiner anderen Geflügelnachrichten. Es ist Mathilde Wesendonck: Im Mai glaubte er sich schon gestorben, doch *dieses wundervoll weiche, melancholisch süße Instrument schmeichelte mich völlig wieder zur Musik zurück. Ich nannte es den Schwan, der nun gekommen, den armen Lohengrin wieder heimzuführen! – So begann ich die Komposition des zweiten Akt des Tristan.*[14] Und da ist er noch immer. Der »Erard« muss wieder helfen.

Am 6. Oktober kommt er an.

Natürlich überwacht die venezianische Polizei auch seine Post. Unglaublich viele Briefe, unglaublich viele Adressaten. Aber Verschwörer sind nicht darunter, wenn man Theaterdirektoren nicht so nennen will. Könnten die Spitzel auch die Mitteilungen lesen, die der Selbstrevolutionär nicht abschickt, so träfen sie auf die vielleicht erstaunlichsten Maximen und Reflexionen, die je ein Revolutionär verfasst hat. Sie sind alle für Mathilde Wesendonck, denn er kann nicht mehr sicher sein, dass sie seine Briefe öffnet, also schreibt er ein Tagebuch für sie: Warum man an einem toten Huhn verloren gehen kann.

Spätestens bei jenem venezianischen Fleischermeister hatte er gewusst, woran er mit sich war: *Dieses Mitleiden erkenne ich in mir als stärksten Zug meines moralischen Wesens, und vermutlich ist dieser auch der Quell meiner Kunst.* Es klingt eine leichte Resignation darin. Sollte dieser Ursprung nicht ein wenig bedeutender, etwas erhabener sein?

Bald ist Gründerzeit, die Männer werden hart, und das Reich wird es auch, und er wird eines seiner populärsten Missverständnisse sein. Er, der Hinterbliebene eines venezianischen Huhns, als Gewährsmann des Deutschtums und seiner Kunst? Aller Ruhm ist ein Missverständnis, er weiß es jetzt schon. Er weiß auch, dass die Biographen ihn notwendig verfehlen müssen, weil sie ihn mit dem Menschen verwechseln werden, der dieses turbulente Leben lebte, sein Leben. Was hat er mit ihm zu schaffen? Wenig, sagt er. Bei dem Huhn ist das anders.

Er muss seinem Erschrecken auf den Grund gehen: *Was nun aber das Mitleiden charakterisiert, ist, daß es in seinen Affektionen durchaus nicht von den individuellen Beschaffenheiten des leidenden Gegenstandes bestimmt wird, sondern eben nur durch das wahrgenommene Leiden selbst.*

Er denkt auch über den Unterschied nach zwischen dem Gefühl, das er für ein totes Huhn hat, und dem, das er für Mathilde hegt. *In der Liebe ist es anders: in ihr steigern wir uns bis zur Mitfreude, und die Freude eines Individuums können wir nur teilen, wenn dessen besondere Eigenschaften uns im höchsten Grade angenehm und homogen sind.*[15] Soll heißen: Der Komplizierte hat fast keine Chance, den idealen Ergänzer, die ideale Ergänzerin zu finden. Richard Wagner wird es Mathilde immer wieder beteuern: Er habe begonnen, die Menschen zu meiden, *weil ihre Berührungen mich schmerzten*, er habe gehofft, *in einem Herzen, in einer bestimmten Individualität den bergenden, erlösenden Hafen zu finden, in welchem ich ganz und voll aufgenommen würde. Dies konnte der Natur der Welt nach nur ein liebendes Weib sein … Doch nie hatte ich eine Ahnung davon, daß ich, was ich suchte, so bestimmt, so alles Suchen erfüllend, alles Verlangen befriedigend finden sollte, wie ich es in Dir fand.*[16]

Die Liebe ist etwas für komplizierte Naturen? Was sollen Peps, Papo und Fips dazu sagen? Wer wäre begabter zur Mitfreude gewesen als ihr Herr? Mitfreude mit ihnen, deren Glück so einfach und schon darum so vollkommen war.

Nein, die Liebe ist kein Privileg der höher Organisierten, aber davon will er jetzt nichts wissen, er misst Gefühlsverwandtschaften, Gefühlsdistanzen aus: *Dagegen kann das Mitleiden sich dem gemeinsten und geringsten Wesen zuwenden, einem Wesen, welches außer seinem Leiden durchaus nichts Sympathisches, ja in dem, woran es sich zu freuen imstande ist, sogar nur Antipathisches für uns hat.* Die Existenzweise der Hühner hat nur bedingt einnehmende, anmutige Züge, und doch. Sein Mitleiden, überlegt Richard Wagner, mache das Leiden des anderen, etwa des Huhns, *zu einer Wahrheit, und je geringer das Wesen ist, mit dem ich leiden kann, desto ausgedehnter und umfassender ist der Kreis, der überhaupt meiner Empfindung nahe liegt. Hierin liegt aber auch der Zug meines Wesens, der andern als Schwäche erscheinen kann.*[17]

Als Schwäche. Nicht auch als Härte?

Er weiß es selbst. Eben weil der Mensch das Tier ist, das sich selbst erkennen kann, habe er mit ihm weniger Mitleid als mit den Tieren. Und sich schließt er ein. Muss er Mathilde sagen, wie sehr er leidet? Aber schon das Wissen mindert die Qual. Es aussprechen zu können. Es verwandeln zu können, ist erlösend. Seine Musik ist nichts als verwandeltes Leid. Also erlöstes Leid?

Ja, so sieht er das. Im Menschen schlägt die Natur die Augen auf, hat Schelling gesagt. Jeder, der diesen Blick wieder senkt, ihn gar nur auf sich wendet, ist Richard Wagner widerwärtig: Der Mensch *hat in seiner Not den Weg zur Erlösung, der eben dem Tiere verschlossen ist; erkennt er diesen nicht, sondern will er sich ihn durchaus versperrt halten, so drängt es mich dagegen, ihm diese Türe gerade recht weit aufzuschlagen, und ich kann bis zur Grausamkeit gehen, ihm die Not des Leidens zum Bewusstsein zu bringen. Nichts lässt mich kälter als die Klage des Philisters über sein gestörtes Behagen.*[18]

Vielleicht ist der wahre Musiker derjenige, der gar nicht an das Unbeseelbare, das Stumm-sein-Müssen glauben kann. Und ein solcher Künstler existiert in einem Zeitalter, in dem der Mensch sich einpasst in den großen Maschinenleib, sich vollendes verhärtet gegen die äußere Natur, von seiner inneren zu schweigen. Er überantwortet seine ganze Existenz anonymen Mächten. Man kann diesen ungeahnten Fortschritt der Grausamkeit nach außen und innen auch zivilisatorische Entwicklung nennen, aber wer dürfte ausgerechnet von ihm, Richard Wagner, hier Zustimmung verlangen? Wer konnte fremder sein als er in dem Jahrhundert, dessen vollster Ausdruck er doch ist? *So habe ich, ohne Neid zu empfinden, einen instinktiven Haß gegen Reiche empfunden: ich gebe zu, daß auch sie trotz ihres Besitzes nicht glücklich zu nennen sind; aber sie haben die recht ersichtliche Tendenz, es sein zu wollen; und das entfernt mich so von ihnen.*[19]

Einen »schäbigen Charakter« hat ihn Thomas Mann genannt, er, der ihn doch liebte. Warum eigentlich? Die Bürgerwelt und all ihre Tugenden auf so – hier sei das dumme Wort einmal gebraucht – nachhaltige Weise zu brüskieren, erfordert durchaus Charakter, ja singuläre Größe. Er hat keine Partei, deren falschen Allgemeinheiten er sich anschließen könnte. Nur seine eigene. Aber wer hält solche Allein-Mitgliedschaften aus? Venedig ist ein guter Ort, mitten in der Zeit ganz aus der Zeit zu sein. Wenn er auf den Balkon tritt, ist unter ihm nur Wasser und Welle.

Allem »in der Natur, was bis jetzt nicht REDEN wollte«, habe er eine Sprache gegeben, wird Friedrich Nietzsche einmal sagen, »er glaubt nicht daran, daß es etwas Stummes geben müsse. Er taucht auch in Morgenröte, Wald, Nebel, Kluft, Bergeshöhe, Nachtschauer und Mondesglanz hinein und merkt ihnen ein heimliches Begehren ab: sie wollen auch tönen.« So wie jetzt der große Kanal unter ihm. Wasser und Welle, statt Wagenlärm.

Manchmal sieht er lange hinab, auch bei Sturmwind: *Und die Faust ballte ich dazu, mich auf das Geländer zu erheben.*[20] *Mein Sprung, mein Fall wäre nicht vernommen worden*, vermutet er. *Ich war der Qualen frei, sobald ich sprang.*[21] Vielleicht unterschätzt er die Aufmerksamkeit von Dr. Crespis Behörde. Doch etwas hält ihn zurück. Er versucht, sich Rechenschaft zu geben, was es war. Das Ergebnis ist ernüchternd: *In dieser*

Nacht, da ich die Hand vom Geländer des Balkons zurückzog, war es nicht meine Kunst, die mich hielt! … es warst Du! – Du! – Wie ein Lächeln überflog mich's.[22]

Er ist sich seiner selbst und des Werks noch längst nicht sicher: *Weißt Du denn nicht, mein Kind, daß ich nur von Dir – nur von Dir abhänge? … Oh, halte mich nicht für so groß, daß ich ganz für mich und aus mir sein könnte, was ich bin, und wie ich bin.*[23]

Aber wie und was ist das eigentlich, was er da ICH nennt? *Nein! nein! Du süßes Kind! Ich weiß alles! Ich verstehe alles: – ich sehe klar, sonnenklar –! Ich werde wahnsinnig!*[24]

Und dann geschieht es doch. Der »Tristan« nimmt ihn wieder auf.

Die Polizei braucht auch nicht mehr aufzupassen, dass der exzentrische Gast nicht vom Balkon seines Palazzos fällt. Er kann nämlich gar nicht mehr laufen. Der Polizeidirektor meldet nach Wien, dass der zu Observierende nicht nur an mannigfaltigen Nervenirritationen leide, sondern nun auch noch an einer »Art Rothlauf an einem Fuße, welcher ihn gänzlich am Ausgehen hindert«. Aber wer spricht von Ausgehen? Der da die Verklärung des Todes komponiert, kann gar nicht mehr auftreten. Keines Schrittes ist er fähig. *14 Tage vom Stuhl in's Bett, und vom Bett auf den Stuhl getragen*, berichtet er Minna am 10. Dezember. Tristans Sterbewunde? Sie ist, sein Inhaber kann es sich kaum verbergen, nicht recht auf der Höhe seines Werks: ein Geschwür, *gerade so tief …, daß man sechs Viergroschenstücke hineinlegen konnte.*[25] Aber der »Tristan« wächst unaufhaltsam.

Tote Hühner und Polizeispitzel ragen vorläufig als einzige Vorposten dessen, was andere anderswo die Wirklichkeit nennen, in seine Tage. Er ahnt, dass er beobachtet wird. Frühere Revolutionäre, die gerade ihre definitiven Weltentsagungswerke verfassen, sollte man nicht stören. Das sieht auch Dr. Crespis Vorgesetzter so, der Polizeidirektor von Venedig. In Venedig sind selbst die Spitzel auf seiner Seite, jedoch vergebens. Es wird bald Krieg geben. Die Italiener rüsten zum Freiheitskampf.

Am 3. Februar 1859 verfügt der Chef der obersten Polizeibehörde in Wien, Johann Freiherr Kempen von Fichtenstamm, die Ausweisung Richard Wagners aus Venedig.

Als es Frühjahr wird, ist er der einzige Gast in der Dependance des Luzerner Hotels »Schweizerhof«. Vor Juni verirrt sich kein Gast hierher, hat man ihm versichert. Er arbeitet am dritten »Tristan«-Akt, er darf nicht gestört werden. Auch die Sonne fügt sich dieser Vorgabe und hält sich ein ganzes Frühjahr lang bedeckt. Da komponiert einer alle Lüste der Nacht. – Sie müsste eine Banausin sein, ihn jetzt mit Helligkeit zu belästigen. *Man kann sich gar nicht genug in Nacht hüllen.* Schon wahr, das hat er gesagt. Aber woher soll das Gestirn wissen, dass er dazu wenigstens ein bisschen Sonne braucht? Es muss Licht sein innen, wenn man die ewige Dunkelheit komponieren soll. Doch die Nebel liegen schwer über dem See, noch im Mai, noch an seinem Geburtstag. Das macht ihn so depressiv.

Vielleicht wird es heller, wenn er ausreitet. Das Hotelpferd Liesi ist zwanzig Jahre alt. Eigentlich müsste es längst in den ewigen Pferdehimmel eingekehrt sein, seine Altersgenossen hat bereits der Schinder geholt. Es ist ganz allein auf der Welt. Er ist auch ganz allein auf der Welt. Schon darum setzt er sich nun öfter auf den Pferderücken; er kann nicht reiten, wozu auch, Liesi kann auch nicht mehr laufen, jedenfalls nicht schneller als er. Sie kehrt von allein um, wenn sie müde ist.

Sie wanken gemeinsam in die Nebel.

Im »Schweizerhof« irritiert ihn nicht die Tapete, sondern seine grüne Bettwäsche. Sie sieht nicht mehr recht frisch aus. Er schämt sich vor dem Zimmermädchen. Ob Mathilde-Isolde in Zürich neue Seide besorgen könnte? Die Tücher *waren grün, könnten zur Not aber auch rot werden.* Mathilde-Isolde kommt ihn auch besuchen, mit König Marke, ihrem Mann, schon um die Gerüchte verstummen zu lassen.

Er hat sich bereits eine Markise gegen die Sonne anbringen lassen, aber wahrscheinlich mag sie die Markise nicht, denn sie verschmäht auch den Rest-Mai. Er beginnt, ihr aufzulauern. Beim ersten Strahl lässt er sein ganzes Liebestodesreich liegen und stürzt hinaus, *ich faßte wirklich wieder etwas Lebenslust … Bei einer Mühle setzte ich mich am Brunnen nieder, um mich abzukühlen, bis ich trinken könnte. Da kam ich in gute Laune zu beobachten: drin klapperte das Werk, haußen gackerten die Hühner; Tauben suchten zwischen ihnen ihr Futter, auf einem kleinen Wagen mit Streu sprangen die Spatzen herum und jagten sich Körnchen ab; im Stall ließ sich der Ochs vernehmen, und ich dachte, was fehlt nun noch? Aha! da kam die Katze aus der Türe, setzte sich auf die Schwelle, putzte sich und sah den Vögeln zu. Endlich kam ein Maidli heraus, Wasser zu schöpfen, ihr sprang ein großer Hund nach, der mir gar nichts that.*[26] Er geht weiter in den Wald, glaubt immer neue, nie gesehene Vögel zu entdecken. Und dann wieder Himmel und Wiesen. *So schöne Glockengeläute habe ich noch nirgends gehört: fast jede Kuh trägt ihre große, schön tönende Metallglocke, auf welche die Leute viel zu verwenden scheinen. Wenn ich so mitten drunter stand, war das eine wahre Macht von Getöne, und die Stiere sind so traulich, kommen alle heran …*[27] Was ist sein »Tristan« gegen diese Kuhglocken, diesen Klang des Lebens selbst? Mögen andere ihre Liebestode sterben! Und doch, fertig machen muss er ihn noch.

Die einen verfassen »Kommunistische Manifeste«, er schreibt den »Tristan« – zwei Weisen des Angriffs auf die Grundfesten der bürgerlichen Gesellschaft. Er weiß genau, was da unter seinen Händen entsteht. Selten war ein Künstler in Bezug auf sich so klar blickend wie er und kann es auch noch kongenial formulieren: *meine Musik, die mit ihren feinen, feinen, geheimnisvoll-flüssigen Säften durch die subtilsten Poren der Empfindung bis auf das Mark des Lebendigen eindringt, um dort alles zu überwältigen, was irgend wie Klugheit und selbstbesorgte Erhaltungskraft sich ausnimmt, alles hinwegschwemmt, was zum Wahn der Persönlichkeit gehört, und nur den wunderbar erhabenen Seufzer des Ohnmachtbekenntnisses übrigläßt.*[28]

Am 6. August schreibt er die letzte »Tristan«-Note, schon *aus bloßer Neugierde zu wissen, wie mir dann zumute sein wird.*[29] Das Zimmermädchen teilt ihm kurz darauf mit, *daß im Hotel bereits 4 Personen am Nervenfieber erkrankt sind.* Ist das der Preis der Kunst? Er hält sich für resistent. Und dann besteigt er den Pilatus, sieht *ruhig in den tiefsten Abgrund* und wird schließlich doch von einem Taumel erfasst. Aber nicht Mathilde-Isolde ist schuld, sondern Papo: *Ich kann … nie ohne einen wahren Schwindel daran denken, daß meine Fahrlässigkeit einst schuld an dem Tode jenes liebenswürdigen, mir so rührend anhänglichen Papageis war.*[30]

Mathilde bekommt bald wieder ein Kind. Von ihrem Mann! Es ist nicht ganz geschmackssicher, von Otto Wesendonck Kinder zu bekommen, nachdem er diese Musik gemacht hat, diesen Beischlaf in drei Akten. Nach alledem, was zwischen ihnen nicht war!

Als er sein Luzerner Hotel verlässt, ist nicht Mathilde irritiert, sondern das Zimmermädchen. Er nennt sie nur Vreneli … *bald hing sie fast wie ein Hündchen an mir, bewährte mir eine Treue und Ergebenheit seltenster Art.*[31] Wie soll sie weiterleben ohne diesen Gast? So wie er war noch keiner zu ihr.

Er geht noch einmal den Züricher Zeltweg hinauf, er geht an Peps' Grab. Dann fährt er nach Paris, den Katastrophen entgegen, die seinen Weltruhm begründen werden.

Der neue Mieter

Frühjahr 1862. Beim Architekten Frickhöffer in Biebrich am Rhein ist kürzlich ein Musikant erschienen, der bei ihm wohnen wollte. Das neue Haus liegt unterhalb des Schlosses direkt am Rhein. Ihm gefiel, sagte der Fremde, der Ausblick auf den Fluss. Auf dessen Grunde würde noch immer das Gold glänzen, wenn der Nibelunge Alberich es nicht gestohlen hätte – aber das sagte der Mietwillige dem Architekten wohl nicht. Und auch nicht, dass er am anderen Rheinufer unlängst, am 5. Februar 1862, die gerade vollendete »Meistersinger«-Dichtung vorgetragen hatte, unterbrochen nur vom Beifall der Zuhörer.

Keiner der Anwesenden würde diesen Abend jemals wieder vergessen, auch der Gastgeber, Musikverleger Schott, nicht. Irgendwann brauchte der Komponist gar nicht mehr erklären, wer gerade spricht, in seiner Stimme lag schon der ganze Charakter der jeweiligen Figur. Aber auch das erfuhr Herr Frickhöffer wohl nicht, denn was ist eine Oper, die noch gar keine Noten hat? Aber genau um das zu ändern, gedachte der Musiker beim Architekten einzuziehen.

Er sehnt sich so nach einer Heimat, nach *einem stillen Arbeitsherd. DIESER ist das Hauptsächlichste; DIESEN muß ich allein im Auge haben … Alles Äußere ist außer meiner Gewalt; das kann kommen oder nicht kommen; ich darf meine Ruhe nicht davon abhängen. Dieß hat mich denn das letzte Jahr wieder schmerzlich gelehrt!*[32] Er hatte es wie das Jahr zuvor in Paris verbracht. Er wollte endlich seine eigenen Werke hören. Er wollte, mit Hilfe der Fürstin Metternich und Napoleon III., den Erfolg erzwingen. Vergeblich.

Keine große Stadt mehr! Wenn er sie brauchte, würde er hinfahren. Von Biebrich aus ist er in zehn Minuten mit dem Dampfschiff in Mainz oder in Wiesbaden, in einer dreiviertel Stunde in Darmstadt, in etwas über einer Stunde in Frankfurt … Sollen sie dort seine Opern spielen, er würde sie sogar dirigieren, aber dann zurückfliehen in seine Einsamkeit. Biebrich! Er hat es schon erwählt. Ja, er wohnte bereits dort, als er vor der Tür des Architekten stand, nämlich im »Europäischen Hof«. Und aus dem »Europäischen Hof« musste er raus, Hotels sind keine Heimat: *Gott, gestern Abend, als ich hier ankam, und nun wieder einmal in meinem Koffer herumwühlte, um dieß oder jenes zu finden, liefen mir armen Teufel doch die hellen Thränen über's Maul. Und das noch mit so einer solchen famosen Arbeit im Kopfe, für die man kein ruhig Nest findet.*[33]

Nun, er hat es gefunden. Das Haus steht ganz allein, gleich neben dem Schlosspark. Der Architekt hat es selbst entworfen, es ist *auf Spekulation* gebaut. Ein Mieter dürfte seiner Kasse nicht unwillkommen sein. Drei Zimmer im ersten Stock, der Salon mit Blick auf den Garten und zum Schloss, die beiden anderen liegen direkt über dem Rhein. Frickhöffer brauchte nur noch ja zu sagen, und Richard Wagner würde beginnen, auf den Fluss schauen, dessen Geheimnis er kennt wie kein anderer, er würde seine »Meistersinger« mit Noten versehen, auf dem anderen Ufer seinen Verleger wissen, der ihn am Leben hält, bis die Oper fertig ist. Schott hat es versprochen.

Mit anderen Worten: Er kann zahlen.

Am Anfang verstanden sich Mieter und Vermieter recht gut, was vor allem daran lag, dass der Architekt fast nie zu Hause war. Frickhöffer hatte den Neuen über alle zumal in seiner Abwesenheit unabdingbaren Verhaltensnotwendigkeiten in Kenntnis gesetzt, wie alle Vermieter der Welt es tun, und eine davon, gewiss nicht die unwichtigste, lautet: Der Hund bleibt an der Kette! Immer. Wahrscheinlich wurde der Blick des Mieters an dieser Stelle gleich etwas unscharf, aber Frickhöffer hat es wohl nicht bemerkt. Das ist nun anders.

Ja, es war leichtsinnig von ihm gewesen, diesem Musikanten die Tür zu öffnen. Denn inzwischen steht die Welt Kopf, zumindest in Frickhöffers eigenen vier Wänden.

Wer ist hier der Mieter, wer der Vermieter?

Frickhöffer ist sich nicht mehr sicher. Er empfängt Nachrichten wie diese: *Geehrtester Herr Baumeister, auf die Gefahr hin, Sie zu ermüden, muß ich Ihnen doch den Irrtum zu benehmen suchen, als habe ich gemeint, Sie geben Ihren Hunden nicht die genügende Nahrung. Im Gegenteil hatte ich einzig das persönliche Verhalten eines Herrn zu seinem Hunde im Sinn, und glaubte aus der Erfahrung nachweisen zu müssen, daß ein Hund seinem Herrn ausschließlich anhängt, wenn er sich gehörig mit ihm abgiebt und an seine Person gewöhnt. Die erste Zeit in Ihrem Hause hatte ich Gelegenheit, zuzeiten wochenlang mit ihrem Hündchen allein im Ha...*[34] An dieser Stelle bricht der Briefentwurf des Mieters abrupt ab. Es ist nicht der einzige. Vielleicht, weil er jetzt unweigerlich zur Darlegung dessen gelangt wäre, was das *Hündchen* und der Gast in jener *ersten Zeit* der glücklichsten Abwesenheit des Vermieters gemeinsam unternommen haben.

Das Hündchen ist eine ausgewachsene Bulldogge und heißt Leo. Leo liegt gewöhnlich vor seiner Hütte, am Eingang zum Garten rechts. Und da kann er auch nicht weg, denn eine Eisenkette hält ihn fest. Zehn Schritte nach vorn, nach links und rechts, das ist seine Welt.

Wahrscheinlich erblickte der neue Mieter Leo schon beim ersten Betreten des Hauses mit Freude und Erschrecken zugleich. Der Hund bleibt an der Kette? Könnte Richard Wagner doch den Architekten an die Kette legen! Wahrscheinlich dachte er es schon im ersten Augenblick. Aber das neu erbaute Haus direkt am Rhein gefiel ihm so. Und vielleicht kann er Leo erlösen? Es ist auch noch eine kleine *blonde* Hündin da, aber die hat es besser, keine Kette hält sie. Doch auch sie beachtet der Architekt kaum, lässt beiden nur täglich ihre Suppe bringen, eine *miserable Suppe*, sagt Richard Wagner.

Natürlich kann man einen Hund nicht allein erlösen. Bei seinem Herrn muss man anfangen. Und darum fühlt Herr Frickhöffer sich im eigenen Haus neuerdings akut belästigt, denn sein Mieter versucht mit unbeirrbarer Hartnäckigkeit, ihn an eine der letzten unter den Bedingungen fortgeschrittener Zivilisation noch verbliebenen allgemein akzeptierten Ketten zu legen: an die der Vernunft. Und an die des Mitgefühls, ja auch an die.

Nein, es handele sich eben nicht darum, ob Frickhöffers Hunde genug zu fressen haben. Nicht dass Richard Wagner über diesen Punkt gering denken würde, schließlich weiß auch er, wie es ist, wenn es anders ist. Gleichwohl beginne das wahre Menschsein und das wahre Tiersein erst jenseits der Ernährungsfrage, erfährt Herr Frickhöffer.

Wer seinen Hund in Ketten legt, liegt selbst in Ketten!

Wahrscheinlich formuliert der Architekten-Erzieher, der nebenbei noch seine »Meistersinger« komponieren muss, diesen Sachverhalt etwas rücksichtsvoller.

Und dennoch: Was will dieser Musikant von ihm?

Frickhöffer versteht es nicht.

Sein Hund ist ein Wachhund, ein Kettenhund, ein Kampfhund. Früher kämpften Bulldoggen gegen Bullen, wie bereits ihr Name verrät, dafür wurden sie gezüchtet, kühn und scharf. Kurze Schnauze, breiter Kiefer, zurückliegende Nase, damit der Hund sich besser in der Nase des Bullen verbeißen konnte. Als echter Bulldog galt nur, wer selbst im Tod nicht von seinem Opfer ließ. Unter Leos Vorfahren waren Hunde, die noch mit gebrochenen Läufen und aufgerissenen Bäuchen die Stiere angriffen. Statt auf Leben und Tod zu kämpfen, muss Leo nur noch das Haus des Architekten bewachen. Der Mieter könnte demnach unschwer erkennen, dass auch das Dasein einer Bulldogge vom zivilisatorischen Fortschritt des Menschengeschlechts nicht unberührt geblieben ist. Der Hund macht, streng genommen, gar nichts und hat trotzdem genug zu fressen. Welcher Mensch dürfte das von sich behaupten? Nur die wenigsten, wie der Musikant unschwer einsehen werde. Zudem: Wir alle tun unsere Pflicht, ob Leo als Hund oder er, Frickhöffer, als Architekt, aber davon weiß sein Mieter wohl nichts. Die Musik, nun ja. *Geehrtester Herr Baumeister!* Ja, enthält diese Anrede überhaupt den nötigen Respekt? Frickhöffer ist ein rechtschaffener Mann, und nichts macht ihn wie alle Rechtschaffenen reizbarer als der Zweifel an eben dieser Eigenschaft.

Wenn Richard Wagner ihm doch sagen könnte, wie sie gelebt haben in den ersten Wochen, seine Hunde und er, ganz allein im Haus. Wie Leo durch Frickhöffers Garten tobte und mit jedem Schritt neu geboren wurde. Wie er in seiner schönen Wohnung auf dem weichen Teppich lag und zum Einschlafen Musik hörte. Wie Leo bei Richard Wagner zum Feinschmecker wurde. Und *der kleine Blonde*! Jedes Mal sprang er vor Freude an ihm empor, wenn er von seinem Spaziergang zurückkehrte, und konnte sich gar nicht mehr fassen. Nie hatte der Baumeister eine solche Reaktion in dem kleinen Hund ausgelöst. Er hat seinen Herrn bereits verlassen, und doch, Richard Wagner kann sein Selbstgeschenk nicht annehmen: *'s war mir komisch ihn wie ein ausgeliehenes Anhänglichkeitsmöbel ansehen zu müssen.*[35]

Zwei *Anhänglichkeitsmöbel.*

Und seltsam, Ende Dezember, da war er noch in Paris, er kannte die beiden noch längst nicht, hatte er bereits an sie gedacht: *Ruhe, gut Auskommen, zwei Hunde, ach! und nun gar erst ein Pferd! ... Dieß wünsche ich mir denn vom ganzen Herzen zum Neujahr!*[36]

Natürlich war Leo anfangs viel zurückhaltender gewesen als die kleine Blonde, ja, wütend war er auf den Neuen gewesen, der sich in seinem Revier bewegte, als gehöre ihm das alles. Das Schlimmste aber war: Er hatte keine Angst. Und dass man vor ihm Angst hat, ist die einzige Rechtfertigung, die einzige große Befriedigung in Leos Dasein. Dieser Mann verweigerte ihm den elementaren Respekt. Dabei haben seine Vorfahren schon als Welpen in Stierblut gebadet! Zur Schärfung ihrer Instinkte. In seinen furchtbarsten Posen stand Leo vor dem Eindringling, bellte ihn in die Flucht. Aber der Fremde blieb und lachte ihn aus.

Irgendwann hatte Leo nicht mehr an seiner Kette gezerrt, sondern begonnen, ihm zuzuhören. Irgendwann hatte er sich verleiten lassen, dem ausgestreckten Arm zu folgen, und vergessen, dass er auf der Welt war, um Furcht und Schrecken zu verbreiten. So hatte noch kein Mensch zu ihm geredet. So hatte ihn noch keiner berührt.

Und Leo erfuhr von Peps und Fips. Ob er gespürt hat, dass dieser merkwürdige Mann zu ihm über Hunde sprach? Natürlich waren es keine richtigen Hunde, das war schon ihren höchst lächerlichen Namen zu entnehmen. Peps und Fips. So heißt niemand, vor dem man Respekt haben müsste. Außerdem sind sie schon tot. Aber der Mann muss sie geliebt haben, seine Stimme verrät es. Leo weiß nicht, wie die Liebe klingt, aber etwas in ihm beginnt es zu ahnen.

Richard Wagner wird Fips' ersten Todestag im Frühsommer nicht vergessen. Er wird nach Frankfurt fahren, um seinen »Tannhäuser« zu sehen. *Da mir aber das Weinen sehr nahe war, mußte ich befürchten, meine Musik nicht hören zu können, ohne auf auffällige Weise davon ergriffen zu werden … So reiste ich … ohne jemanden gesprochen zu haben, in mein Asyl zurück, … gerieth darauf in einen tiefen Schlaf, aus dem ich durch einen Traum erwachte, der endlich den verhaltenen Thränenstrom mir fließen machte. Übermorgen wird's ein Jahr, daß mein liebes Hündchen elend in Paris starb … Jetzt denke ich oft an das gute Thier, das ich nur mit unsäglicher Mühe in dem steinernen Paris unter die Erde bringen konnte. Heut' am Tage träumte ich von ihm.*[37]

Richard Wagner hat viel begraben in Paris. Zuerst seine größte Hoffnung, die auf den »Tristan«, gerade in dieser Stadt, dann beerdigte er in einem beispiellosen Theaterskandal seinen »Tannhäuser« an der Grand Opéra, gemeinsam mit Unsummen geborgten Geldes für dessen Aufführung. Nach Auskunft seines erfolgreicheren Kollegen Heinrich Marschner hätte der erste Akt durchaus Erfolg haben können, »wenn nicht ganz zum Schluss die Meute des jagenden Landgrafen die Stimmung verdorben hätte. Die verwünschten Köter … heulten alles zusammen.«[38] Zehn Hunde und drei Pferde standen auf der Bühne. Und der erste Akt war wichtig, schon weil alle drei Aufführungen nur unwesentlich über den Beginn des zweiten hinauskamen, bevor die Pfeifen und Rasseln einsetzten.

Zuletzt begrub Richard Wagner seine Ehe und seinen Hund.

Begraben?

Wo sollte er in dieser Stadt seinen Hund begraben? Die Pariser warfen ihre toten Haustiere mit dem übrigen Müll auf die Straße. Die *Unratabräumer* nehmen sie am nächsten Morgen mit. Undenkbar, dass er getan hätte, was alle taten.

Am 22. Juni 1861 war Minna mit Fips ausgegangen, als sie zurückkamen, atmete der Hund krampfhaft, bekam nur unter größten Schmerzen Luft. Minna hatte nichts bemerkt, auch schien er äußerlich unverletzt. War Fips von einem Wagen gestoßen worden, oder hatte er, wie Minna glaubte, unterwegs Gift gefressen? *Still zusammengekauert* lag er da, atmete immer kürzer und heftiger. *Gegen elf Uhr des Nachts schien er unter Minnas Bett eingeschlafen zu sein; als ich ihn hervorholte, war er jedoch tot.*[39] Wussten sie beide, was mit ihm gestorben war? Sie schwiegen. Richard Wagner war, als ob dieser jähe Tod *wie ein letzter Riß in ein längst unmöglich gewordenes Zusammenleben* träte. Sie hatten fast immer gestritten. Vielleicht waren sie jetzt zum letzten Mal im Leben einig: Niemals würden sie die kleine Hundeleiche den Müllmännern überlassen!

Er kannte einen Kaufmann in der Rue de la Tour, der besaß hinter seinem Haus einen kleinen Garten, und Richard Wagner erkor den Garten des Kaufmanns Stürmer zu Fips' Grabstelle. Sein Vorhaben wurde durch die Abwesenheit des Kaufmanns unterstützt, denn der hätte niemals zugestimmt, das wusste der Hinterbliebene. Am nächsten Morgen erschien er mit Fips' Leiche vor seiner Tür. Jetzt hatte er nur noch die Haushälterin zu überwältigen.

Nein! Die Frau schien mindestens so gut wie der Trauernde über die Wünsche des Abwesenden informiert, auch dort, wo sie das Ungewöhnliche streiften, und kaum weniger entschlossen. Sie kämpfte. Gegen jeden anderen Gegner hätte sie vielleicht gewonnen, gegen diesen nicht.

Wahrscheinlich hat Richard Wagner der unglücklichen Frau am Ende angekündigt, sie im Falle fortgesetzter Widersetzlichkeit gleich mit zu vergraben. Er kann sehr zornig werden, und dann kümmert es ihn gewöhnlich wenig, ob er zu diesem Zorn auch berechtigt ist. Mit der kleinen Hundeleiche im Arm drang er in den Garten vor, hob unter dem Gebüsch ein Loch aus, so tief, als wolle er Fips möglichst nah am Erdmittelpunkt beisetzen. Aber es war nur wegen des Kaufmanns. Er sollte keine Chance haben, den Körper wieder auszugraben und auf die Straße zu werfen. Wahrscheinlich verfolgte die Haushälterin voller Misstrauen die Totenandacht des musikalischen Skandalmachers. Alles, was dieser Mensch unternimmt, misslingt ihm, und ausgerechnet in ihrem Garten sollte er erfolgreich sein? Er deckte das Grab sorgfältig zu, versuchte, es unkenntlich zu machen. Stürmer sollte auch nicht herausfinden, wo er überhaupt graben muss.

Wahrscheinlich verließ der Bestatter das Haus nicht ohne einen Blick auf die Frau, der ihren Mund auf ewig verschloss.

Über seinem Schreibtisch hängen eine Fotografie des grünen Hügels, seines verlorenen Züricher Asyls, dazu drei römische Kupferstiche und das alte *Nibelungenblatt*, in einem Fenstererker erblicken Besucher seine venezianische Herberge, den Palazzo Giustiniani.

Endlich ist auch der Flügel, der »Erard«, angekommen. Er ist vielleicht schon jetzt das meistgereiste Klavier Europas, einmal über den Gotthard gezogen und wieder zurück. Dann Paris, jetzt der Rhein.

Richard Wagner lässt immer öfter die Fenster seiner zwei Zimmer zum Fluss hin offen. Der Garten ist voller neu beginnendem Leben. Nebenan im Schlosspark, hat man ihm gesagt, wohnen so viele Nachtigallen, dass er gewiss taub werde.

Das Jahr wächst. Wagner und Leo spüren es in allen Gliedern. Ersterer formuliert das so: *Der Kettenhund fing an, die kleine Hündin plötzlich interessant zu finden, und nun war des Jammerns und Heulens kein Ende.*[40] Und er muss arbeiten, im Noch-Winter kam er schlecht voran, eigentlich gar nicht, und nun, da es besser geht, rasselt Leo vor Liebeswahn an seiner Kette und jault ihm sämtliche Noten aus dem Kopf. Er versteht ihn. Er versteht ihn durchaus. Er hat aus dieser Not eine ganze Oper gemacht.

Was aber soll Leo tun?

Erlösung durch Liebe! Richard Wagner blickt die Bulldogge nachdenklich an. Er würde sich auch gern erlösen lassen, nur von wem? Entweder von Friederike Meyer, der jungen Schauspielerin, die er kürzlich in Frankfurt auf der Bühne sah, oder von dieser Mainzer Notarstochter, die er bei einer Schottschen Abendgesellschaft kennengelernt hatte. Sie wohnt mit ihrer Mutter, einer Schwester und zwei Tanten zusammen, ist der gute Geist des Hauses und inzwischen auch der seine, denn Richard Wagner besucht das Mainzer Frauenhaus inzwischen jede Woche, ja, er nennt es *ein städtisches Idyll.* Dass es so etwas gibt! Zwischen Minna und ihm war es nie idyllisch zugegangen.

Ich werde nächstens wohl wieder meine Frau heiraten, hatte er Anfang des Jahres noch überlegt, und es schwang beinahe Hoffnung darin. Dann war Minna plötzlich da, ohne Voranmeldung, *das Herz ging mir auf, und an meiner großen, gerührten Freude mußte sie leicht erkennen, wie es mit mir steht. Ich machte ihr Vorwürfe, nicht gleich mit ihrem Papagei für dauernd gekommen zu sein.*[41] Aber dann stritten sie eine Woche lang. Es kam vieles zusammen: verspätete Weihnachtsgeschenke von Mathilde Wesendonck, diesem »Mistweib« (Minna), die fast zeitgleich mit ihr eintrafen. Außerdem hatte ihr Mann eigenmächtig Pariser Umzugskisten geöffnet und sich herausgeholt, was er brauchte.

So geht das nicht!, klagte Minna mit dem Männer-machen-alles-kaputt-Blick der Hausfrau. Nein, diese letzten Tage mit Minna waren der reine Schrecken gewesen. *Liebster,* erfährt Peter Cornelius, *es steht nun fest, ich kann unmöglich mehr mit meiner Frau zusammenleben! Du glaubst nicht, was ich mit diesen wenigen Worten alles sage. Mir blutet das Herz: und doch erkenne ich, daß ich alle Herzensweichheit gewaltsam bekämpfen muss.*[42]

Also: Friederike oder Mathilde? Leo kann ihm da nicht weiterhelfen, auch ist dieser in seiner bedrängten Gemütsverfassung noch weniger Idylliker als sonst ohnehin. *Ich blicke nun nicht mehr in die Nacht, sondern aus der Nacht,*[43] hatte er der anderen Mathilde noch im Februar mitgeteilt. Nein, ganz so ist das jetzt auch wieder nicht. Dennoch, dem Hund ist leichter zu helfen. Und Richard Wagner fasst seine folgende, entschlossene Handlung in die Worte: *... und ich habe ... seinem Sehnen freien Lauf gelassen.*[44]

Frickhöffer wird Leo nicht wiedererkennen, wenn er zurückkommt! Liebe, das ist so, wie sich in die Nase eines Bullen zu verbeißen und nicht mehr loszulassen. Nur ganz anders.

Mag das Haus sich selbst bewachen.

Es wird schon nicht wegkommen.

Ein Teppich für Leo

Sein »Grundzug ist Gutmütigkeit, ein gewisses Phlegma, beides aber nur solange, als sich nichts ereignet oder ... begegnet, was ... schlummernde Leidenschaften auslöst. Es liegt hierin ein scheinbarer Widerspruch, man kann es aber nicht anders bezeichnen, als daß Phlegma und Leidenschaft unvermittelt nebeneinander ruhen.« In dem Ausbruch seiner Leidenschaft liege »eine ungeheure Beharrlichkeit«, und sein Wille zeige die gleiche Beschaffenheit. »Man hat oft dies Unvermittelte für Jähzorn gehalten, ich möchte es mehr als eine äußerst heftig einsetzende Willensbetätigung bezeichnen, wozu sich ein unentwegtes Festhalten an einem einmal gefaßten Entschluß gesellt.« Korrespondieren die europäischen Geheimdienste wieder über den politischen Flüchtling Richard Wagner? Aber der ist unlängst amnestiert worden, sonst säße er jetzt nicht am Rhein. Was sich beinahe wie ein Charakterbild des »Meistersinger«-Komponisten liest, ist in Wahrheit eine Leo-Studie, ein Bulldoggen-Bericht.[45] Ja, sie sind einander nicht unverwandt.

Leo lernt viel in diesem Frühjahr, aus dem nun ein Sommer wird. Anfangs versucht er noch, jeden Neuankömmling in die Flucht zu schlagen. Sein Wüten, Knurren und Bellen ist ebenso markerschütternd wie vergeblich. Wie viele Menschen plötzlich an seiner Hundehütte vorbeiziehen! Und sie versuchen, Späße zu machen, sagen ihm, was für ein braver Hund er doch sei. Das weiß er aber besser. Andererseits kann er nicht ahnen, wie er auf Menschen wirkt, die noch nie eine Bulldogge gesehen haben. Sollte dieser Hund nicht direkt aus der Hölle emporgefahren sein? Vielleicht lässt sich die Bestie beruhigen. Vor allem aber: keine Angst zeigen! Und so versuchen sie, ihm ein paar besonders wohlwollende, launige Worte zu sagen. Da sind ein schmaler, etwas blutarm wirkender, verkrümmter junger Mann – er leidet an der Galle oder an der Leber oder beidem auf einmal – sowie seine noch jüngere Frau, von manchen auch der »Storch« genannt. Wenn sie sich krümmt, dann lediglich, um von ihrer bedenklichen Größe ein paar Zentimeter abzuziehen. Da sind weiterhin ein Herr, der seinen Leib mit dem größten Behagen bewohnt, was sich dessen äußeren Formen so sehr mitgeteilt hat, dass man zweimal hinschauen muss, um seine Jugend zu bemerken; die Dame an seiner Seite ist erheblich älter, aber dafür schön. Es sind Hans und Cosima von Bülow, Ludwig Schnorr von Carolsfeld sowie seine Frau Malvina. Und das sind längst noch nicht alle Gäste dieses Sommers. Leo nimmt die Parade der musikalischen Avantgarde des Erdteils ab.

Und plötzlich ist noch einer da, einer, mit dem Wagner nie gerechnet hätte: Röckel, sein Mit- und Hauptrevolutionär! Begnadigt, nach dreizehn Jahren, gegen dessen ausdrücklichen Willen. Nur mit Gewalt sei er in das Zuchthaus hineingekommen, hatte Röckel erklärt, nur mit Gewalt bringe man ihn wieder heraus. Vielleicht ist Wagners einstiger Dresdner Musikdirektor der erste Häftling, den man förmlich vor die Tür setzen musste. Dort überdachte er seine Lage und fuhr direkt zu seinem vormaligen Kapellmeister an den Rhein. Wagner, der ewige politische Flüchtling, darf nun sogar wieder nach Sachsen einreisen.

Die Revolutionäre sind frei!

Und die Kettenhunde auch!

Was für ein Sommer!

Nur der *mürrische* Architekt wird immer mürrischer. Und Schott auf der anderen Rheinseite. Da hält er diesen Menschen schon fast ein halbes Jahr am Leben, damit er diese Oper komponieren kann, und was macht der? Schaut auf den Fluss, streitet mit seinem Hauswirt über artgerechte Tierhaltung, lässt sich bis zur Taubheit von Nachtigallen umlärmen und empfängt Besuch. Und malen lässt er sich auch. Noch hat er nichts geliefert, was Schott über seine Investition beruhigen könnte. Der Porträtmaler – Otto Wesendonck hat ihn geschickt – verstünde gewiss seine Unruhe. Ein solcher Fall sei ihm in seiner ganzen Praxis noch nicht vorgekommen, klagt der Mann mit der Palette: »Herr Wagner macht ja jeden Tag ein anderes Gesicht.«[46]

Es ist nicht so, dass Richard Wagner seinen Verleger vergessen hätte, im Gegenteil. Er muss mit wachsender Heftigkeit an ihn denken, jedes Mal, wenn er in sein Portemonnaie schaut. Er kann bis auf den Grund durchgucken. Es findet sich kaum ein besserer, ein großzügigerer Gastgeber als Richard Wagner. Er wird in dieser Eigenschaft nur durch seine Einkommenslage behindert, aber nein, das ist kaum das richtige Wort. Andere ließen sich von derartigen Äußerlichkeiten beeinträchtigen, er nicht. Er wird nur verstimmt.

Diese dauernde Not, überlegt er, raube ihm doch *die Hälfte* seiner *Menschenwürde*. Er beschließt, mit der verbliebenen Hälfte auszukommen, und konfrontiert Schott mit seiner Bedürftigkeit.

Das Ergebnis erfährt Otto Wesendonck in der letzten Juliwoche: *Lieber Freund! Nach einer sehr niederschlagenden Konferenz mit meinem Verleger, dem ich leider noch nicht viel Vollendetes von meiner Arbeit übergegeben konnte, und der deshalb mit allerhand Ausflüchten mir entgegnete, bleibt mir nichts weiter übrig, als mich noch einmal nach Ihnen umzusehen … Sie begreifen, daß nur die äußerste Bedrängnis mich zu der Unzartheit bewegen kann, Sie nochmals um Hilfe anzugehen.*[47]

Ja, er weiß, er müsste weiterarbeiten. Aber wie denn, wenn seine Gäste immerzu Musik machen? Statt der »Meistersinger« hören Leo und die kleine blonde Hündin nun den halben Juli hindurch den »Tristan«. Ihr Urteil ist nicht überliefert. Ludwig und Malvina Schnorr von Carolsfeld proben ihre Partien, Hans von Bülow begleitet sie am Klavier. Wahrscheinlich findet Herr Frickhöffer sein Misstrauen gegen den Mieter und dessen Ansichten vollauf bestätigt. Er hat gleich gefühlt, dass mit dem etwas nicht stimmt. Sollte man ihn nicht bei der Sittenpolizei melden?

Und dann ist Badetag.

Das ganze Haus des Baumeisters lebt auf, sobald dieser beschließt, es mit seiner Gegenwart zu verschonen. »Die Proletarier dieser Welt haben nichts zu verlieren als ihre Ketten, sie haben eine Welt zu gewinnen«, vermuteten die Autoren des »Kommunistischen Manifests«. Doch das Proletariat ist noch nicht so weit, und vielleicht wird es nie im Kommunismus ankommen, aber Leo, der Bulldogge, geht eine neue Welt nach der anderen auf. Die Welt der Liebe kennt er schon, die »Tristan«-Welt inbegriffen. Nun, beschließt Richard Wagner, ist es Zeit für die Welt des Wassers. Der Rhein fließt vor seinen Füßen, und Leo war noch nie baden? Leo wird die Rheintochter in sich entdecken, da ist er ganz sicher. Alles Leben kommt aus dem Wasser!

Noch nie hat sich ein Mensch die Mühe gemacht, Leo zu waschen. Lauter Kleinstlebewesen haben ihn zu ihrem Lebensraum erklärt. Leo ist ein wandelndes Biotop. Richard Wagner unterrichtet das Dienstmädchen, dass Leos Wasch- und Badetag angebrochen sei. Leo erfährt das wohl auch. Aber was genau heißt das? Und was, wenn er das neue Element nicht mag?

Wahrscheinlich antwortet der Bademeister, dass man das schon sehen werde. Dem Zeugnis Wendelin Weißheimers zufolge beginnt nun eine Art Tauziehen in Frickhöffers Garten. Wagner am einen Ende der Hundekette Richtung Fluss, Leo an der anderen in Richtung Haus. Wenn Richard Wagner recht hat und er, Leo, wirklich ein freier Hund ist, so muss er nicht, was er soll. Muss er doch, sagt die Kette. Erst ein badender Hund ist ein wirklich freier Hund! Und vor allem: ein sauberer Hund.

Das Dienstmädchen soll anfangen, aber es hat Angst. Leo hat auch Angst. Nein, so geht das nicht, so nicht. Wie dieses furchtbare, faltige, grimmige Hundeschnauzengesicht sich nach ihr umdreht! Der Bademeister fasst den Hund beherzt beim Kopf und hält ihn fest.

Ganz ruhig, Leo, ganz ruhig!

Aber da ist keine Ruhe, Leo spürt etwas anderes. Hände überall an seinem Körper, Hände an seinem Kopf. Und keine davon streichelt. Es sind geliebte Hände, mag sein, aber warum dann dieser Druck, dieses Festhalten? Was soll er tun, dem Rat seiner Gene folgen? Riecht er gar Stierblut, sieht er seine Vorfahren, in Bullennasen verbissen? Sein Blut rast, sein Hirn auch. Und dann nichts mehr. Kein Zureden, nichts.

Die Hände fallen von ihm ab.

Er ist wieder frei.

Auch ich muß zum Bleistift greifen. Leo hat mich in die rechte Hand gebissen, ich kann kaum schreiben … Morgen am Tage komme ich. Mündlich dann mehr, als ich armer Gebissener schriftlich sa-

gen kann. Der entsetzliche Onkel.[48] Die Nachricht an Mathilde Maier ist vom 29. Juli.

Eine Woche später berichtet Hans von Bülow: »Wagners Daumen scheint seine Heilung auf längere Zeit vertagen zu wollen. Der Mainzer Arzt … hat Blutegel verordnet und graue Salbe. Nun wird eine Entzündung abzuwarten sein, die vielleicht erst in acht Tagen eintritt. 's ist eine abscheuliche Geschichte. Wagner ist zu völliger Untätigkeit verdammt, und das ist für ihn wie für seine anwesenden Freunde sehr bedenklich.«[49]

Die Zeitungen melden, dass Richard Wagner nun schon die Hunde beißen. Bedenklicher als einer, der nicht arbeitet, ist nur jemand, der gar nicht arbeiten kann, selbst wenn er könnte, überlegt der kluge Investor am anderen Rheinufer und stellt seine Vorschusszahlungen ein.

Und Frickhöffer? Würde er den versehrten Tierfreund nicht lieber heute als morgen vor die Tür setzen? Ob auch Leo zuhört, als Wagner seinen tief gerührten Gästen »Wotans Abschied« vorsingt?

Der Abschied, jetzt schon?

Am 1. September muss Richard Wagner seine Miete zahlen.

Die Lage ist verzweifelt. Wahrscheinlich sitzt er nun oft vor Leos Hütte und erklärt ihm, was es heißt, sich in die eigene Pfote zu beißen. Er kann ihm nicht böse sein, obwohl er manchmal meint, nur noch aus seinem Daumen zu bestehen, so schmerzhaft ist die Entzündung. Ende August wollte er in Frankfurt den »Lohengrin« dirigieren, mit Schnorr in der Titelrolle. Und nun?

Wenn er die Miete nicht aufbringen kann, werden sie getrennt sein. Dann wird Leo nicht mehr neben seinem Flügel auf dem Teppich liegen können, der Gourmet-Hund wird wieder Frickhöffers *miserable Suppe* fressen müssen, sein eben erst begonnenes Liebesleben wäre schon wieder vorbei. Nein, so darf das nicht enden.

Richard Wagner hatte Otto Wesendonck um die Zusendung der fünf Lieder gebeten, die er auf die Gedichte seiner Frau komponiert hatte. Es war eine Vereinigung in Wort und Ton in Ermangelung anderer Vereinigungsmöglichkeiten; die Welt wird sie einmal als die »Wesendonck-Lieder« kennen, Sigmund Freud wird aus solchen und ähnlichen Vorkommnissen seine Theorie der Sublimierung entwickeln, doch jetzt geht es um etwas anderes. Die Not weiß nichts von Sublimierung. Die Lieder gehören zwar Mathilde, aber darauf kann er jetzt keine Rücksicht nehmen. Er muss Schott etwas in die Hand geben. Der Verleger schließt die fünf Lieder wohlgemut in seinen Schrank.

Er zahlt trotzdem nichts.

Am 1. September 1862 empfängt der Zeuge des Badeunfalls Wendelin Weißheimer ein Telegramm aus Bad Kissingen, unterzeichnet von einem gewissen *Wehwalt*. Der Name enthält bereits die ganze Botschaft. Bis nach Bad Kissingen ist Wagner seinem Verleger hinterhergereist. Vergeblich. Der Kurgast ließ *Wehwalt* nicht einmal vor.

Jetzt kann nur noch Weißheimer helfen, jetzt muss Weißheimer helfen! Der junge Musiker ist Inhaber einer Bankvollmacht seines Vaters; die Stunde ist gekommen, sie zu nutzen. Zurück am Rhein hält Wagner Wacht an der Brücke, wo die Boote nach Biebrich ablegen. Es ist immer noch der 1. September, Zahltag, aber nicht mehr lange. Wagner wartet, dann endlich sieht er den Bankbevollmächtigten auf sich zukommen: »Als ich ihm die Summe einhändigte, fiel er mir weinend um den Hals«,[50] erinnert sich Weißheimer.

Mitte September kann er noch immer nicht wieder schreiben, höchstens kurze Nachrichten mit Bleistift. Es überrascht ihn selbst, wie unentbehrlich so ein Daumen ist. Aber er dirigiert den »Lohengrin« nun doch in Frankfurt, zum ersten Mal, auch wenn nicht Schnorr ihn singt, sondern der Tenor Kaminski. Wagner mag ihn nicht, er nennt Kaminski nur den »polnischen General«. Der Leo-Versehrte dirigiert vor allem mit den Augen, er nimmt das Vorspiel ganz langsam, und auch der polnische General wächst über sich hinaus. Das Finale, das Wagner zu Beginn der Proben *wie zugenäht* vorkam, trennt er wieder auf. Es wird ein Triumph, trotz eines bedenklichen Zwischenfalls. Die E-Dur-Trompeten und die Es-Dur-Trompeten setzen statt nacheinander gleichzeitig ein, himmlische und irdische Liebe im selben Augenblick. Es ist unmöglich. Ob Peps, der Tonartensachverständige es auch so empfunden hätte?

Die Frankfurter Intendanz weist dem Dirigenten ein nicht unerhebliches Honorar an, doch Wagner, berichtet Weißheimer, lehnt ab. Es anzunehmen würde ihn beschämen. – Es klingt kaum glaubhaft, und doch. Selbst wenn Wendelin Weißheimers Bericht erfunden wäre, die Reaktion passte zu Wagner: Die Freiheit des Unfreien spricht sich in ihr aus, die Unabhängigkeit des Abhängigen, die Souveränität des Unsouveränen. Und er braucht diese Freiheit, diese

Unabhängigkeit, diese Souveränität, schon um die verbliebene Hälfte seiner Menschenwürde zu bewahren.

Dafür bekommt Otto Wesendonck noch im September neue Post vom Rhein: *Bester! Einziger! Heute spreche ich zu Ihnen als Räuberhauptmann ... Machen Sie sofort mir noch – Gulden möglich, so rette ich die Meistersinger, an die ich mich wie mit dem Krampf der Verzweiflung anklammere.*[51] Der so offen zu Otto Wesendoncks Brieftasche redet, denkt jetzt manchmal über eine *Kollektivanleihe* aller seiner Freunde nach. Er verspricht, bis zum 22. Mai 1863, bis zu seinem fünfzigsten Geburtstag fertigzuwerden. Kurz darauf teilt er Schott mit, nun wirklich in der Lage eines Ertrinkenden zu sein. Schott lässt ihn wissen, über so große Rettungsringe, wie hier nötig wären, nicht zu verfügen.

Ende Oktober nimmt er Abschied von Leo und der blonden Hündin, für eine kurze Reise. Weißheimer veranstaltet in Leipzig, in Wagners Heimatstadt, die er nun wieder betreten darf, ein Konzert zu Wagners und seinen eigenen Ehren, oder nein: zu seinen eigenen wie Wagners Ehren. Umrahmt vom »Meistersinger«-Vorspiel und der »Tannhäuser«-Ouvertüre erklingt Weißheimers fünfsätzige Ritter-von-Toggenburg-Symphonie. Leider hört fast niemand zu. Die Leipziger sind von ihrem Gewandhauskapellmeister Mendelssohn musikalisch sehr streng erzogen worden, es schien ihnen wohl sicherer, zu Hause zu bleiben. Wagner will weiter nach Wien, wo die schon einmal abgebrochenen »Tristan«-Proben wieder beginnen sollen. Der Tenor Ander sei wieder zu Stimme gekommen.

Wird ihn der »Tristan« diesmal retten?

Aber zuerst fährt er noch einmal nach Biebrich. Er muss Leo einen warmen Teppich bringen. Es ist bald Ende November, die Kälte wird zu dem Unglücksraben in die Hundehütte kriechen.

Der *mürrische* Baumeister neigt inzwischen »zu immer größerer Erbitterung«[52] und der Anblick eines Teppichs in der Hundehütte trägt kaum zu seiner Besänftigung bei.

Frickhöffer erklärt seinem Mieter die Kündigung.

ZWEI ALTE JAGDHUNDE AUF DER FLUCHT

Weißer Pudel im Schinderkarren

Schau mit der Zeit doch einmal bei dem Leo nach. Ich habe zwar der Lieschen Sorge aufgetragen, ich fürchte aber, er hat noch immer kein Stroh. Wie man nur diesem ekelhaften Frickhöffer beikommen könnte![1] Das ist seine Jahresendsorge in Wien. Mathilde Maier ist die Leo-Beauftragte. Er nimmt das alte Gasthofleben wieder auf, allerdings auf höchstem Niveau, denn er wohnt in der »Kaiserin Elisabeth«. Dort erinnert man sich lebhaft an den Gast und trägt ihn *auf Händen*. Nicht jeder gekündigte Mieter kann das von sich sagen.

Im März spätestens müssen nach ihm selbst auch seine Möbel raus, hat Frickhöffer gesagt. Der Baumeister plane, diese Zimmer persönlich zu beziehen, aus gesundheitlichen Gründen. Es sei denn, Richard Wagner finde jemand, der das ganze Grundstück samt Haus kauft.

Neben der Leo- und der Möbelsorge hat Richard Wagner in Wien auch noch zwei andere. Er bereitet ein großes Konzert vor mit Stücken aus seinen ungespielten Opern. Die muss er neu arrangieren, kopieren lassen und die Musiker an die Fremdartigen gewöhnen. Hinter dem Orchester lässt er eine Schallwand errichten, damit alles so klingt, wie sein inneres Ohr es längst hört ... *alles, was ich thue, ist nun einmal so schwierig, als ob es zum ersten Mal auf der Welt geschähe.*[2] Das Konzert soll die Wiener auf ihn und den »Tristan« vorbereiten und helfen, die Frage zu klären: Wo kommen meine Möbel hin, wenn es März wird? *Mein eigentliches Leben ist doch vollständig elend: blicke ich gar in die Zukunft, so ziehe ich nur schnell den Vorhang zu.*[3] Richard Wagner ist entschlossen, Geld zu verdienen.

Nebenbei muss er die »Tristan«-Proben beaufsichtigen. Die stimmliche und mentale Eignung des »Tristan«-Tenors fasst ein Sachverständiger dahingehend zusammen, dass die Partie für seine Stimme entschieden zu tief, für seinen musikalischen Horizont aber zu hoch sei. Der Urheber des Werks sieht das ebenso: *So ein abgesungener, ganz und gar unfähig gewordener Invalid, wie dieser Ander, mein Tristan? Unmöglich!*[4]

Darum hat er auch schon Schnorr in Bereitschaft versetzt: *1000 fl. muß ich ihm von meinem Honorar selbst zahlen, und zwar ohne daß er, noch daß die oberste Theaterbehörde davon weiß.*[5] Und dann hat er wahrscheinlich zwei Tristane auf einmal. Aber Richard Wagner hat keine Wahl. Er muss mit seinen Konzerten Geld verdienen, viel Geld. Wenn alles schiefgeht, sieht er sich schon im Februar nach Petersburg reisen. Die Russen haben ihn dringend eingeladen. Im Februar? Nach Russland? Aber nicht mit ihm. Nein, er will nicht. Hat er nicht Wesendonck versprochen, bis zum 22. Mai die »Meistersinger« fertig zu machen, also gewissermaßen übermorgen?

Er will nicht nach Russland.
Er kann auch nicht.
Und er wird nicht.

Mitte Mai steht der Russlandheimkehrer Richard Wagner in dem schönen großen Garten seiner soeben gemieteten Villen-Etage in Penzing am Schönbrunner Schlossgarten, Wienstraße 221. Er hat ein Speisezimmer, einen Arbeitssalon, ein Arbeitszimmer, ein Teezimmer, eine Schlafstube, eine Garderobe, die so groß ist wie das Arbeitszimmer, einen Musiksalon und einen Empfangsraum, der den anderen Räumlichkeiten an Größe kaum nachsteht. Er nennt das alles: *Ein letzter Herd, eine letzte Zuflucht: – Ein letzter Versuch.*[6]

Daß ich nach all diesen Strapazen nicht an einen stillen Herd zu meiner Arbeit zurückkehren kann, erfüllt mich mit Bitterkeit.[7] Das hatte er noch in Sankt Petersburg notiert. Und gleich wird er fünfzig. Er kann seinen fünfzigsten Geburtstag nicht als Frickhöffers hinausgeworfener Mieter mit hinausgeworfenen Möbeln begehen. Dieser Tag darf ihn nicht als Unbehausten finden.

Es ist sein erster Morgen im neuen Haus. Er ist noch nicht angekleidet, er ist im Schlafrock in den Garten gegangen. Es ist einer von der Art, die die Mainzer Freundin Mathilde Maier in vorsichtig tadelnder Absicht die »Thronfolger-Schlafröcke« nennt. Er hat ihr angedeutet, wie sie aussehen. Er atmet den Mai, er versucht sich zu sagen, dass er nun eine Heimat habe. Auch wenn er drinnen von allen Räumen erst das Schlafzimmer bewohnen kann. Auch wenn Mathilde nicht zu ihm kommen will.

Nicht, solange er sich nicht von Minna scheiden lässt, und das kann er nicht. An Mathilde Maier: *Gott weiß, wie weit es mit eurer bürgerlichen Bigotterie geht: – aber, wenn Deine ganze Familie mit allen Tanten übersiedelte? – Ja! Ja! es gilt noch einen russischen Feldzug, und ich biete Euch die ebenso schöne Parterrewohnung meines Hauses an.*

Ihr führt mir die Wirthschaft. Was dann? Was sagen dann die Basen? – Ach! geh!! Ihr seid zu erbärmlich – Ihr da! Zu erbärmlich! Etwas *muß doch gewagt werden, wenn man mit dem Wagner zu tun hat.*

Mit welcher Selbstverständlichkeit er *mein Haus* sagt. Und *mein Garten*. Wie lange hatte er sich einen Garten mit so großen alten Bäumen gewünscht! Aber das ist nicht sein Garten. Das ist der Garten des Hundes des alten Barons Rachovin, der unter ihm wohnt. Es ist Pohls Garten. Pohl wird ihn beobachten: Wie absonderlich der Eindringling gekleidet ist!

Es ist der erste Tag, dass der alte Jagdhund nicht in seinen Garten kann. Und der Mann im Schlafrock merkt nichts, sieht nichts, weiß nichts, hört nichts. Oder doch, er hört ein lautes Hundeheulen, ein Jaulen und Bellen. Aber es kommt nicht von dem Heimatvertriebenen.

Das Bellen, Heulen und Jaulen bleibt, es hört nicht auf: *ich laufe an das verschlossene Gitter, und sehe wie soeben, mit großem Ungeschick und unter abscheulichen Quälereien, der Schinder einen hübschen weißen Pudel, welcher keinen Maulkorb trug, wegfängt und endlich in seinen verschlossenen Karren wirft. Die Nachbarn standen stumm dabei.*[8] Und er? Steht ebenso stumm hinter seinem Gartenzaun. Er möchte rufen, er möchte schreien, möchte den Schinder in die Flucht schlagen. *Gott weiß, wie weit es mit eurer bürgerlichen Bigotterie geht,* will er seinen neuen Nachbarn zurufen. Aber er kann nicht.

Er muss ganz still sein, will er die Aufmerksamkeit nicht auf sich und seine Schlafzimmerkostümierung lenken: Ah, der neue Mieter des Barons! Nein, er muss seiner Natur Gewalt antun. Er darf nicht rufen. Er muss zusehen, wie der Schinder mit dem weißen Pudel davonfährt. Nur weil der ohne Maulkorb auf der Straße war. Der Pudelhalter hat jetzt nur noch eine Chance: Er muss seinen Hund beim Schinder auslösen. Solche Kopfgelder zu kassieren ist eine nicht unwesentliche Einkunftsquelle dieses Berufsstandes.

Es ist sein erster Morgen im neuen Haus. Er wäre nicht Richard Wagner, würde er nicht umgehend Pläne zur Pudelrettung entwerfen.

Sein Diener, auch vom alten Baron entliehen, muss die näheren Familienverhältnisse des Hundes auskundschaften. Der Unglückliche, erfährt der inzwischen vollständiger Bekleidete, gehört einem verreisten Kaufmann, dessen Frau sich nicht entschließen konnte, dem Schinder beherzt entgegenzutreten. Gegen Abend erscheint Franz Mrazeck mit der ergänzenden Nachricht, *der Hund würde von seinem Herrn nicht ausgelöst werden, weil ihm die Strafe zu viel sei.* Der neue Nachbar zögert keinen Lidschlag lang: *Augenblicklich gab ich den Auftrag, den Hund für mich auszulösen. Ich sah mich schon mit meinem geretteten weißen Pudel.*[9]

Aber wie würde es aussehen, wenn er plötzlich den Hund seines mehr oder weniger entfernten Nachbarn an der Leine führt? Richard Wagner kommt gar nicht erst darauf, sich diese Frage zu stellen, und selbst wenn: Er würde sie verachten. Die Kunde, dass der Pudel einen neuen Herrn bekomme, gleich nebenan, verbreitet sich in der Nachbarschaft mit der solchen Nachrichten eigentümlichen Geschwindigkeit. Auch der Kaufmann weiß bald, dass sein Hund gleich zurückkehren wird, nur nicht zu ihm. Ihm bleibt keine andere Wahl, als das Tier doch auszulösen, schon um seines Ansehens willen.

Hat Pohl alles beobachtet? Der da in seinem Garten umhergeht, als ob es nichts Selbstverständlicheres gäbe, gehört zu den Wenigen, die Hunde anders anblicken als die meisten Menschen. So als wären sie miteinander verwandt. Als würde der zu Observierende eher zu ihnen gehören als zu seinesgleichen. Und fühlt er es nicht genauso? *Welche Sprache habe ich täglich fast mit jedem Menschen zu reden!! … Man möchte sich immer Ohr und Maul zuhalten! –*[10]

Eine Gemeinsamkeit haben sie schon: Sie lieben beide denselben Garten. Nur finden sie wohl vorerst keine Gelegenheit, sich zu begegnen.

Der 22. Mai. Richard Wagner wird fünfzig. *Kind, ich war mutterseelenallein an meinem halbhundertsten Geburtstage … So hätte ich mir denn nur zu meiner Stille um mich herum zu gratulieren gehabt, wenn diese nicht durch Handwerker in meiner Wohnung gestört worden wäre.*[11] Am Abend besucht ihn Kaiserin Elisabeths Leibarzt, geht aber bald wieder. Ihm ist es recht. Aus der Wohnung unter ihm dringt kein Laut.

Rachovin ist eine ganz andere Art Vermieter als Frickhöffer. Er liebt die Musik, er liebt Wagner. Aber sollte dieser das, was Tag für Tag aus dem Parterre tönt, Grabesruhe nennen? Von Pohl, der auch dort wohnt, scheint er noch immer nichts wissen. Verursacht der alte Jagdhund so viel Geräusche wie sein Herr? Drei Tage später holt Richard Wagner seine Mainzer Geburtstagsgeschenke vom Wiener Zollamt ab, darunter ist ein Hund als Tintenlöschpapierhalter, von Mathilde Maier selbst modelliert. Wagner nennt ihn *den Pinscher.*

Der Diebstahl

Dass es eine seltsame Bewandtnis haben muss mit dem neuen Hausgast, merkt Pohl spätestens Anfang Juni. Abends um zehn Uhr ziehen laut singende Männer, Fackeln tragend, über die Hietzinger Kettenbrücke. Ihr Gesang wird immer lauter, und erst direkt vor dem stillen Palais des Barons bleibt die Musik zusammen mit den Männern und den Fackeln stehen. Der alte Jagdhund hört zum ersten Mal in seinem Leben Chöre aus dem »Fliegenden Holländer« und dem »Tannhäuser«. Richard Wagner sieht zur selben Zeit über den hohen Bäumen von Schönbrunn den Vollmond aufgehen und hält den Vollmond für viel wirklicher als seine Musik, dargebracht vom Kaufmännischen und dem Hietzinger Männergesangsverein.

Bald nach diesem Tag – es ist der 3. Juni 1863 – müssen sie sich ganz nahegekommen sein, Pohl, der aus seinem Garten Verbannte, und Richard Wagner, der aus seinem eigenen Leben Verbannte. Er weiß genau, wo er es zurückgelassen hat. Nicht bei Mathilde Maier in Mainz, bei der anderen Mathilde in Zürich. Aber der darf er das nicht mehr sagen, sie bekommt ein Kind nach dem anderen von ihrem Mann. Also schreibt er ihrer Freundin, am zweiten Tag nach dem Fackelzug.

Er weiß, die Nachricht wird die eigentliche Empfängerin erreichen: *Teure verehrte Freundin! Ich will dieser Tage endlich einmal wieder Wesendonks schreiben. Allein, – ich kann nur* IHM *schreiben. Ich liebe die Frau zu sehr, mein Herz ist so überweich und voll, wenn ich ihrer gedenke, daß ich unmöglich an sie in der Form mich wenden kann, die nun zwingender als je mir gegen sie auferlegt sein müßte. Wie mir's um das Herz ist, kann ich ihr aber nicht schreiben, ohne Verrat an ihrem Manne zu begehen, den ich innig schätze und für wert halte. Was ist da zu tun? Ganz in meinem Herzen verheimlicht kann ich's auch nicht halten:* ein *Mensch wenigstens muß wissen, wie es mit mir steht. Drum sag ich's Ihnen: sie ist und bleibt meine erste und einzige Liebe! Das fühl ich nun immer bestimmter: die bangen, schön beklommenen Jahre, die ich in dem wachsenden Zauber ihrer Nähe, ihrer Neigung verlebte, enthalten alle Süße meines Lebens.*[12] Wenn Eliza Wille das weiß, wird es auch Mathilde erfahren. Wahrscheinlich weiß es auch Pohl. Aber was soll er hier begreifen?

Vielleicht etwas wie: Dies hier ist mein Garten, darin geht ein Fremder, nun gehört mir der Garten nicht mehr, aber niemals war er schöner als jetzt, nie vollkommener als mit ihm darin. Oder: Ich habe einen Herrn, den alten Baron. Er war immer gut zu mir. Ich bin ein treuer Hund. Warum bin ich dann viel lieber bei dem anderen als bei meinem Baron? Und warum fühle ich mich nicht einmal schuldig dabei?

Pohl ist keiner materiellen Verlockung gefolgt. Auch Richard Wagner wird es betonen. Nichts Unlauteres, nichts Absichtsvolles lag in der Art ihrer Annäherung: *Gott weiß, ohne daß ich ihn anlockte, hängt dieser Hund bereits so an mir, daß ich ihn gar nicht mehr los werde und ich nun Unannehmlichkeiten mit seinem Herrn fürchten muß.*[13] Nein, nicht schon wieder Ärger mit dem Vermieter wegen eines Hundes, der ihm nicht gehört. Obwohl der Baron mit Frickhöffer wirklich nichts gemein hat. Einen *noblen* Kavalier nennt er ihn und schätzt ihn, auch um des Eigensinns willen, *seinen alten Hund um keinen Preis* zu verkaufen. Richard Wagner überdenkt seine Lage.

Sie steht ihm in ihrer ganzen, nicht zu beschönigenden Fatalität deutlich vor Augen: *So habe ich denn wieder einen neuen eigentlich civilrechtlich unerlaubten Herzensbesitz gewonnen. Das Civilrecht steht mir einmal überall im Wege: Schade daß ich dies bürgerliche Ehren- und Schandenwesen so garnicht respectiren kann. Ich weiß aber auch, daß die ganzen bürgerlichen Rücksichten, über die oft mit so salbungsvoll heiliger Miene gesprochen wird, doch eben nur für den vorhanden sind, der ein rechtes Gefühl vom rein Menschlichen gar nicht hat und kennt … Ich respectire diese ganze Welt in so weit, als ich ihr sage: drei Schritt vom Leibe.*[14]

Für Pohl gilt das nicht.

Andere Garten- und Parkordnungen besagen, dass Hunde an der Leine zu führen oder ganz verboten sind. In seinen Garten hat jeder Hund der Umgebung freien Eintritt, für andere Menschen bleibt er geschlossen.

Tagsüber kann Richard Wagner keinen Schritt mehr tun ohne Pohl. Doch nachts schläft der Hund wie immer beim Baron, schon weil er das immer getan hat und weil der Baron sich nachts fürchtet allein. Und vor allem: weil er ihm gehört. Eigentlich möchte Richard Wagner keinen Leih- oder Miethund. Er möchte einen eigenen, und vor allem: einen jungen Hund. Keinen alten Jagdhund wie er selber einer ist. Das ist nicht so sehr ein gerontologischer Vorbehalt, es ist mehr Angst vor Verlust. Er blickt auf den unverkäuflichen Pohl, in seine schönen, *ernsten* Augen, die er schon jetzt liebt.

Man sieht ihm sein Alter noch nicht an, er ist *braun und stark*. Und doch: Wenn er sein Hund wäre, wie bald müsste er ihn begraben. Es ist schon gut, dass Pohl dem Baron gehört. Und er wird sich einen jungen Hund kaufen, aber er hat Angst vor der Willkür, die darin liegt. Jemanden mit Gewalt an sich binden, und sei es einen Hund? Er zögert. Bezahlt er nicht jede Bindung mit neuem Leid?

Ja, es ist ruhig in seiner neuen Wohnung. Was darin unruhig ist, ist er.

Und dann, eines Julimorgens, lehnt eine Leiter an der Villa. Von außen. Ist das Fenster noch offen? Richard Wagner bemerkt die Spuren fremder Hände sofort. Er zählt seine Thronfolger-Schlafröcke. Sie sind vollzählig. Er inspiziert seine russischen Schätze. Es sind nicht mehr viele. Den Diamantring, den ihm der Zarewitsch schenkte, hat er schon verkauft. Aber die goldene Dose, die er vom Moskauer Orchester bekam – sie fehlt. Die goldene Dose hat er noch nicht verkauft. Die Polizei kommt, sie nimmt den Einbruch zu Protokoll. Wagner braucht seine Aussage nur noch zu beschwören, und zwar auf's Kruzifix, sonst zähle der Schwur nicht, sagt die Polizei. Wagner versichert, kein solches unter seinem *Hausgeräthe* zu haben. Der Diener leiht ihm sein Kruzifix. Der alte Baron erklärt nun sinngemäß, dass es mit einem Kruzifix allein nicht getan sei. Was seinem Mieter fehle, sei ein Hund. Einer, der so wachsam sei wie sein Pohl. Wo Pohl ist, kommen keine goldenen Dosen weg. Dabei blickte er wohl nachdenklich auf seinen Hund. Der Hund blickt nachdenklich auf seinen Baron.

Und dann erklärt der alte Mann, der Pohl niemals verkaufen würde, dass er Richard Wagner seinen Hund zur Nachtwache überlassen wolle. Vielleicht denkt er auch: ob die Diebe mich besuchen, macht in der Bilanz meiner Tage keinen Unterschied mehr. Aber bald werde ich einen Hund hinterlassen, der dann allein auf der Welt ist, einen Hund, der doch schon einen neuen Herrn gefunden hat, wenn auch nicht in Übereinstimmung mit dem Zivilrecht. So wie der Baron schenken nur die Vornehmen.

Jetzt wird der Gefährte seiner Tage auch der Gefährte seiner Nächte.

Aber ist Pohl nicht zu alt?

Richard Wagner und Pohl beunruhigt das gleiche Problem. Ein junger Herr ist besser als ein alter, sagt sich Pohl. Der Baron kann nicht mehr mit mir jagen gehen, nicht einmal bis zur Sennerei von St. Veit wandern. Ein junger Hund ist besser als ein alter, sagt sich Richard Wagner. Andererseits kennt er den jungen, den er gern haben möchte, noch gar nicht, Pohl aber schon. Er schaut in die ernsten Augen des Veteranen und gibt auf: Der alte *hat sich leider aber schon so sehr an mich gewöhnt, daß er mich bei dem Gedanken, durch einen jungen großen Hund … von mir fortgewiesen zu werden, zu sehr dauerte. Sein Alter ist sonst noch nicht störend, sondern nur im Hinblick auf die noch kurze Lebenszeit des Thieres mich bekümmernd. So hätte ich denn wieder etwas, was ich bald verlieren werde!*[15] Auch die andere Mathilde, die Züricher Mathilde, erfährt von Pohl: *der schläft nun nachts in meinen Zimmern, und will mich auch tags nicht mehr verlassen: auf Schritt und Tritt werd ich ihn nicht mehr los … bald wird er sterben, wie Fips und Peps. Es ist ein Elend!*[16]

Der Anblick seines neuen Gefährten macht ihn melancholisch, auch wenn er manchmal zu der Auffassung neigt, dass Pohl ihn sicher überleben werde. Schon weil er selber mit der Welt nichts mehr anfangen kann: *Ich weiß wirklich nicht mehr, was ich in ihr soll. Das sage ich Ihnen recht wahr und ruhig aus tiefster Seele.*[17] Er wollte sich ein neues Zuhause schaffen. Anfang August ahnt er, dass das eine Illusion war. Noch ist längst nicht alles fertig, aber er.

Ich wollte nur, ich wäre in Rußland geblieben.

Er hatte geglaubt, wenn er erst dieses Haus hat, wenn er erst ganz darin wohnt, wird er auch wieder in sich selbst einziehen können. Nichts hat er sich so sehr gewünscht und alles dafür getan, zumal als Innenausstatter.

Er schuf sich das Gehäuse, in dem die Arbeitslust ihn wiederentdecken würde. Er brauchte ihr, hoffte er, nur den Weg bereiten. *Gebe Gott, daß es kommt! Es ist die letzte Medizin.*[18] Aber die beschließt, den Patienten zu meiden.

Ja, die Wohnung. Er versucht, sich Rechenschaft zu geben: *Ich fühlte, daß ich erst von einen solchen Grundlage aus mich noch einmal – zum letztenmal – nach der Welt umsehen konnte, um zu erkennen wie es mit ihr und mir steht. Ich finde nun, daß es nicht allerbestens steht, und bereue innigst mein armes, teuer erworbenes Geld daran gewandt zu haben, mir die kostspielige Basis zu jener Erkenntnisstufe zu schaffen.*[19] Natürlich, er würde Mathilde, der ersten, der wahren Mathilde gern etwas Unterhaltsameres schreiben, *ein angenehmes Erlebnis aus der Gegenwart würde ich Ihnen so gern mitteilen … Daß ich bald ertrunken wäre, hab ich Ihnen schon erzählt.*[20] Das war im Juli, bei einem Gewittersturm auf der Donau.

Als sein Kahn an einem Floß zerschellte, ergriff ihn *so ein eigentümliches Wohlgefühl*. Eine Gräfin hatte das Boot geführt und die Kontrolle darüber verloren. Sie hat sechs Kinder!, sagte sich Richard Wagner und beschloss, seinem Wohlgefühl nicht nachzugeben, packte die Gräfin und erreichte mit ihr, von Floß zu Floß springend, das rettende Ufer, an dessen Existenz er doch nicht mehr glaubt.

Die kleine Konzertreise nach Ungarn hatte ihm tausend Gulden gebracht, doch wurde gerade ein Wechsel über tausend Gulden fällig, so dass ihm nichts blieb. Und niemand freute sich, dass er noch am Leben war. Doch, einer freute sich: Pohl. Pohl, der sich schon verlassen wähnte.

Sie machen weite Wanderungen in den August, der alte Jagdhund wird wieder zum jungen Jagdhund, der Wanderer – der Wanderer! – sieht es mit aller Freude, zu der er noch fähig ist. Es ist nicht mehr viel.

Und er soll eine Komödie komponieren! Es ist absurd. Ausgerechnet eine Komödie!

Auf ihren langen Wegen hat er genug Zeit, darüber nachzudenken, wann die Irrfahrt seines Lebens eigentlich in dieses beunruhigende Stadium trat. Er kommt immer wieder zum gleichen Ergebnis, auch wenn anfangs noch Hoffnung mitklingt: *Dies letzte Herausreißen aus meinem Elemente, was eigentlich schon mit Leo's Bisse begann, die darauf folgenden Aufregungen u. zerstreuenden Ableitungen, waren doch furchtbar, und wieder dürfte mir das nicht begegnen! Wie mühsam rückt sich das nun wieder zurecht!*[21] Das glaubte er noch im Juni. Aber nichts rückt sich zurecht, und im Grunde begann das Unheil noch früher. *Kind, ich hab' zuletzt zwei Katastrophen zu beklagen, welche ... zu meinem Verfall drängten. Die erste war die Nöthigung zum Aufgeben meiner Schweizer Niederlassung, – die zweite die zu meinem Fortgang von Biebrich im vorigen Spätherbst noch vor der Beendigung der Meistersinger. Mein Züricher Verhältniß war der Art, daß ich dort, und in ihm, für alle Zeiten eigentlich über die Gemeinheit des Lebens hinweggetragen war: dort conzipierte ich die Nibelungen, mit denen ich Abschied von aller Möglichkeit, je mit unseren Theatern wiederum mich einzulassen nahm.*[22] Seine *unglückliche Frau* habe diese erste Katastrophe zu verantworten. Und die zweite Schott, *der Kurzsichtige, Übelberathene! Auch der traurige Frickhöffer dürfte sein Theil zu verbüßen haben.*

Kein Wort von Leo, dem eigentlichen Urheber der zweiten Misere. Er kann einem Tier nichts vorwerfen. Und nun ist es zu spät, ist er zu niedergeschlagen, um etwas Leichtes schreiben zu können: *Das Traurigste ist, das mich meine Arbeit nicht mehr freut.*[23] Der zweiten Mathilde erklärt er seine Lage Mitte August so: *Kind! Alles beim Alten! »Noch ist kein Schiff zu seh'n«, »muß ich dich so versteh'n, du alte ernste Weise?« u. s. w.*[24] –

Die erste Mathilde nennt ihn inzwischen »den freudehelfelosen Mann«. Sie habe das Wort einmal bei Walther von der Vogelweide gefunden und gleich an ihn denken müssen.

Wotans Abschied

Und dann wird es Herbst. Die Blätter fallen, seine Seele ist schon ganz entlaubt. Ein paar letzte Blätter erreichen ihn auch aus Zürich, von Mathilde. Sie schreibt ihm, wie man einem ungezogenen Kind schreibt. Er liebe den Beifall und verachte ihn zugleich, das sei ihr unbegreiflich. Nur der Weise, der von der Welt nichts wolle, dürfe sie verachten, er dürfe das nicht. Und überhaupt: »Jede neue Täuschung ergreifen Sie mit Hast, scheinbar die Unbefriedigung vergangener Täuschungen … auszuwischen, und keiner weiß so gut wie Sie, daß es nie sein kann noch sein wird. Freund, wie soll das enden? Sind fünfzig Jahre Erfahrung nicht genug, und sollte da nicht endlich der Moment eintreten, wo Sie ganz mit sich im Reinen wären?«[25] Genau das fragt er sich auch. Doch kann er sich diesen Augenblick schon seit längerem nur noch als den seines Ablebens vorstellen.

Es ist eine tief desillusionierende Erkenntnis: Er kann nicht mehr allein sein, zumindest nicht jetzt. Er schaut Pohl lange an, aber vielleicht liest der es ohnehin schon in den Augen des Herrn, den er erwählt hat: Du bist eben doch nur ein Hund! Wann hätte Richard Wagner an dieser Stelle ein *nur* gedacht? Jetzt denkt er es: *… mit dem alten Jagdhunde, den mir mein Hauswirt geschenkt hat, geht es doch nicht allein.*

Er hatte sich nach langem Zögern ein siebzehnjähriges Dienstmädchen ins Haus geholt und schon Tage später nur noch darüber nachgedacht, wie er es wieder loswerden könnte, ohne es zu kränken. Mit ihr in seinen Räumen war er sich noch fremder.

Hat einer, der nicht bei sich bleiben kann, nicht noch mehr Grund, aus sich herauszugehen? Die Welt nennt das auch Virtuosentum. *Die Welt kennt, begreift und belohnt nur den* Virtuosen, *u. als ein solcher erscheine ich an der Spitze eines Orchesters,*[26] hat er erfahren. Es klingt Verachtung darin: Um das Eigentliche, um seine Werke kümmere sich kein Mensch. Kein Jahr ist es her, dass er seine »Ring«-Dichtung herausgab, mit einem Vorwort wie ein Fanal. Reaktion: keine. Er muss selber kommen und auftreten, um Interesse zu erregen. Ja, er misstraut dem Virtuosen und seiner Stellung in der Welt. Doch klingt auch die Entschlossenheit mit, diese Position nicht unberücksichtigt zu lassen.

Auf seiner Russlandreise im Frühjahr waren schon die Pläne für seine Rückkehr im Herbst entstanden. Er nennt Russland längst die *eigentliche Goldmine der Musik.*[27] Auch hat er schon das ganze Jahr über von ihr gelebt, genauer: vom Ertrag seiner künftigen russischen Einnahmen. Er besitzt jetzt kaum das richtige Temperament zum Virtuosen. Depressive fühlen sich noch mitten im Beifall einsam. Aber immer mehr Wechsel werden fällig. Was soll er tun? Er schreibt nach Russland. Warum schweigt die Goldmine?

Sie werden nächstens erfahren, daß ich irgendwo wieder Konzerte gebe, die einen werden sagen; »ah, der will sich Geld machen!« – wenige andere vielleicht: »man sagt er wolle sterben!«[28]

In der Tat erschöpfen ihn Konzertreisen so, dass er sie manchmal nur für eine mehr oder minder gut getarnte Art des Selbstmords halten kann. Ihm soll es recht sein.

Und dann dirigiert er Ende November statt der großen Orchester von Sankt Petersburg, Moskau und Kiew im schlesischen Löwenberg das Privatorchester des gichtkranken, an den Rollstuhl gefesselten Fürsten von Hohenzollern-Hechingen. Nur Tage später steht er in einer großen, nach kaltem Tabak riechenden Breslauer Bierhalle, hinter sich das trostlose Wandbild eines kleinen Tivoli-Theaters *mit davor herabgelassenem, entsetzlich gemeinem Vorhang.* Die Musiker harren seiner in schäbigen Anzügen. Er will gleich wieder abfahren, wird aber vom Vorstand des Breslauer Orchestervereins daran gehindert, obgleich dessen Offerte die gleiche bleibt: Eine nennenswerte Entschädigung könne er nicht bieten. Dafür erklärt er sich bereit, einen erhöhten Bretterboden für das Orchester zu beschaffen. Mit Beklemmung bemerkt der Kapellmeister, wie sich die Bierhalle mit orthodoxen Juden füllt. Wollen die wirklich Isoldes »Liebestod« hören? Er möchte nur noch nach Hause.

Er teilt seiner Haushälterin Marie mit, wie er sein Heim anzutreffen gedenkt: Vor allem das Kabinett muss gut geheizt sein. *Auch schön parfümieren: kauf die besten Flakons, um es recht wohlduftend zu machen. Ach Gott! was freue ich mich darauf, endlich einmal wieder mit Dir dort mich auszuruhen. (Die rosa Höschen sind doch hoffentlich auch fertig???)*[29]

Unendlich erschöpft trifft er nach fünf Wochen Mitte Dezember wieder in Wien ein. Wahrscheinlich sieht er Pohl noch vor dem *Mariechen* im rosa Empfangskostüm. Ein unendlich erschöpfter Hund kommt ihm mit aller Freude, aller Zärtlichkeit entgegen, deren sein altes, eben noch sterbemüdes Hundeherz fähig ist. Pohl besteht nur noch aus Haut und Knochen. Niemand hatte ihn zum Fressen überreden können. Nicht, solange sein Herr fehlt. Wozu noch atmen, wenn er seine Tage nicht mehr teilt?

Der Heimkehrer erschrickt tief über Pohls Verfassung: *das Thier hat sich über meine Entfernung nicht zur Ruhe begeben wollen, und sich unglaublich gegrämt.*[30] Aber er selbst sieht kaum besser aus. So abgezehrt, so vom Fleisch gefallen war er noch nie. Sie passen zusammen, zwei fahle Gespenster. Die Liebe ist eine große Verschwenderin, aber sie an ihn zu wenden lohnt kaum noch. Das erklärt er Pohl wohl auch. *Mariechen* erfährt gewiss das Gegenteil. Es kann nicht leicht gewesen sein, Pohl den Zugang zum Kabinett zu verwehren. Seine Wachsamkeit ist Legende. Und nur, wenn er seinen Herrn keinen Moment aus den Augen lässt, darf er ganz sicher sein, ihn nicht wieder zu verlieren.

Nach Richard Wagners Selbstzeugnis verlässt er das Haus nun fast eine Woche nicht mehr. Über die Art seiner Beschäftigung daheim macht er die folgende Angabe: *Ich starre vor mich hin.* Oder soll er dem Breslauer Orchestervorstand berichten, was im geheizten *Kabinett* vorgeht? Wahrscheinlich macht er beides: Sobald er aus *Mariechens* Armen fällt, starrt er vor sich hin und gibt sich Rechenschaft über den Grad seiner Unrettbarkeit: *Die Wunder, die mich erhalten sollen, können nicht aus weltlichen Verhältnissen kommen; die Religion kann nur im Herzen Einzelner liegen.*[31] Aber an Wunder glaubt er nicht mehr, nicht einmal an das Leben. Nicht einmal an die Arbeit. Es ist also vorbei.

Was soll Pohl davon halten? Sein Herr ist zurück, seine Hundewelt ist wieder rund. Er *gedeiht wieder*, das bemerkt auch Wagner. Sie sind zusammen, nur das zählt. Warum also gedeiht sein Herr nicht ebenso? Sollen sie, Pohl und er, hier etwa enden wie Tristan und Isolde? Richard Wagner kann auch deshalb nicht aus dem Haus gehen, weil er kein Geld mehr hat. Dafür treffen immer mehr Forderungen bei ihm ein.

Kurz vor Heiligabend verlassen Herr und Hund doch die Villa. Sie haben etwas zu erledigen. Kein Mensch, keine Bank leiht einem wie Richard Wagner noch Geld, und er muss Geschenke kaufen. Ihm bleibt nur der Weg zum Wucherer. Er nimmt ein Kapital auf *von der Höhe der im kommenden Frühjahr* in Russland zu erzielenden Einnahmen. So kann nur Richard Wagner das formulieren.

Wo die Gefahr wächst, wächst das Rettende auch?

Er ist nicht Hölderlin. Er glaubt nicht an solche Metaphysiken. Er glaubt vielmehr, dass er verloren ist. Und dazu müsste er nicht einmal den Wucherern in die Hände gefallen sein. Aber hat nicht auch ein Verlorener das Recht, Weihnachten zu feiern, gerade er? Muss nicht auch er seine Freunde beschenken, gerade er, denn vielleicht ist es das letzte Mal? Wahrscheinlich gehen Wagner und Pohl schon auf dem Rückweg einkaufen.

Wer den Wucherern in die Hände gefallen ist, dem bleiben nicht mehr viele Möglichkeiten, seine Menschenwürde zu behaupten, genauer: die halbe. Eine davon ist radikale, rücksichtslose Verschwendung.

Wagner sagt, er habe jedem seiner Freunde *eine beziehungsvolle* Kleinigkeit unter den Christbaum gelegt. Peter Cornelius, der mit dem Christkind gemeinsam Geburtstag hat, weiß das besser: »Ich habe die besten Weihnachten gefeiert – ich bin so gesund und heiter wie nie früher ... Wagner hat einen großen Baum angesteckt und mir darunter einen königlich reichen Tisch gestellt! Denke Dir: einen wundervollen, schweren Paletot – einen eleganten grauen Schlafrock! – roten Schal, blaue Zigarrentasche und Feuerzeug – schöne Seidentücher, prachtvolle goldne Hemdknöpfe – den ›Struwelpeter‹ – elegante Tintenwischer mit goldener Devise, seine Halsbinden – eine Meerschaumzigarrenspitze mit seinen Initialen – kurz, was nur immer eine orientalische Phantasie ersinnen kann.«[32] Doch wurde dem derart Beschenkten vor lauter Freude das Herz schwer, weshalb er auf die Idee verfiel, seine Freude mit anderen zu teilen, indem er das Gleiche mit den empfangenen Gaben tat. Er schenkte weiter: »Seraphine ... die goldenen Knöpfe, der Ernestine ein schönes Portemonnaie mit einem Silberthaler drin, Gustav Schönaich ... eine Binde ...« Brechen wir die den schenkenden Beschenkten beglückende Aufzählung bei diesem Namen ab. Gustav Schönaich, Stiefsohn von Richard Wagners Wiener Hauptfreund Standhartner, ab sofort Träger einer original Wagnerschen Halsbinde, wird zu den wenigen gehören, die Kongeniales über dessen Verhältnis zum Geld zu sagen wussten: »Die Deutschen haben eine ausgesprochene Vorliebe für billige Genies. Der ›Erlkönig‹ macht ihnen Vergnügen – nicht weniger aber der Preis, für den er geschaffen wurde ... Das Genie wird im

Kreise der Mittelmäßigkeit stets als Unbequemlichkeit empfunden.«[33]

Ja, das Genie war auch ein Genie des Schenkenkönnens. Nur war die Weihnachtsbescherung 1863 schon zur Hälfte eine Verzweiflungstat, ein Abschied. Was mag er dem Dienerpaar Mrazeck beschert haben, was dem *Mariechen?* Und wie mochte das Herz des k. u. k. Kammermusikus Pauli schlagen an diesem Weihnachtsabend?

Wagner kennt den Kammermusikus gar nicht näher. Es ist schwer zu sagen, was das Mitglied des Hofopernorchesters im Herbst bewogen hatte, Richard Wagner um ein Darlehen zu bitten. Vielleicht war es der Ruf eines Menschen, dem Geldverlegenheiten nicht fremd sind. Und eben deshalb könne er dem Herrn Pauli kein Geld leihen, erklärte sinngemäß der Kapellmeister dem Musiker. Er hat es seitdem tief bereut. Was können Geldsorgen aus einem Menschen machen! Und kann man das Geld der Wucherer besser verwenden als zur Hilfe Bedürftiger? Richard Wagner schrieb am 17. Dezember: *Geehrtester Herr! … Obwohl ich Ihre Adresse nicht weiß, wollte ich Ihnen doch meine Entschuldigung zukommen lassen. Kann Ihnen jener kleine Dienst noch helfen, so bitte ich, mir es zu melden. Ihr achtungsvoll ergebener Rich. Wagner.*[34]

Er konnte es noch.

Am 27. Dezember 1863 steht er im Wiener großen Vedoutensaal vor dem großen Orchester, dem auch der k. u. k. Kammermusikus Pauli angehört. Richard Wagner dirigiert das »Tristan«-Vorspiel und Isoldes »Liebestod«. Im letzten Jahr um diese Zeit war es noch eine Ankündigung seiner

Oper. Jetzt ist es bereits wie der Nachruf auf eine Unaufführbare. Die Wiener Musikkritik konstatiert »krassen Materialismus«, der »in der Ouvertüre zu ›Tristan‹ in unfruchtbaren Wendungen um ein paar in gequälter Tonfolge herausgestöhnte Noten« winsele. Alle »gespreizten Spezialerklärungen des Programmes über die der Musik zugrundeliegenden Empfindungen« könnten nicht »über die Dürre der musikalischen Erfindung«[35] täuschen, erklären einmal mehr die Brüder vom Orden des »musikalisch Schönen«. Es kümmert ihn wenig.

Silvester feiert er bei Standhartners. Cornelius trägt ein selbstgemachtes vielstrophiges Rätsel-Gedicht vor, dessen letzte Zeilen lauten:

> …
> Ein Lebehoch, wie keines reich,
> Weil's: Leb unsterblich! heißt zugleich,
> hoch leb in aller Zeiten Lauf –
> Wer? Ja! wer löst das Rätsel auf?

Wer spricht von »aller Zeiten Lauf«? In seinem Falle genügen schon die ersten Wochen des gefürchteten neuen Jahres, ihn an den Rand des Grabes zu stoßen, oder wie der Betroffene es rückblickend formuliert: *Das neue Jahr 1864 trat … mit bald immer ernsterer Miene an mich heran.*[36]

Die Post braucht lange von Wien nach Russland. Er wartet auf Antwort aus Petersburg, Moskau, Kiew und Odessa. *Einstweilen blieb mir nichts andres übrig, als durch immer neue Wechsel auf kurze Frist zur Bezahlung von alten, ebenfalls auf kurze*

Frist lautenden Wechseln zu denken.[37] Während seine äußeren Verhältnisse derart immer neuen Rekorden entgegenjagen, liegt er regungslos mit einem hartnäckigen bösen Kartarrh. Pohl bewacht seine Fieberträume.

Als er wieder Gedanken unter achtunddreißig Grad fassen kann, ordnet er seinen Nachlass, verteilt Bücher und Manuskripte. *Todesgedanken traten mir so nahe, daß ich endlich zu ihrer Abwehr keine Lust mehr empfand.*[38] Menschen in seiner Situation spüren gewöhnlich wenig Bedürfnis nach Bewegung und Abwechslung. Pohl ist ganz ruhig: Es geht seinem Herrn nicht gut, dafür ist er bei ihm. Und manchmal kann Pohl das Frühjahr schon riechen; sie werden ihre weiten Wanderungen wieder aufnehmen, und es wird ihnen beiden besser gehen.

Sein Herr sagt das auch, manchmal.

Wenn seine Freunde jetzt zu ihm kommen, sind sie oft sehr erregt, anders als früher. So als wollten sie seinen Herrn zu etwas drängen, was er nicht will. Das verrät seine Stimme. Pohl kennt jede Nuance darin. Sie ist auffahrend, laut, aber das währt nie lang. Dann gibt sie nach. Es ist keine gute Nachgiebigkeit. Die anderen scheinen stärker zu sein. Doch solange sie zusammen sind, Herr und Hund, kann ihnen nichts geschehen, glaubt Pohl.

Im März bricht die Hofoper den »Tristan« endgültig ab. Nach siebenundsiebzig Proben meldet sie ihn als »für immer zurückgelegt«.

Am 23. März 1864 verlässt Richard Wagner gegen Mittag sein Haus. Er ist beim Leibarzt der Kaiserin zum Mittagessen eingeladen. Er verabschiedet seinen Hund mit einer Bewegung, die nicht ganz zu der überschaubaren Frist seiner Abwesenheit passen will. Aber wie viele Reaktionen seines Herrn waren in letzter Zeit noch ihren Anlässen angemessen? Pohl hält sich an die Tatsachen. Und Tatsache ist, sein Herr trägt keinen Koffer.

Er wird gleich wieder da sein.

»Ach wir armes Material des Weltdämons!«

Die Tage kommen und gehen, einer so leer wie der andere.

Pohl wartet. Einmal ist auch das längste Mittagessen zu Ende. Und dann wird sein Herr zurückkehren. Anna und Franz sagen das auch.

Wer schläft, zweifelt nicht. Wer schläft, verzweifelt nicht. Pohl versucht, viel zu schlafen. Dabei wird es Frühling. Sie müssten schon längst wieder miteinander zur Sennerei von St. Veit gehen. Auf diesen Wegen sind sie beide jung geworden, fast immer sind sie am späten Nachmittag losgegangen.

Wenn es zu dämmern beginnt, ist Pohl auch jetzt wach, er ist ein Jagdhund. Es ist seine Zeit, es ist die beste Zeit. Fast will er schon aufspringen, aber es ist still im Haus, ganz still, und es bleibt so. Es ist noch alles, wie es sein Herr verlassen hat, als er zum Mittagessen ging. Nur ab und zu kommen die alten Freunde und bringend sogar Fremde mit. Sie schauen auf die Möbel mit seltsam fremdem Blick, prüfend, abschätzend, kalt.

Pohl wartet. Es gibt noch einen anderen Pohl in Wagners Leben. Der heißt Richard, stammt aus Baden-Baden und stellt sich gern als »ältester Wagnerianer« vor. Vielleicht hat er recht, aber der größte lebende Wagnerianer ist er, Pohl, der Hund.

Karfreitag 1864. Die Münchner laufen von einer Kirche in die nächste, und unter ihnen geht ein Mann, dessen Gesichtsausdruck dem des Hauptthelden des Tages nicht unähnlich ist, doch geht er an allen Kirchen vorbei. Er weiß nicht recht, wohin er will. Er wollte ja nicht einmal nach München. Egal wo er ist, überall scheint er fehl am Platz. Immerhin muss er sich hier nicht mehr verstecken. Cornelius und Gustav Schönaich, der Experte für deutsche und auswärtige Genies, hatten ihn gemeinsam zum Wiener Bahnhof eskortiert.

In Frauenkleidern.

Damit niemand ihn erkannte. Damit ihn niemand in letzter Minute verhaftete. Noch kann ein Gläubiger in Österreich seinen Schuldner ins Gefängnis werfen lassen. Nicht nur sein Verhältnis zur Handwerksfirma Philipp Haas & Söhne hatte *mit der Zeit bedenkliche* Züge angenommen.

Richard Wagner, Zukunftsmusiker, Komponist mehrerer unaufführbarer Werke, darunter einer unvollendeten und wohl unvollendbaren Fortsetzungsoper, in Schuldhaft! Richard Wagner, der kein Glück mehr hat, seit ihn eine Rheinische Bulldogge in den Daumen biss, und eigentlich schon vorher nicht mehr, hinter Gittern. Richard Wagner, der zu depressiv ist, um sein Lustspiel zu beenden, in Polizeigewahrsam. – Nein, diese Meldungen konnte er nicht wünschen, diesen Triumph konnte er seinem ärgsten Widersacher, der Wiener Musikkritik, nicht lassen. Die Welt ist an allen Enden bankrott und das Leben ein Geschäft, das die Kosten nicht deckt, weiß Arthur Schopenhauer. Hat Schopenhauer ihn gar zum Gewährsmann seiner Einsicht gemacht? Doch in den Zeitungen würde etwas anderes stehen.

Und darum irrt er jetzt durch München, von niemandem abgeholt, von keinem erwartet, aber irgendwo endet jeder Fluchtzug. Irgendwo musste er aussteigen. Also München. Das Wetter ist kaum besser als seine Zukunftsaussichten es sind; sein Blick fällt in einem Schaufenster auf das Bild eines jungen Mannes, dessen Anmut ihn bannt. Er spürt jene Wehmut, *die uns Schönheit und Jugend in vermuteter ungemein schwieriger Lebenslage erweckt.*[39] Die Bayern haben soeben ihren König verloren, er hat es gehört. Den er da erblickt, ist der neue. Sentimentale Flüchtlinge sind das Letzte! Um die Wehmut zu vertreiben, dichtet er seinen Grabspruch: *Hier liegt Wagner, der nichts geworden …* Er genießt es, der Überlebende seines eigenen Grabspruchs zu sein, und flüchtet weiter in die Schweiz.

Er hatte Mathilde Wesendonck einst gebeten, ihm *das Asyl* zu erhalten. Seltsam, dass er das Haus schon damals nur das Asyl nannte, wie jede neue oder nur erhoffte, erträumte Heimstatt danach. Ein Asyl ist der Flüchtlingsort par excellence. Jetzt würde er ihn gern aufsuchen. Er hatte über Eliza Wille bei Mathilde um Aufnahme gebeten. Und wird abgewiesen. Also sucht er die Freundin auf, nur für ein paar Tage, sagt er. Es ist Ostern. Ihr Mann befindet sich auf einer Vergnügungsreise nach Konstantinopel.

Und nun sieht Eliza Wille diesen ihr halb nahen, halb fremden Mann auf ihrer Gartenterrasse auf und ab gehen

»in seinem braunen Sammet-Talar mit dem schwarzen Barett als Kopfbedeckung, als wäre er ein Patrizier aus den Bildern Albrecht Dürers«.[40] Besucher aus Zürich lässt sie abweisen, und die er allein sehen möchte, kommen nicht, kommen lange nicht.

Kein großer Mann habe gelebt, vermutet die Hausherrin, halb aus Überzeugung, halb aus Höflichkeit, der nicht mit »Gewalten kleinlichster Art« gekämpft habe, »und schließlich sei er doch zu seiner Krone gekommen. Wagner antwortete mit einem abweisenden Lächeln, aber er fühlte meine Absicht und diese verstimmte ihn nicht. Er war in einer Gemütsverfassung, in welcher ein Sohn seine Mutter aufsucht.«[41]

… diese letzte Nöthigung, von meinen Dienern, meinem Hunde, meinem kleinen Besitze – mich wie ein Dieb fortzuschleichen – ich glaube, das hat mich gebrochen, erfährt die Mainzer Mathilde: *Doch nun genug; es ist vier Uhr vorbei, und da kommt das Fieber wieder etwas.* – Er hatte sich bei seiner Münchner Erstbesichtigung des Königs neu erkältet. *Die Nacht träumte ich (im Fieber) Friedrich der Große hätte mich zu Voltaire an seinen Hof berufen.*[42]

Als das Fieber weg und er aus den Diensten des Königs wieder entlassen ist, unternimmt er weite Spaziergänge, allein. Eigentlich müsste Pohl neben ihm gehen. Er ist ein Schweizer Laufhund, es ist seine Landschaft, die Landschaft seiner Vorfahren. Er denkt oft an ihn, auch Eliza Wille und ihre beiden Söhne erfahren von »dem großen Hunde, dem prächtigen treuen Tier, das ihm hier fehle«. Manchmal erzählt er den drei Willes von sich, taucht ein in Vergangenheiten, die ihm zur Gegenwart werden, aber das währt nie lang, schon die Ankunft eines Briefes kann ihn für Tage verstimmen. Am schlimmsten sind die Nachrichten aus Russland. Ja, wenn sein Brief nach Moskau, den er am 2. Februar losschickte, dort nicht erst am 23. März eingetroffen wäre, hätte alles noch ganz anders kommen können. So nicht.

Selbst in seinen Träumen geht es abwärts mit ihm. Statt Zweitintellektueller bei Friedrich II. wird er nun zum König Lear. Aber der hatte wenigstens noch Töchter. Er besitzt niemanden. Wie hatte er Bülow im letzten Herbst um seine kleine Tochter beneidet und ihm das »nur« – *nur eine Tochter* – verwiesen.

Richard Wagner teilt seinem Statthalter in Wien, seinem Kalamitäten-Beauftragten Standhartner mit, dass er sein künftiges Leben daran wenden wolle, seine Schulden zu bezahlen, ohne Rücksicht auf Verluste – wenn dies denn das angemessene Wort sein sollte. Standhartner solle unterdessen versuchen, seine Wohnung zu vermieten. Ob mit Hund oder ohne Hund, sagt er nicht. Auch zeigen seine Gedanken eine bedenkliche Tendenz, nach großen Aufschwüngen an ihre Ausgangspunkte zurückzukehren. Philosophen haben für diese Kreisläufigkeit, soweit sie die Wirklichkeit betrifft, auch das Wort vom »Verhängnischarakter des Seienden« gefunden: *Es steht nur zu hoffen, daß wir einen Sommermiether finden: allein eben für das Sommerhalbjahr ist sonst bereits schon 1200 fl. gezahlt worden; mit 600 fl. wäre die Wohnung gewiß zu wohlfeil. Ist nun kein Miether für 1200 fl. zu finden, so muß endlich genommen werden, was zu bekommen ist: für das was fehlt muß ich aufkommen … die Möbel u. Alles bleibt dann stehen, wie's steht –:*

das versteht sich! … Sie stehen einstweilen dort ganz gut. Ich nehme an, daß wir keinen *Miether finden: das versteht sich ebenfalls! Wie sollte sich denn mir jetzt einmal etwas leicht und günstig fügen?? Gut, so macht's am wenigsten Aufsehen. An Franz schreibe ich und kündige ihm, wenn Du es nicht schon gethan hast.*[43] Und was wird mit Pohl? Will er auch seinem Hund kündigen?

Über Pohl sagt er nichts.

Schon spricht Richard Wagner nur noch von *meinen ehemaligen Dienstleuten.* Ob er bereits mit der Wendung »mein ehemaliger Hund« experimentiert?

Im selben Brief, in dem er Standhartner mitteilt, dass er nachts als Lear über die Heide irrt und wie es um die Vermietungsaussichten seiner Wohnung steht, gibt er sich auch Rechenschaft über seine Erlösungsbedürftigkeit, die Anzahl der nötigen Erlöser sowie den Grad seiner Erlösungswahrscheinlichkeit: *Mir könnte doch nur EINER helfen – nicht Viele, – nämlich: der RECHTE; er existiert gewiß, – aber wie ihn finden?*[44] Richard Wagner stellt diese erlösungstheoretische Grundfrage am 12. April 1864; wir heben an dieser Stelle hervor, dass genau in diesen Tagen auch der achtzehnjährige König von Bayern mit einer Frage konfrontiert wird, und zwar von seinem Kabinettssekretär Franz Seraph von Pfistermeister.

Pfistermeister fällt eine gewisse Amts- oder gar Lebensmüdigkeit seines jungen Königs auf, dabei ist er noch gar nicht lange am Leben und noch viel kürzer im Amt. Und deshalb fragt er ihn, warum er nicht froh sei und ob es etwas gebe, dass diesen Zustand ändern könne. Ludwig antwortet, ohne einen Augenblick des Zögerns: »Ich will Richard Wagner kennenlernen!« Und da Könige, während andere Menschen einfache Indikativsätze benutzen, die Imperative als Verkehrsform mit der Welt bevorzugen, ist Franz Seraph von Pfistermeister schon so gut wie unterwegs.

Mir könnte doch nur EINER helfen – nicht Viele, – nämlich: der RECHTE; er existiert gewiß, aber wie ihn finden?[45] Die Antwort lautet: Indem der zu Findende ihn suchen lässt!

Um dem Eindruck vorzubeugen, Richard Wagner sei nicht nur ein musikalisches Genie, sondern auch ein Genius der Vorsehung in eigener Sache, sei noch kurz vermerkt, an wen er denkt, als er von dem *Einen* und *Rechten* spricht: *Mir geht der reiche Instrumentenmacher STREICHER, der immer eine halbe Million baar bei sich liegen haben soll, nicht aus dem Sinn.*[46]

Bald wird Pfistermeister jeden Tag aufs Neue Gelegenheit finden, seine Frage zu bereuen. Jetzt begibt er sich auf eine mitteleuropäische Odyssee, denn er ist nicht der Einzige, der Richard Wagner kennenlernen will, auch seine Gläubiger planen Vergleichbares. Und natürlich muss der Kabinettssekretär seiner Majestät selbst losfahren, denn er soll nicht irgendwen nach München bringen.

Mit zwölf Jahren hatte Ludwig »Das Kunstwerk der Zukunft« gelesen, mit fünfzehn Jahren hatte er zum ersten Mal »Lohengrin« gesehen. Und auch Wagners Resümee der Wirkungsgeschichte seiner im Vorjahr erschienenen »Ring«-Dichtung – *als wäre sie gar nicht da* – gilt es an dieser Stelle zu korrigieren: Ludwig hat sie gelesen. Auch das Vorwort. Ob es Pfistermeister ebenso gelesen hat, muss bezweifelt werden, er wäre sonst gewarnt gewesen. Schon im Vorwort, gerade im Vorwort.

Der Autor denkt darin an einen *deutschen Fürsten*, gewissermaßen an den Fürsten der Zukunft, der seinen Vierteiler aufführen könnte, zumal er dafür gar kein neues Budget aufzulegen, sondern lediglich das zu benutzen hätte, welches *er bisher zur Unterhaltung des schlechtesten öffentlichen Kunstinstitutes, seines, den Musiksinn der Deutschen so tief bloßstellenden und verderbenden Operntheaters bestimmte.*[47] Und Richard Wagner tritt den zügigen Nachweis an, dass es sich bei der zwitterhaften Werkgattung, dem sich jene Häuser verpflichtet wissen, um ein Weder-noch handele: nicht Fisch, nicht Fleisch. Weder Musik noch Drama. Kurz: eine Widerwärtigkeit.

Welche Möglichkeiten dagegen eröffnen sich dem Fürsten der Zukunft, der sich seinem Werk widme: neben *unberechenbarem Einfluss auf den deutschen Kunstgeschmack, auf die Entwickelung des deutschen Kunstgenies* sowie *auf die Bildung eines wahrhaften, nicht dünkelhaften nationalen Geistes* würde sein Name *unvergänglichen Ruhm gewinnen …*

Wird dieser Fürst sich finden? –

»Im Anfang war die Tat.«[48]

Und eben deshalb muss Pfistermeister sich jetzt beeilen und den Mann finden, der glaubt, Könige unsterblich machen zu können, obgleich er im Rahmen seiner bürgerlichen Existenz im Augenblick die Unauffindbarkeit vorzieht.

Mitte April bemerkt Richard Wagners ehemaliger Hund einen offenkundig ortsfremden Mann vor der Tür der Wohnung, die er bewacht. Er macht den Eindruck, als ob er gewöhnlich Besseres zu tun hat, als verschwundene Musiker zu suchen. Wir wissen nicht, ob Pohl ihn hineingelassen hätte, aber der Mann ist einsichtig und geht von selbst wieder. Erst in der Redaktion des Wiener »Botschafter« macht der Redakteur Friedrich Uhl von Pfistermeister mit den näheren Umständen von Richard Wagners Unauffindbarkeit vertraut. Der Fahnder sendet nun ein Telegramm an den König.

Es spricht alles dafür, dass Franz Seraph von Pfistermeister das Vorwort zur Textfassung des »Ring des Nibelungen« noch immer nicht gelesen hat, denn sonst hätte er telegraphiert: Wagner definitiv weg. Rückkehr heute Abend. Ihr von Pfistermeister.

So telegraphiert der Kabinettssekretär etwas anderes, mehr an den Auskünften des »Botschafters« Orientiertes und harrt der Befehle des Königs. Diese treffen sofort ein, noch am 17. April antwortet Ludwig: »Baron Moy u. ich, wir gingen im Parke eben spazieren, als Ihr Telegramm mir nachgebracht wurde; wie entsetzte mich sein Inhalt! – Mein Entschluß ist schnell gefaßt: reisen Sie möglichst rasch R. Wagner nach, wenn es irgend ohne Aufsehen geschehen kann. – Ich hoffe, es wird möglich sein; mir liegt *Alles* daran, diesen meinen längst gehegten Wunsch bald erfüllt zu sehen.«[49]

Der Konstantinopel-Reisende kehrt nach Hause zurück. Wer von einer Vergnügungsfahrt kommt, will erzählen, denn ist er andernfalls nicht gar umsonst gefahren? Aber es herrscht eine seltsam gedämpfte Atmosphäre im Haus, und François Wille kann sich bald nicht mehr darüber betrügen: Was hier stört, ist er. In seinem eigenen Haus! Und wer hat diesen Gast überhaupt eingeladen? Will er gar Geld von ihm borgen? Seine Frau hat ihm schon den Betrag seiner Wiener Miete geliehen. Geliehen?

Das Temperament von Flüchtlingen und Vergnügungsreisenden stimmt nur selten überein. Richard Wagner beschließt abzufahren. Ist diese ganze Flucht nicht ohnehin ein Fehler? Wäre es nicht besser, ruhig und in aller Würde zu Hause seine Gläubiger zu empfangen, ihnen alles zu erklären, einschließlich seines künftigen einzigen Lebenszieles? Ja, er ist entschlossen zurückzukehren. Die überraschte Frau des Vergnügungsreisenden wagt nicht zu fragen, warum. »Sie kennen den Umfang meiner Leiden nicht, nicht die Tiefe des Elends, das vor mir liegt«, sagt er ihr zum Abschied.

Nur wovon die Rückfahrt bezahlen?

Vorläufig kommt er bloß bis Stuttgart.

Fremde Menschen in den Räumen, die ihm und seinem Herrn allein gehörten. Ihre groben Hände greifen nach allem. Darf Richard Wagners ehemaliger Hund das zulassen? Er ist ein Wachhund. Er hat die Pflicht aufzupassen, dass nichts wegkommt. Dass nie wieder eine goldene Dose fehlt. Dass nie wieder eine Diebesleiter an der Hauswand lehnt. Er, Pohl, muss verhindern, was hier geschieht.

Aber diese Männer sind nicht durchs Fenster gekommen, nachts. Sie gehen durch die Tür, mitten am Tag. Und in ihren Mienen steht, dass sie ein Recht dazu haben. Ja, dass es höchste Zeit ist. Das verunsichert den Hund. Es hilft auch nicht, Anna und Franz anzublicken, die gekündigten Dienstleute. Ihre Gesichter sind eingestürzt, nach ihrer Haltung zu urteilen, lasten alle Gewichte der Welt auf ihnen. Sie lassen es geschehen. Nur wenn er, Pohl, jetzt seine Pflicht täte und die frechen Eindringlinge vor die Tür setzte, würden sie ihn zurückhalten. Sie würden verhindern, was sie doch selber wünschen. So sind die Menschen gemacht. Nur ein erster, armseliger Versuch auf dem Weg des Herrn, den Hund zu erschaffen. Aber was in der Welt ist, ist in der Welt. Selbst der Schöpfer konnte es wohl nicht mehr widerrufen.

Und deshalb tragen jetzt harte Männerhände alles aus dem Haus, was dem Abwesenden gehört. Doch einmal, das weiß Pohl, wird er zurückkehren vom längsten Mittagessen der Welt. Warum wissen es die anderen nicht? Warum nicht Standhartner und Liszts Neffe, seine Freunde? Warum beaufsichtigen sie das Nichthinnehmbare mit einer Miene, als seien sie die Beauftragten des Schicksals selbst?

Er, Pohl, kennt nur einen Auftraggeber, seinen Herrn. Und der hätte, was hier geschieht, niemals zugelassen.

Stumm stehen die Dienstboten und der Hund, die ewigen Befehlsempfänger des Daseins. Doch Pohl, Anna und Franz haben einen Bund miteinander. Sie haben beschlossen, die Kündigung ihres Herrn zu ignorieren.

Das ist die Souveränität der Dienstleute.

Die an Dich genommenen Effecten ersuche ich Dich sofort *ebenfalls zu verkaufen, und zwar Alles und Jedes, bis auf die geringste Kleinigkeit. Aus meinem Bücherschranke bitte ich einzig um Aufbewahrung und gelegentliche Zusendung einer mit Einlagen versehenen Partitur des Tannhäuser. Sämmtliche Briefe, ausnahmslos, bitte ich zu verbrennen. Was sich an älteren Manuscripten vorfindet, bitte ich als Dein Eigentum zu betrachten, so als ob ich gestorben sei und sie Dir durch Vermächtnis hinterlassen hätte. Die Originalpartitur des »Rienzi« bitte ich Dich, sobald sich ein Liebhaber dazu findet, ebenfalls zu verkaufen: vielleicht könntest Du sie nach Dresden ausbieten. Das silberne Trinkhorn, wie alles andre, was selbst als Andenken erscheinen dürfte, bitte ich Dich ebenfalls sofort zu verkaufen; kurz alles und Jedes, was Du in Verwahrung genommen … mit Ausnahme des silbernen Lorbeerkranzes, welchen ich Herrn Heinrich Porges zuzustellen bitte.*[50] Hat er vor, allen irdischen Ballast abzuwerfen uns zum Schluss sich selbst? Noch nicht, nicht sofort. Erst muss er Tausig retten.

Der Freund, ein junger Klaviervirtuose, war so leichtsinnig gewesen, einen seiner Wechsel mit zu unterzeichnen, und jetzt sitzt er in Ungarn fest und kann nicht zurück nach Wien. Er muss Tausig retten: *Der vollständige Verkauf alles meines letzten, bei Dir deponirten Besitzes (ich weiß nicht, ob sich der Flügel noch dabei befindet?) wird hoffentlich noch Etwas mit beitragen, die Wechselcalamität von Tausigs Haupt abzuleiten.*[51] An seinen Flügel darf er gar nicht denken, an den »Erard«, auf dem er den »Tristan« komponierte, den er über den Gotthard nach Venedig bringen ließ und denselben Weg wieder zurück. Aber dies ist nicht die Stunde der Sentimentalität.

Seine Freunde sind schon einen Schritt weiter. Sie haben seine Möbel verkauft! Seine eigenen Freunde. Sie haben seine Möbel verkauft, an einen Zwischenhändler, und vom Erlös die Miete beim Baron bezahlt.

Sie haben ihn gar nicht erst gefragt.

Er hatte ihnen seine Vollmacht erteilt, aber sie behandeln ihn wie einen Entmündigten? Im bürgerlichen Sinne ist er das wohl. Was er will, zählt nicht mehr. Sie haben ihm den Rückweg nach Wien abgeschnitten. Wie soll er seine Gläubiger in einer leeren Wohnung in Würde empfangen? Wie soll er ihr Vertrauen gewinnen, wenn er nicht einmal mehr ein Bett hat für die Nacht? Und Mathilde, Mathilde Wesendonck? Er hatte bei Willes noch einen Brief für sie hinterlassen. Er kommt ungeöffnet zurück.

Im Verkehr mit der Welt verliert er die Hälfte seiner Menschenwürde, hat er einmal vermutet.

Er hat untertrieben.

Sein Stolz wehrt sich, gegen seine Freunde, gegen Mathilde.

Erst wird er Tausig in Sicherheit bringen und dann so viel verdienen, dass er seinen Gläubigern einen Vergleich anbieten und seine Möbel zurückkaufen kann.

In Stuttgart wird er den ersten Akt der »Meistersinger« fertig machen, am besten in der Rauhen Alb. Andere Idyllen erträgt er jetzt nicht. Wenn Schott den ersten Akt bekommt, muss er helfen. So weit war er schon, als ihn Leo in den Daumen biss, und das ist nun bald zwei Jahre her. Weißheimer, der ihm den Klavierauszug erstellen soll, empfängt er mit den Worten: »Ich bin am Ende!«

Es ist Sonnabend, der 29. April 1864.

Am Montagabend wird im Hause des Königlichen Stuttgarter Kapellmeisters Eckert, den Wagner »einen sehr gutartigen Menschen« nennt, die Karte eines Mannes abgegeben, der zufolge er Secrétaire aulique de S. M. le roi de Bavière ist. Er suche Herrn Richard Wagner.

Der Gast, der sich die table d'hôte in seinem Hotel nicht leisten kann und umso dankbarer für die kapellmeisterliche Einladung zum Abendbrot ist – wer weiß, wo er in der Rauhen Alb essen wird –, erschrickt und lässt ausrichten, er sei gar nicht da. Dass er beim König von Bayern eigentlich keine Schulden hat, dringt nicht in sein Bewusstsein, das das Bewusstsein eines verfolgten Schuldners ist. Und ist Bayern nicht immer für Österreich?

Als er in sein Hotel zurückkehrt, das er nicht bezahlen kann, richtet ihm der Wirt aus, dass ein Herr aus München nach ihm suche. Auskünfte der Form »Ich bin gar nicht da« helfen jetzt nicht mehr weiter. Natürlich, er könnte noch in derselben Nacht abreisen – am nächsten Morgen wird er es ohnehin tun –, aber er ist unendlich müde. Um zehn Uhr lässt er ausrichten, sei er bereit, jeden Besuch zu empfangen. Er schläft miserabel.

Nie wieder wird Franz Seraph von Pfistermeister so erfreut sein, Richard Wagner zu sehen. Er übergibt ihm ein Billet, ein Bild und einen Ring vom König. Kurz darauf, im Beisein des Sekretärs, bekommt Wagner noch eine Nachricht, die ist aus Wien. Das erste Mal erbleicht er, wohl bis in die letzte Haarspitze, vor Unglauben. Denn auch die größten Erlösungs-Sachverständigen sind nicht unbedingt davon überzeugt, dass der Gegenstand ihres Interesses auch existiert, im Gegenteil. *Und dies jetzt – jetzt – in dieser schwärzesten Todesnacht meines Daseins!! Ich bin wie zerschmettert!*[52] Das zweite Mal erbleicht er vor Ohnmacht. Keinen Schritt Richtung Wien!, warnen die Freunde. Und seine Möbel? Sein Flügel? Und sein Hund? Und Anna und Franz?

Nach München? Er kann jetzt nicht nach München, er muss nach Wien.

Als Pfistermeister und Wagner am Nachmittag die bayerische Hauptstadt erreichen, hat der letzte Zug nach Wien den Bahnhof schon verlassen.

Er könnte die Reise zu seinem Hund hier kurz unterbrechen, Pfistermeister hat recht. Er könnte Ludwig besuchen.

Wenige Tage später setzt Pohl zum ersten Mal seine Pfote auf königlich bayerischen Boden.

Diesmal ist es für immer, sagt der Herr zum Hund.

Das Schiff …

Das nun Folgende zu schildern, fordert unmittelbare Zeugenschaft und Distanz zugleich, gewissermaßen eine Ferne aus nächster Nähe, und eine nächste Nähe, die doch von weither blickt. Also rede ich, Pohl. Nicht Pohl, der älteste Wagnerianer, sondern Pohl, der Hund.

Die Welt der Menschen ist unendlich kompliziert, und in der Nähe eines Königs wird sie noch viel komplizierter, das wusste mein Herr sehr wohl, aber wie kompliziert genau, das wusste er nicht. Ich habe einen starken Husten, es ist Dezember, da wird so etwas selten besser. Ja, es ist ein hartnäckiger Husten, und ich bin schon ein sehr alter Hund, aber das werden Sie längst wissen. Mein Herr wollte mich anfangs nicht, weil er Angst hatte, dass ich vor ihm sterbe. Dann hatte er Angst, dass er vor mir stirbt. Jetzt sagt er: Das wird schon wieder! Manchmal schaut er mich auch lange an und seufzt: Hoffentlich wird das wieder! Ich glaube, er glaubt, ich leide an der Schwindsucht. Die Baronin sagt das auch.

Gut, dass wir so ein schönes warmes Haus haben, gleich gegenüber den Propyläen in der Brienner Straße. Der König hat es meinem Herrn geschenkt, auf Lebenszeit. Es heißt das *Schiff*. Natürlich weiß das niemand außer uns. Mein Herr nennt es *das Schiff* wegen des Untergrunds. Denn es steht nur scheinbar auf festem Boden. Eben, am 2. Dezember 1865, hat er die Erstschrift des zweiten »Siegfried«-Aktes beendet und neben das Datum in Klammern geschrieben: *Immer auf dem Schiff.* Denn in Wirklichkeit befinden wir uns wie in einer Nussschale auf hoher See. Die See ist der Hof, die Wellen seiner Intrigen werfen uns hin und her. Ein Meer von Feinden ist unter uns.

Oder ist das Meer schon dabei, uns zu verschlucken?

Die größten Feinde meines Herrn heißen *Pfi* und *Pfo*. Mein Herr nennt sie so. Pfi ist der Kabinettssekretär von Pfistermeister, aber das wissen Sie auch schon. Pfo ist der Ministerpräsident von der Pfordten. Mein Herr und Pfordten standen schon in Dresden auf verschiedenen Seiten der Barrikade, was ihr gegenseitiges Einvernehmen auch jetzt keineswegs befördert. Dass mein Herr sich überhaupt gern auf den Barrikaden aufhielt, gilt in einer Monarchie durchaus als nachteilig. Als er wieder nach Sachsen einreisen durfte, hat er auch Dresden wiedergesehen und war überrascht, die Straßen so leer zu finden, *da ich sie zuletzt in dem phantastischen Zustand mit Barrikaden bedeckt gesehen hatte, wo sie sich so ungemein interessant ausgenommen hatten.*[53] Die Seele hat ihre eigene Zeitrechnung, manches darin ist ewige Gegenwart. Auch seinen Mitrevolutionär Semper hat er schon nach München geholt, aber der Architekt der Revolution will hier keine garantiert uneinnehmbare Barrikade bauen wie in Dresden, sondern ein Nibelungen-Theater auf der Gasteig-Höhe.

Der Hof ist nicht nur gegen Barrikaden, er ist auch gegen das Nibelungen-Theater. Doch um das Nibelungen-Theater geht es schon gar mehr.

Es könnte trotzdem sein, dass das *Schiff* untergeht. Es ist bald Weihnachten, und Weihnachten sind wir vielleicht schon nicht mehr da. Der Dezember ist ein lausiger Fluchtmonat, und ich bin krank. Ich bin ganz und gar fluchtuntauglich. Nun gut, mein Herr ist das auch. Nur Ruhe! Nur Ruhe!, sagt er immerzu, alles, was er brauche, sei Ruhe, und dann regt er sich maßlos auf. Und er sagt: Wir bleiben! Natürlich bleiben wir! Aber er ist weiß geworden wie eine Wand, als der zweite Kabinettssekretär, Oberappellationsgerichtsrat Lutz vorhin vor der Tür stand.

Er habe ihm eine persönliche Botschaft des Königs zu überbringen, kündigte er an, machte ein Gesicht, wie es einem Oberappellationsgerichtsrat zusteht, und sprach: Richard Wagner habe das Land zu verlassen, unverzüglich. Mein Herr hielt das für einen Scherz, erst lachte er, dann begann er heftig zu werden, Pfi und Pfo kamen auch in seinen Heftigkeiten vor, bis der Oberappellationsgerichtsrat ihn darauf hinwies, dass er als Beamter hier sei, und er könne nur zur Mäßigung raten.

Mein Herr kann nicht glauben, dass der König ihn hinauswirft aus seinem Königreich. Er will es von ihm selbst hören. Das hat er Lutz auch gesagt. Und dann ist der Oberappellationsgerichtsrat gegangen. Es ist der Abend des 6. Dezember 1865. Noch nie schwankte das Schiff so stark wie jetzt. Ich kann es fühlen. Oder es ist nur die Schwäche.

Ich liege da und überlege, wie alles anfing. Mein Herr kann nicht schlafen, ich aber auch nicht, schon wegen meines Hustens. Vielleicht ist es gar nicht die Schwindsucht, sondern das Herz. Woher will die Baronin wissen, was mir fehlt? Hunde husten, wenn sie herzkrank sind. Der Mensch, dem ich überallhin folgen würde, auch jetzt noch, streichelt mich und wiederholt: Wir bleiben! Es ist schließlich nicht die erste Krisis, die sein König und er gemeinsam überstehen. Aber vielleicht sollte ich hier innehalten und von Anfang an berichten.

Als mein Herr zum ersten Mal vor dem König stand, war ich noch in Wien, doch habe ich den Bericht dieses späten Mittags des 4. Mai 1864 oft genug gehört. Wie Ludwig ihm sagte, dass nun einer Aufführung seines Nibelungenwerks nichts mehr im Weg stünde. Wie mein Herr sich tief über die Hand des Königs beugte, so verblieb und kein Wort sprach, wahrscheinlich weil er es nicht konnte. Wie ihn Ludwig endlich an sein Herz zog, welches ziemlich weit oben lag – Sie müssen wissen, der König ist über ein Meter neunzig groß. »Ich hatte die Empfindung, als hätten wir die Rollen getauscht«, sagte Ludwig später.

Wir gingen nicht gleich nach München nach unserer Ankunft im Mai des letzten Jahres. Im Gegenteil, den ganzen Sommer über blieben wir am Starnberger See, auf halbem Wege nach Schloss Berg. Dort hielt sich anfangs der

König auf, und jeden Tag fuhren wir zu ihm, damit er und mein Herr miteinander reden und musizieren konnten. Das heißt: Mein Herr redete und musizierte und der König hörte zu. Mein Herr beschrieb ihn so: *Bin ich Wotan, so ist er mein Siegfried. – Dabei ist er königlich: Er hat keinen Vormund, steht ganz allein, ohne jede Art von Einfluß; sein Ernst, seine Strenge in der Besorgung der Regierungsgeschäfte, läßt Allen keinen Zweifel darüber, daß sie es mit einem König zu thun haben.*[54] Er sei ganz *fest* und zugleich *unglaublich naiv.* Das meinte er aber nicht negativ, sondern eher im Sinn von unschuldig. Er sei ein *lebendiges Gedicht!*[55]

Seine neue Stellung im Leben sowie am Hof kam meinem Herrn so vor: *ich habe keinen Titel, keine Function, keine Verpflichtung: ich bin nichts als Richard Wagner!* Und nur dafür, dass er Richard Wagner war, wurde er königlich bezahlt. Das gab es noch nie.

Er schrieb ein *Programm für den König*:

1864. Sommer, während der Trauer: Scenen aus den Nibelungen am Klavier mit Bülow oder Klindworth. Herbst (Anfang Winter). ›Große Musikaufführung von Bruchstücken noch unaufgeführter Werke auf dem Theater. Persönliche Leitung.‹ Winter. Aufführung des ›Lohengrin‹, sobald der Tenorist genügend befunden werden kann, sonst verschoben bis zu einem entsprechenden Gastspiel.

1865. Frühjahr. Aufführung des Tristan mit Schnorr. Anfang der Wintersaison: Aufführung der Meistersinger, mit dem vorhandenen Personale.

1866. Aufführung des Tannhäuser nach theilweise neuer Bearbeitung.

1867–68. Große Aufführung des gesammten »Ring des Nibelungen«.

1869–70. Die Sieger, nach einer buddhistischen Legende.

1871–72. Parzifal. –

1873. Mein glücklicher Tod![56]

Er bezog das Jahreseinkommen eines Ministerialrats. Wann wäre es ihm je so ergangen? Er fand es großartig, Richard Wagner zu sein, aber es reichte ihm doch nicht. Nicht ganz.

Denn als der König abreiste, sah er mich öfter mit jenem Blick an, den ich schon an ihm kannte. Ihm fehlte etwas, obwohl ich da war. Er sehnte sich nach etwas, was ich ihm nicht sein konnte. Ich begriff nicht genau, was es war, nur dass es das Gegenteil von mir sein musste, das Gegenteil eines alten Jagdhundes, das verstand ich doch. Wir hatten zweiundzwanzig Zimmer im Haus Pellet, sein Garten reichte bis zum See, damit ich immer schwimmen gehen konnte. Der See war viel zu groß für uns allein, und es fiel uns schwer, alle zweiundzwanzig Zimmer auf einmal zu bewohnen, auch wenn ich alle zweiundzwanzig so gut im Blick behielt, dass jedes voller goldener Dosen hätte sein können – ich hätte es gemerkt, wenn eine fehlte. Aber es war nicht die Angst, die meinen Herrn unruhig machte, es war etwas anderes. Als ich die junge Baronin ankommen sah, verstand ich alles.

Eine Woche später kam auch noch ein furchtbar kranker dünner Herr, das war der Baron, ihr Mann, aber mir machte er nichts vor, ich habe eine genaue Witterung in solchen Dingen: Er kam eine Woche zu spät. Seine Frau war schon nicht mehr seine Frau.

Natürlich kann ein Hund von seinem Herrn nicht alles wissen. Ich wusste zum Beispiel nicht, dass er die Mainzer Mathilde nicht minder dringlich eingeladen hatte als die Bülows. Und wie deutlich er geworden war: *Den Schreck kann ich Dir nicht sparen, aus all Deiner Ruhe Dich wieder herauszurütteln mit der Frage: Willst Du zu mir kommen und mir mein Haus führen? … Jetzt kommen die Bülow's für ein paar Monate …: ich hab Alles hergerichtet, um es ihnen in meinem großen Hause behaglich zu machen; – das wird denn für einige Zeit helfen! … Ach! wie steht es nun mit Dir? Muß ich immer noch fürchten, Dein Herz über den Haufen zu werfen, wenn ich Dich bitte, zu mir zu kommen?*[57]

Die Mainzer Mathilde störte weiterhin, dass mein Herr verheiratet war. Es ist bei den Menschen nicht anders als bei den Jagdhunden. Instinkt und Furchtlosigkeit sind alles. Dass die Baronin völlig furchtlos war, habe ich gleich gespürt. Es musste sie auch nicht stören wie die Mainzer Mathilde, dass er verheiratet war. Das war sie schließlich selber. Was ihre Situation von der Wagners unterschied, war nur, dass seine Frau weit weg in Dresden war, während ihr Mann jeden Tag vor der Tür stehen konnte. Die beiden sahen sich nicht zum ersten Mal, beileibe nicht. Und wahrscheinlich hatte die Baronin ihn immer schon geliebt, zumindest seine Musik, und da liebte sie den Mann irgendwann gleich mit. Außerdem hatten sie – und das erzählten sie sich immer wieder, obwohl sie es beide wussten, einer so gut wie der andere – seit dem letzten Herbst einen Bund miteinander.

Es geschah, als er auf Reisen war und ich ihn bei seiner Rückkehr so erschreckt hatte, weil ich aussah wie eine wandelnde Hundeleiche. Dabei sah er, bloß in Menschengestalt, kaum besser aus. In Berlin hatte er mit der Baronin eine Art Selbstmörderbund geschlossen, gewissermaßen einen Vertrag im Angesicht der letzten Dinge. Seit dem letzten Herbst bilden beide eine geheime apokalyptische Sekte, mit sich selbst als einzigen Mitgliedern. Das hatte sich ganz spontan ergeben.

Mein Herr war für einen Tag in Berlin gewesen, Bülow wollte unbedingt, dass er zu seinem Konzert kommt; und nun probte er noch, während seine Frau und der Durchreisende versuchten, miteinander zu lachen wie früher. Aber sie fingen aus Versehen beide an zu weinen. Vor Unglück. Das mussten sie sich dann natürlich erklären, und so verbündeten sie sich – im Angesicht des Grabes. Mein Herr hat viel übrig für diese etwas absurden Arten der Liebe. Sosehr er uns Hunde mag, über unsere einfache, gerade, aufrichtige, umweglose Liebe würde er nie eine Oper machen. Abends gingen sie dann beide ins Konzert, das Bülow dirigierte, und sie lachten sogar. Ich berichte das so ausführlich, weil ich gleich spürte, dass die Baronin wohl so schnell nicht wieder verschwinden würde. Habe ich schon erwähnt, dass sie mit ihren beiden kleinen Töchtern da war?

Ich gebe zu, ich musste mich erst an diese Frau gewöhnen. Nirgends konnte ich mehr mit meinem Herrn allein sein, ständig war er zu zweit. Egal wohin sie gingen, sie gingen Arm in Arm. Zweiundzwanzig Zimmer, und immer waren sie im selben. Nur der Baron befand sich meist in einem anderen, schon weil er so krank war.

Der Baron hat mir leidgetan. Krank sein und dann noch seine Frau verlieren! Es muss ungefähr so sein, wie seinen

Herrn verlieren. Und wie es ist, krank zu sein, braucht mir keiner zu erklären. Ich habe mich noch nie so schlecht gefühlt. Hoffentlich irrt sich die Baronin, und es ist nicht die Schwindsucht. Ich weiß nicht, ob er jetzt schon begonnen hatte, mir diese Wolldecken um den Leib zu wickeln, mit denen ich später auf die Straße gehen musste, vor allen Leuten!

Bülow brauchte keine Decken zu tragen. Mein Herr sagte, es lag am Wetter, dass er nicht gesund wurde. Von *gänzlich zerrütteter Gesundheit,* habe er *sich hier nicht nur nicht erholen* können, sondern alles sei noch schlimmer geworden. *Dazu auf dem Lande, Arzt, Apotheke u. s. w. alles schwierig.*[58] Es war wirklich ein miserabler Sommer im letzten Jahr, aber ich glaube, die Tatsache, dass mein Herr mit seiner Frau schlief, konnte Bülow gar nicht gesünder machen.

... und mit mir hat es einen Haken, sagte mein Herr manchmal. Einen Brief an die Mainzer Mathilde schloss er in dieser Zeit mit dem Satz: *Ich hab Dich lieb, gewiß.*[59] Man muss nicht viel von der menschlichen Liebe verstehen und auch nicht von der Liebe der Frauen, um zu begreifen, dass Mathilde jetzt genau das machte, was sie immer verweigert hatte: Sie kam gleich selber nachsehen. Allerdings hatte sie noch einen zweiten Grund, denn die Zeitungen meldeten, Wagner sei schwer an Typhus erkrankt.

Inzwischen waren wir schon in München und gerade dabei, aufs *Schiff* überzusiedeln. Mein Herr hatte natürlich keinen Typhus – die Presse hat ihn nie geliebt –, dafür begann er auf eine äußerst schmerzhafte Art zu spüren, dass er Hämorrhoiden besaß. Es wurde eine böse Sache: Pfi und

Pfo, und dazu Hämorrhoiden, drittes Stadium vielleicht. Das geht über meine Kraft, sagte er. Aber von Letzteren wussten die Zeitungen wohl nichts.

Überhaupt, die Zeitungen. Vielleicht rühmt mein Herr auch unseren geraden Sinn und unser Urteil, weil Hunde keine Zeitung lesen. Er hatte den König gleich gewarnt: Das Grundübel der Epoche sei die Presse, sie verderbe alles, die öffentliche Meinung und das Urteilsvermögen. Ich möchte betonen, dass mein Herr diese Ansicht bereits vertrat, als der Artikel »Richard Wagner und die öffentliche Meinung« in der »Augsburger Allgemeinen Zeitung« noch nicht erschienen war, und das war am 19. Februar diesen Jahres. Die Zeitung kritisierte das *Schiff*, unser schönes Haus mit den Nussbäumen davor. Der Garten dahinter gehört vor allem mir, aber nicht das störte die »Augsburger Allgemeine«.

Aus irgendeinem Grund missfiel ihr, wie *das Schiff* eingerichtet war, dabei kann ich mich nicht erinnern, dass die »Augsburger Allgemeine« je bei uns zu Besuch war. Sie sprach von seiner »ausgesucht sybaritischen Art«. Ich bin nicht belesen, niemand wird das von mir erwarten, ich wusste gar nicht, was das bedeutet. Später wurde mir klar, dass die Bewohner der längst versunkenen antiken Stadt Sybaris am Golf von Tarent ungefähr den gleichen Geschmack gehabt haben mussten wie mein Herr. Wahrscheinlich glaubte die »Augsburger Allgemeine«, genau deshalb sei Sybaris untergegangen, und nun wollte sie alle Bayern warnen, dass es mit ihrem Königreich genauso kommen würde, wenn Richard Wagner hier weiterregiere. Genau diese Art der Beweisführung, sagt mein Herr immer, nennt man auch Journalismus.

Vielleicht wäre schon dieser Artikel nicht geschrieben worden, hätte der König nicht ein paar Monate zuvor, im November 1864 beschlossen, das Nibelungen-Theater bauen zu lassen, und Semper nach München berufen. Ich weiß nicht genau, ob dieser Münchner Wirt, der meinen Herrn nur »Lolus« nannte, jetzt schon damit angefangen hatte. Den Namen verstand jeder. Die Tänzerin Lola Montez war einst die Leidenschaft von Ludwig I. gewesen; sie war aber nicht nur Tänzerin, sondern wurde bald auch ein Hauptnebengrund der Abdankung des Königs. Mein Herr hat mal einen Aufsatz über Lola Montez geschrieben

Es waren keinesfalls nur der Wirt und die Presse allein, die meinen Herrn schon im Frühjahr so sehr verunsicherten. *Am 6. Februar d.J. um 1 Uhr*, schrieb er dem König, *begegnete mir das Ungeheure, an der Thüre meines erhabenen Freundes, an welcher ich auf dessen gütige Einladung erschien, abgewiesen und in den Hof herabgeführt zu werden.*[60] Schon am nächsten Tag und »von tiefem Schmerz bewegt«, teilte ihm Ludwig mit: »Ich muß Ihnen eine Eröffnung machen, welche Sie hart berühren wird; wie schwer es mir wird, es zu thun, können Sie sich denken ... Ich muß meinem Einzigen die Mittheilung machen, daß Umstände, die ich gegenwärtig nicht besiegen kann, daß die eisern fesselnde Nothwendigkeit es mir zur heiligen Pflicht macht, Sie, wenigstens in gegenwärtiger Zeit, nicht zu sprechen. – Daß meine Liebe bis in den Tod Ihnen treu bleiben wird, daran werden Sie, ich weiß es, nie zweifeln ... Ja, fest hoffe ich auf glücklichere Zeiten, wir werden uns sehen und sprechen, wie damals! – Die fürchterliche Fessel wird schwinden! – … Die Liebe kann Alles; wir werden siegen! Ewig Ihr Ludwig.«[61]

Mein Herr teilte ihm am 11. März mit, dass er nun seine Seele geborgen wisse, doch benötige er eine letzte Aufklärung: *Soll ich fortgehen? Soll ich bleiben? – Was Sie wollen, das will ich … Doch muss sich das entscheiden, und heute noch! Meine Seelenkräfte sind in der äussersten Spannung: ich muss deutlich wissen, durch welchen Entschluss ich dem Geliebten Ruhe geben kann. Was ich noch vermag, wird Sein Werk sein: Er ist bestimmt, weit über mich hinaus mein Werk zu vollenden … Diess eine Wort – wie es ausfalle – erwarte ich freudig als Befehl! – Bis in den Tod getreu – Richard Wagner.*[62]

Ludwig antwortete sofort: »Theurer Freund! BLEIBEN SIE, BLEIBEN SIE hier, Alles wird HERRLICH wie zuvor. – Ich bin beschäftigt. – Bis in den Tod Ihr Ludwig.«[63]

Und der König hatte recht. Denn nun schlug unsere Stunde, die Stunde des »Tristan«. Es ist noch nicht lange her, es war in diesem Sommer. Ich habe meinen Herrn noch nie so glücklich gesehen. Manchmal weinte er auch. Aber nur vor Glück. Dass er seine Oper nun wirklich hören sollte! Und mit diesem Schnorr als Tristan, mit dem er schon geprobt hatte, als ihn dieser dumme Hund vom Rhein in den Daumen biss. Haben Sie mal das Bild gesehen, das in diesen Tagen entstand?

Schauen Sie sich dieses Bild an! Es sind lauter bedeutende Männer darauf, soll ich sie aufzählen? Ich kenne sie alle. Aber wer auf dem Bild ist wirklich wichtig? Wer ist der

Mittelpunkt? Das sind ohne Zweifel wir, mein Herr und ich. Obwohl er sitzt, und ich liege sogar. Mein Herr schaut wie in eine ferne Zukunft, das ist sein typischer Erlöserblick. Nun wenn er mich ansieht, hat er diesen Blick überhaupt nicht nötig. Vielleicht können sie sich wirklich nicht verstehen, die Bayern und mein Herr.

Er will immer irgendwen erlösen. Aber ich glaube, die Bayern wollen gar nicht erlöst werden. Sie sind Katholiken. Sie leben ganz und gar endzeitlos, von Maß zu Maß, von Weißwurst zu Weißwurst. Das ist ihre Heilserwartung. Ich verstehe das. Jeder Hund ist in seinem tiefsten Herzen ein Bayer. Ein gebildeter Mann wird einmal sagen, bei den Bayern handele es sich um einen Volksstamm, an dem Kant und Hegel vollkommen vorbeigegangen sind.

Ich will nicht behaupten, das verstanden zu haben, aber ich ahne, was er meint: Er sucht einen Grund für ihre eigenartige Erlösungsresistenz. Mein Herr dagegen ist erlösungsbedürftig im höchsten Maße. Ich finde das glaubwürdig. Sollte man einem Erlöser, der nicht selbst erlösungsbedürftig ist, nicht misstrauen? Ich wiederum liebe ihn für seine Begabung zum Diesseits. Nun treibt er auch noch Theologie!, werden Sie sagen. Ich höre schon auf. Sie sehen mich auf dem Bild: Ich liege da, in aller Gelassenheit des Daseins. Niemand auf diesem Foto ruht so in sich wie ich: Ich bin ein Bayer, es ist kein Zweifel. Mein Himmel hängt voller Weißwürste, und einen anderen brauche ich nicht. Hoffentlich ist es nicht die Schwindsucht.

Ich glaube, der König mag keine Weißwürste, er isst lieber Möweneier. Wenn einer noch erlösungsbedürftiger ist als mein Herr, dann er. Ludwig hatte während des »Tristan« nur noch in den Opernpausen regiert. Er lebte von einer Vorstellung zur anderen. Und nach dem Ende des letzten »Tristan« warf er seinen Sekretär aus der Equipage: Er wolle allein sein. Vielleicht hielten der Sekretär und die Sekretäre des Sekretärs sowie deren Sekretäre das für ein böses Vorzeichen. Würde der König am Ende mit Richard Wagner, dem Aufwiegler, dem Revolutionär in seinem Königreich, allein sein wollen? Und wenn ja, wo wären dann sie?

Ich verstehe Pfi und Pfo. Sie mussten einem Mann misstrauen, der ihren König dazu brachte, den Dampfer, der seinen eigenen Namen trug, in »Tristan« umzubenennen. Und der jetzt, nach dem »Tristan« und oft ganz »betäubt durch staatsrechtliche Studien und politische Geschäfte«, nur auf einen wartete: auf den »Lohengrin«, noch in diesem Jahr in seiner Hofoper. Es wird nicht mehr dazu kommen, es ist zu spät. Außerdem ist Schnorr tot, einfach umgefallen, kurz nach dem »Tristan«. Sie nannten es die »springende Gicht«. Ich habe, glaube ich, etwas anderes. Entweder es ist das Herz oder wirklich die Schwindsucht. Sie hätten die Briefe lesen sollen, die Ludwig meinem Herrn in diesen »Tristan«-Tagen schrieb, sie endeten etwa so. »EINZIGER! – HEILIGER! – Wie wonnevoll! – VOLLKOMMEN. So angegriffen von Entzücken! – … Ertrinken … versinken – unbewußt – höchste Lust. – GÖTTLICHES Werk! Ewig treu – bis über den Tod hinaus! –«[64] Oder: »Alles, Alles ja bist Du mir! – Leuchtende Liebe, lachender Tod! – Ach, für Dich zu sterben! – Dein, in Ewigkeit! Ludwig.«[65] Man muss schon sehr gesund sein, um solche Briefe zu schreiben.

Ich muss noch immer viel husten. Ich habe die ganze Nacht durchgehustet und über *das Schiff* nachgedacht, nachdem Lutz gegangen war. Eben, am Morgen, hielt ich es schon für latent unsinkbar, aber nun ist der Brief vom König da. Mein Herr zeigt ihn mir nicht, aber das ist auch nicht nötig. Ich kann ihn auch so lesen, in seinem Gesicht.

… geht unter.

»Mein theurer Freund!
So leid es mir ist, muß ich Sie doch ersuchen, meinem Wunsche Folge zu leisten, den ich Ihnen gestern durch meinen Sekretär aussprechen ließ. – Glauben Sie mir – ich mußte so handeln. Meine Liebe zu Ihnen währt ewig; auch ich bitte Sie, bewahren Sie mir immer Ihre Freundschaft; mit gutem Gewissen darf ich sagen, ich bin ihrer würdig. – Getrennt – wer darf Uns scheiden? –

Ich weiß es, Sie fühlen mit mir, können vollkommen meinen tiefen Schmerz ermessen; ich konnte nicht anders, seien Sie davon überzeugt; zweifeln Sie *nie* an der Treue Ihres besten Freundes. – Es ist ja nicht für immer. –
Bis in den Tod
Ihr treuer Ludwig.

München, 7. Dezember 1865
(Soviel als möglich soll die Sache geheim gehalten werden, Ihrem Wunsche gemäß.)«[66]

Wir werden *das Schiff* verlassen müssen. Ja, wäre ich noch ein junger Hund. Vielleicht hatte er recht, als er mich gleich zu alt fand. Im Nachhinein scheint es mir nun doch, als hätte alles so kommen müssen. Das sagt sich so leicht: *Das Schiff* verlassen. Ich brauche, noch jetzt, nur loszugehen, vorausgesetzt, ich schaffe es mit diesem Rasseln in der Brust bis zur Tür. Menschen können das nicht. Menschen fangen immer erst an zu packen. Mein Herr packt gewiss auch gleich. Aber noch nicht. Er wirkt gefasst, gefasster als gestern Abend, als Herr Lutz da war.

Er schreibt, so als hätte er alle Zeit der Welt. Dabei weiß er genau, dass Flüchtlinge keine Zeit haben, aber eben darum geht es:

Mein theurer König! Gewiss täuschen Sie sich nicht über die Dauer meiner Entfernung. Ich bitte Sie daher, mir einige wenige Tage zu gönnen, um mein Haus und meine Angelegenheiten in würdiger Weise zu ordnen. Alles, was ich thue, ist nur Vorbereitung meiner Abreise … Lassen Sie mich nicht in unwürdiger Weise drängen, noch sonst wie belästigen. Vertrauen Sie meinem Edelmuth, und vor Allem meiner Liebe zu Ihnen, dass ich in keiner erdenklichen Weise irgend welche Beunruhigung für Sie noch für sonst Jemand veranlassen werde. Dagegen bitte ich Sie dringend, dass meine Abreise – wie auch Sie mir versprachen – unbeachtet bleibe … Beim Scheiden werde ich Ihnen mein einstweiliges Vermächtniss hinterlassen … In wenigen Tagen melde ich Ihnen, dass ich an der Schwelle Ihres Landes stehe. Treu bis zum Tod Ihr Richard Wagner.[67]

Er allein? Wir! Er müsste mich zurücklassen, in meinem Zustand. Aber ich glaube, er will nicht. Er gehe nur mit mir, sagt er. Ich glaube, er hat Angst, dass ich in seiner Abwesenheit sterbe. Jetzt bin ich der einzige Ruhepunkt im Haus, wenn die Dauermitteilsamkeit meiner Lungen dieses Wort erlaubt.

Es muss so vieles geordnet werden. Kein Mensch, der packt, denkt an die Kunst und ihre Ideale. Soll ich noch erklären, warum ich glaube, es musste alles so kommen?

Am 20. Oktober, es war also gewissermaßen vorgestern, hielten zwei Droschken vor unserer Haustür. Auf den Wagen standen lauter Säcke, und in den Säcken waren vierzigtausend Gulden in kleinstmöglichen Silbermünzen. Die Nachricht, dass vor Richard Wagners Haus Geld abgeladen wird, verbreitete sich wie ein Lauffeuer in der Stadt. Das Volk eilte von den Biertischen und aus den Werkstätten, aus den Kinderstuben und Wohnzimmern in unsere Straße. Es kam und sah: Da sind ja unsere Steuergelder! Und sah sie *im Schiff* verschwinden.

Die Kabinettskasse hatte der königliche Befehl erreicht, meinem Herrn möglichst diskret vierzigtausend Gulden auszuzahlen. Befehl ist Befehl! Die Kabinettskasse konnte Ludwig schwerlich ein »Nicht genehmigt!« zurückschreiben. Es blieb ihr nichts, als den Befehl auszulegen. Und das hat sie gemacht. Möglichst diskret? Ich verstehe wenig von dem Metall, um das das ganze Dasein der Menschen kreist. Doch als die königlichen Kleingeldträger da Sack für Sack bei uns in der Brienner Straße abluden, bis die vierzigtaused vollzählig waren, begriff noch der dümmste Hund, dass vierzigtausend ziemlich viel Geld sein mussten. Sie waren kein Geschenk, sondern ein Darlehen, aber ich nehme es Pfi und

Pfo nicht übel, die Summe gleich unter unwiederbringliche Verluste zu buchen. Das war, ich hatte es schon erwähnt, am 20. Oktober. Und doch war noch nichts entschieden. Denn wurden Pfi und Pfo etwa vom König nach Hohenschwangau eingeladen?

Aber wir! Wir fuhren!

Manchmal glaube ich, ich erlebe den nächsten Tag nicht. Es ist jetzt schon der 8. Dezember, und ich atme immer noch. Oder ist das eher ein Pfeifen? Wie aus dem letzten Loch, sagen die Musiker. Doch ich bin nicht der Einzige, weiß Gott nicht. Schon wieder kommt ein Brief vom König: »Mein theurer, innig geliebter Freund! Worte können den Schmerz nicht schildern, der mir das Innere zerwühlt. – Was nur irgend möglich, soll geschehen, um jene elenden, neuesten Zeitungsberichte zu widerlegen.« – Mein Herr wirkte an dieser Stelle etwas ratlos, da er die noch gar nicht kannte. Er las weiter: »Daß es bis dahin kommen mußte! Unsre Ideale sollen treu gepflegt werden, dieß brauche ich Ihnen kaum erst zu versichern. Schreiben Wir Uns oft u. viel, ich bitte darum, – Wir kennen Uns ja, Wir wollen von der Freundschaft nie lassen, die Uns verbindet! – Um Ihrer Ruhe willen mußte ich so handeln. Verkennen Sie mich nicht selbst nicht selbst nicht auf einen Augenblick; es wäre Höllenqual für mich – Heil dem geliebtesten Freunde! Gedeihen Seinen Schöpfungen, herzlichen Gruß aus ganzer Seele von Ihrem ›treuen‹ Ludwig.«[68]

Wie traurig das klingt! Ich habe den König gesehen, auf Hohenschwangau, es ist keine drei Wochen her, da er war glücklich. »Wenn ich bei Ihnen bin, versagt mir die Sprache, fehlen mir die Worte, ich bebe vor Wonne. – Mir schwindet die Welt …«,[69] erklärte er meinem Herrn. Und dem ging es wohl ähnlich, obwohl ihm nie die Worte fehlten, und die Noten auch nicht.

Am 12. November drang morgens um sieben Uhr ein Klang an mein Ohr, so wurde ich noch nie geweckt. Es waren Hörner, sie antworteten einander. Als der König ans Fenster trat, sah er auf den Zinnen des Schlosses, in dem er groß geworden war, Bläser stehen. Das war meinem Herrn eingefallen, er hatte eine kleine Abteilung des ersten Infanterieregiments nach Hohenschwangau abkommandiert. »Im Frühn versammelt uns der Ruf / gar viel verheißet wohl der Tag!«

Den Gruß hatte der König zum ersten Mal gehört, als er mit fünfzehn Jahren den »Lohengrin« gesehen hatte, in München. Den Schwanenritter kannte er schon von den Wänden dieses Schlosses, im feierlichen Zug der Ritter ist auch er, das Horn blasend, um dem Kaiser seine Ankunft zu melden. Man wird später sagen, dem König sei es schwergefallen, Oper und Realität auseinanderzuhalten. Aber ist das ein Wunder, wenn einer so groß wird?

Der König requirierte vor Begeisterung gleich noch zwanzig Mann desselben Regiments. »Im Frühn versammelt uns der Ruf / gar viel verheißet wohl der Tag!« So begannen unsere Morgen auf Hohenschwangau.

Auch in München erschallte inzwischen Ruf um Ruf, bloß ganz ohne Hornbläser. Sie verhießen auch etwas ganz anderes, der »Neue Bayerische Courier« brachte eine Zusammenfassung: »Das geringste Übel, das dieser Fremdling über unser Land bringt, läßt sich in bezug auf seinen unersättlichen Appetit nur mit monatelang die Sonne verfinsternden und alle unsere Fluren verzehrenden Heuschreckenschwärmen vergleichen. Dieses schreckliche Bild einer Landplage aus pharaonischen Zeiten ist aber noch gar nichts gegen das Unheil, welches dieser sich maßlos überschätzende Mensch anstiften muß, wenn er statt Zukunftsmusik auch noch Zukunftspolitik treiben kann.«[70]

Wozu besitzt man das Herz eines Königs, wenn nicht zum Mitregieren? Und was ist Zukunftsmusik ohne Zukunftspolitik?

Ich weiß nichts von Politik, daran haben auch die Tage von Hohenschwangau nichts geändert. Aber ich habe gesehen, wie der Oberappellationsgerichtsrat Lutz öfter dort mit meinem Herrn konferierte. Ich glaube, mein Herr bekam damals Lust, die Regierung zu stürzen. Nicht als unmittelbarer Parteigänger von Lutz, mehr auf eigene Faust. Es ging, hörte ich, um die Stellung Bayerns zwischen Österreich und Preußen. Natürlich war Bayern immer gegen Preußen gewesen, zumal gegen Bismarck, aber ob das auch jetzt klug wäre? Ich bin nur ein dummer Hund, Königreiche regiert man anders als eine Jagdmeute, auch ist unsere Außenpolitik viel einfacher: kein Entrinnen für den Feind! Die Armen aber wussten noch nicht einmal, wer überhaupt der Feind ist. Sie mussten ihn erst noch bestimmen, und jeder bestimmte ihn anders. Selbst die Einstellung meines Herrn zu Preußen wandelte sich erst allmählich. Natürlich ist es immer schwierig, denjenigen zum Feind zu ernennen, der stärker ist als man selbst. Aber ich politisiere, Verzeihung! Wovon ich wirklich etwas verstehe, sind Rangordnungen, und um diese ging es. Bei uns auf Hohenschwangau wie in München.

Mein Herr erklärte dem König seine Pläne für eine Regierungsumbildung. Er halte es für unabdingbar, Pfi und Pfo zu entlassen. Ich weiß nicht, ob Ludwig in diesen Novembertagen wirklich begriff, was mein Herr da von ihm verlangte, er war so glücklich, vielleicht hätte er in dieser Gemütsverfassung am liebsten seine erst noch zu bestimmenden Feinde umarmt, und Pfi und Pfo gleich mit, gerade weil sie bald nicht mehr da sein würden.

Die Stunde unseres Abschieds nahte. Ludwig teilte meinem Herrn mit: »Ich sende Ihnen hier eine Taschenuhr mit einem Schwane …; tragen Sie dieselbe, ich bitte Sie, zuweilen dabei des Freundes gedenkend, der Sie liebt mit aller Kraft der Seele, liebt bis in den Tod. – Wenn Sie den dunkelblauen Deckel der Uhr öffnen, werden Sie ein Bildchen (Lohengrin im Nachen) sehen; der ›Lohengrin‹ war es, der den ersten Keim der Begeisterung und glühenden Liebe zu Ihnen in mein Herz legte … Ich lege Knöpfe mit Schwänen bei mit dem hellstrahlenden Kreuze, dem Zeichen der Erlösung, des ewigen Heils. – … Ewig Ihr treuer Ludwig«.[71]

Er selbst blieb noch da und sah zu, wie sein Flügeladjutant Paul von Taxis, als Lohengrin verkleidet, nachthell angestrahlt von elektrischem Licht über den See fuhr. Dazu spielte das abkommandierte Regimentsorchester aus der Oper. In München aber meldeten die Zeitungen inzwischen nicht nur, dass die Heuschreckenplage im alten Ägypten gar nichts gewesen sei gegen Richard Wagner in München. Ehrbare Münchner Bürger hatten mehr oder minder freiwillig fast viertausend Unterschriften zur Rettung des bayerischen Königreiches vor dem berüchtigten Revolutionär Richard Wagner gesammelt.

Es gab nur eine vernehmbare Gegenstimme. In den »Neuesten Nachrichten« erschien am 29. November ein einsamer, mit »fr« gezeichneter Pro-Wagner-Artikel. Er endet: »... ich wage, Sie zu versichern, daß mit der Entfernung zweier oder dreier Personen, welche nicht die mindeste Achtung im bayerischen Volke genießen, der König und das bayerische Volk mit einem Male von diesen lästigen Beunruhigungen befreit wären.«[72] Pfi und Pfo!

Es ist nicht mein Amt, die Publikationstätigkeit meines Herrn zu kritisieren, aber ich will Sie doch darüber informieren, was die engsten Freunde meines Herrn über diesen Artikel dachten. »Allem besseren Rat entzogen, den er bei Heinrich (Porges), Hans (von Bülow), bei mir hätte finden können, ergriff Wagner bei seiner Rückkehr von Hohenschwangau das Panier offenen Krieges gegen die Kabinettsräte, indem er in den Neuesten Nachrichten einen Artikel veröffentlichte«,[73] befand Peter Cornelius. Pfi und Pfo hoben die Schilde.

Und der König? Wusste nichts und schrieb Liebesbriefe an meinen Herrn: »Im Himmel wähne ich zu sein, gedenke ich jener wonnevollen Tage: der Geliebte hier, bei mir gewohnt, froh und glücklich, – o Seligkeit des Gedenkens! Heldenstärke fühle ich in mir, festen Muth zum kräftigen Handeln!«

Hier täuschte sich der König.

Dem Ansturm der Wirklichkeit, die ihn erwartete, war er nicht gewachsen: Erzbischöfe, Professoren und der bayerische Adel inklusive seiner eigenen Verwandtschaft kamen, bei ihm vorzusprechen, und zwar »in höchster Sorge«. Pfi und Pfo konnten noch immer besser regieren als mein Herr. Pfordten teilte Ludwig am 1. Dezember mit, dass der Augenblick der Entscheidung gekommen sei: »Eure Majestät stehen an einem verhängnisvollen Scheidewege und haben zu wählen zwischen der Liebe und Verehrung Ihres treuen Volkes und der ›Freundschaft‹ Richard Wagners.«[74] Er provoziere eine Revolution!

Könige sind durch nichts so zu erschrecken wie durch Revolutionen.

Als das Kabinett mit Rücktritt drohte, sah Ludwig keinen Ausweg mehr.

Und dann kam Lutz.

Am 10. Dezember wollen wir fahren, ganz früh, wenn alle Bayern noch schlafen, auch und vor allem die Presse. Mein Herr liest nach dem Brief des Königs auch noch die »Augsburger Allgemeine«. Er weiß nun, wie geheim unsere Abreise ist. Ich sage nicht, dass ich auch diesen Artikel von seinem Gesicht abgelesen habe, Sie würden mir ohnehin nicht glauben.

»München, 7 Dec. Daß Richard Wagner aus Bayern fortgewiesen wurde, wird Ihnen wohl schon von anderer Seite her bekannt seyn«, meldet der Korrespondent des Organs und schließt: Da »von allen Seiten in ebenso übereinstimmender als freimüthiger Weise aufgedeckt wurde daß, mit geringer Ausnahme, die Strömung gegen Wagner sey, so war des Königs Entschluß rasch gefasst. ›Ich bin entschlossen‹, so äußerte er sich gegen einen der Staatsminister, ›daß R. Wagner Bayern verlassen muß‹.«[75] Dieser Entschluss sei dem König zwar nicht leicht gefallen, doch beuge er sich der Autorität seines Volkes, mit dem er in Frieden leben wolle. »Noch gestern Abend ergieng demgemäß an R. Wagner die Weisung Bayern zu verlassen. Die hierauf bezügliche Mitteilhung … lautet zwar ›auf einige Monate‹, Sie dürfen mir aber aufs Wort glauben daß dieß gleichbedeutend ist mit ›für immer‹. Uebrigens hat Se. Maj. in wahrhaft königlicher Gnade und Großmuth dem Exilirten einen jährlichen Sustentationsbezug von achttausend Gulden anweisen lassen. Wie ich höre, wird R. Wagner längstens bis übermorgen Bayern verlassen haben.«[76]

Am Abend des 9. Dezember schreibt mein Herr noch einmal an den König, Lektüreeindrücke der »Augsburger Allgemeinen« und anderes. Seine letzten Sätze lauten: *Wenn Sie diese Zeilen erhalten, bin ich an Biessenhofen, wo Sie mir zum letzten Mal die Hand drückten, schon vorbeigefahren, und weile*
Am frühen Morgen des 10. Dezember kurz nach fünf Uhr sind die Freunde am Bahnhof, auch Cosima. Sie warten auf Wagner, er will den Frühzug nach Genf nehmen, sie warten lange. »Endlich kam der Wagen. Wagner sah gespenstisch aus; bleiche verworrene Züge und das lange schlaffe Haar ganz grau schimmernd. Wir gingen mit hinaus an den Waggon, Franz und Pohl … reisten mit.«[78] Wagner spricht noch viel mit Cosima, ein Freund hört das Wort »Schweigen« her-

aus. – »Als der Waggon hinter den Pfeilern verschwand«, ist es Peter Cornelius »wie das Zerrinnen einer Vision«.[79]

10 Dez: früh abgereist … Ohne Thräne. – Pohl (hustend) u. Franz,[80] notiert der Verbannte.

Das *Schiff* ist untergegangen.

DIE NIBELUNGEN IN DEN RABATTEN DES KÖNIGS

»R. W. seinem Pohl«

Um Dir meine Stimmung zu zeichnen, beachte dieß: als am Mittwoch vor 8 Tagen Abends der Sekretär des Königs, Lutz, zu mir kam, und mir die Bitte des Königs mittheilte, auf einige Monde aus Bayern zu verreisen, stand mit einem Zauberschlage eines der hübschen Landhäuser am Genfer See, welche ich von lange her kenne, leibhaftig vor mir, ich darin, meine Leute bei mir, vollkommene Ruhe, Meistersinger, endliches Aufathmen. Lange Zeit hörte ich nichts, was der Unglückliche weiter zu mir sagte. Dann brachte ich mich in eine künstliche Aufregung, über die ich nachher lachte, und – andren Tags ließ ich einpacken … Hier bin ich meinem Landhaus bereits hart auf der Spur: bald hoff ich wirklich arbeiten zu können, wozu ich in München nie – nie mehr gekommen wäre.[1]

War es so?

Eine der Instanzen, die in ihm wohnen und Ich sagen, hat es so empfunden; da ist eine Schicht seiner Seele, die kann wieder frei atmen. Nein, er wäre in München niemals zur Ruhe gekommen. Entweder man ist Künstler oder Politiker. Es ist gut, dass die Sache entschieden ist. So wie er sie entschieden hätte, nur früher.

Er braucht niemand zu sein als Richard Wagner, hatte der König zu ihm gesagt, und er hatte es als ultimative Freistellung empfunden. Sie konnten beide nicht ahnen, welches Politikum es bedeutet, Richard Wagner zu sein. Die Mainzer Mathilde macht sich Sorgen um ihn? Wer so trösten kann wie er, ist höchstens zur Hälfte ein Verbannter. Vor allem ist er ein Entronnener: *Nun willst Du aber auch wissen, wie's gekommen ist? Kinder sind immer neugierig. Die Jesuiten wollten mir 2 Festspieltheater, 2 Kunstschulen, Villa's u. Renten geben, so viel ich wollte …*[2] Zuletzt habe er es vorgezogen, wieder seine eigene Barrikade zu besteigen. Man nennt das auch Freiheit. *Heute vierspännig mit einem König fahren, morgen von den Pfaffen zerrissen – und dazwischen einzig einzig Arbeitsruhe haben wollen. Das war Unsinn!*[3]

Richard Wagners Ich-Barrikade steht gegen alle Fronten auf einmal, finanziert mit achttausend Gulden Jahresrente vom König. Und hier am Genfer See will er sie errichten. Nur einer macht ihm große Sorgen: *Pohl hat einen bösen Husten: Er doktert.*[4]

Sie wohnen im Genfer Hotel »Métropole«. Die Gäste sehen jeden Tag einen großen Hund, mit einer Decke umwickelt, durchs Foyer gehen. Auch die Genfer merken auf, wenn sie dem seltsamen Passanten begegnen. Sie müssen lachen. Pohl schämt sich so. Die Decke bleibt!, sagt sein Herr. Auch der König weiß schon, wie Pohl durch die Straßen der fremden Stadt läuft. »Halb schwindsüchtig« sei er, erklärt Cosima Ludwig. Natürlich war sie dagegen gewesen, dass Wagner den Hund mitnimmt. Sie konnte es nicht verhindern.

Fast so unwohl wie Pohl fühlt sich nur Ludwig, »allein auf dem Königsthrone, umstrahlt von fürstlichem Glanze, dessen Feuer nicht erwärmt, unbegriffen von meinen Unterthanen«.

Wie kann sein Freund nur nach einem Ort Ausschau halten, an dem er nicht ist?

»Ich brachte es über mich, Ihn zu entfernen: ich mußte, der Tag, er wollte es … zu Ihm will ich, wenn ich Ihm im fernen Lande etwas sein kann (o, ich bitte, theilen Sie mir es mit!)«, wendet sich der König an Cosima, die einzige nahe Seele, die er in München noch weiß: »… ja zu Ihm, oder – sterben! – Ja – sterben … Mit Ihm u. bei Ihm leben – doch ohne Ihn ist des Lebens Werth u. Inhalt für mich verschwunden – dann hinüber, hinüber.«[5] So ungefähr sieht sie das auch, nur gefasster.

Ob der König ahnt, dass er mit der Frau seines Vorspielers um den Platz konkurriert, der Wagners Herzen am nächsten ist? Welch unmögliche Familie ergäbe das: ein Ausgebürgerter, ein entlaufener König und die Frau des anderen. »Dieß ist ein trauriger Brief, in trüber Stimmung, wie ich noch keinen schrieb; u. doch zögere ich nicht, ihn abzusenden«, gesteht der König Cosima. Er weiß, Wagner wird erfahren, wie es um ihn steht. So wie er weiß, wie es Pohl geht.

Zwei Menschen gibt es, die ihn besuchen wollen. Cosima wird daran gehindert, weil sie einen Mann hat, und Könige dürfen ohnehin nicht einfach verreisen. Anfang des Jahres kann er beiden zumindest eine feste Adresse geben.

Herr und Hund ziehen in die Villa »Champagne aux Artichauts« in der Nähe der Stadt. Es ist eine sehr schöne Villa, von seinem Klavierstuhl aus kann der Ausgewiesene den Montblanc sehen, doch das Haus ist feuchtkalt. Wenn er sein Zimmer warm bekommen will, muss er auch das Nebenzimmer heizen lassen. Keine gute Herberge für einen schwindsüchtigen, herzkranken Hund, und auch die Ich-Barrikaden-Laune des Hausherrn sinkt mitunter auf Umgebungstemperatur.

Man soll gar nicht mehr glauben, dass ich auf der Welt bin, hatte er seinen Anspruch an den Ort definiert, an dem er bleiben wollte. Vielleicht war das etwas leichtfertig. Denn manchmal beginnt er schon, selbst nicht mehr daran zu glauben, dass er auf der Welt sei. Das ist der kritische Punkt.

Mitte Januar bricht in der Villa ein Feuer aus, da wird es kurzzeitig etwas wärmer. Aber bei dem Lärm der kurz darauf einziehenden Handwerker, die aus dem Brand-Haus wieder ein ganz normales Haus machen wollen, kommt er keine Note weiter. Und Pohl hustet noch stärker. Hier kann nur noch der Süden helfen, überlegt der Teilzeitvertriebene.

Er hat die Villa ohnehin nur für drei Monate, bis übermorgen gewissermaßen. Er muss so weit weg von München als möglich! Aus der Welt sein! Er schreibt seinem König noch einen langen Brief, dessen Hauptaussage am Ende des zweiten Absatzes steht; sie lautet: *Ich kehre nicht nach München zurück!*[6]

Der Rest ist Stärkung des königlichen Gemüts: *Dünke ich Ihnen hart, so spreche ich doch nur als Unser Schicksal: »so ist es, und so muss es sein!« … Sprechen Sie … keinem Menschen Ihrer Umgebung von dem Leiden, dass Sie fühlen; seien Sie furchtbar stolz … Befreien Sie sich! Werden Sie Herr!*[7] Er verabschiedet sich von seinem alten Hund, legt ihm ein letztes Mal die Decke um, ermahnt ihn ungefähr wie den König, sich zu ermannen. Vielleicht entschuldigt er sich auch, ihm die Reise hierher zugemutet zu haben, aber er hätte ihn nicht allein zurücklassen können. Es musste sein. Er versichert ihm, gleich wieder da zu sein.

Richard Wagner fährt bis nach Marseille, um seinem Hund und sich ein Quartier zu suchen, dass sie beide gesundmachen würde. Von Marseille aus bittet er seine Haushälterin um den Pelzmantel. Der Süden ist auch nicht mehr das, was er einmal war. Und welcher Kältestoß ihn hier trifft. Er will ein paar Tage bleiben, denn er hat schon wieder einen entzündeten Finger, den er unterwegs nicht pflegen konnte. Er muss das nachholen, es ist zu schmerzhaft. Es ist der 25. Januar 1866. Er versucht einzuschlafen, er schläft gerade eine Stunde, als er wieder geweckt wird. Ein Telegramm, nachgeschickt aus Genf. Er liest es, setzt sich auf einen Stuhl und starrt vor sich hin. Am nächsten Tag schreibt er an Pusinelli nach Dresden: *Ich kann nun bis heute morgen, nach mühseliger Nacht, meinen Zustand noch nicht anders schildern als den einer vollständigen Betäubung.*[0]

Minna ist tot.

Nur weil Wagner fort war, hatte die Presse den »Fall Wagner« noch längst nicht aufgegeben. Der »Münchner Volksbote« fand heraus, dass seine Frau in Dresden von der Armenbehörde unterstützt werden müsse, während ihr Mann sich in der Hauptstadt aller Bayern einem Heuschreckendasein gewidmet habe. In Ermangelung eines echten Zeugen brachte sie einen »anonymen Zeugen« bei. Minna war noch in der Lage, eine Ehrenerklärung für ihren Mann abzugeben, bevor sie an den Aufregungen und an ihrem kranken Herzen starb. Wenn er auch schon seit einem Jahr ihre Briefe nicht mehr las, deren Vorwürfe er nicht ertrug, den Lebensunterhalt hat er ihr immer gezahlt: *ich liess ihr ein Jahrgeld von Eintausend Thalern zukommen, welches sie stets regelmässig von mir zugesandt erhielt, so dass sie nie in einem Jahre weniger empfangen hat.*[9]

Es war ein Herzschlag.

Er kehrt um, er hat ohnehin nichts gefunden. Aber bis nach Dresden fährt er nicht. Wie sollte er an das Grab seiner Frau treten, als Sehenswürdigkeit, als Attraktion für die Philister? Er würde ohnehin nicht mehr rechtzeitig eintreffen.

Am 29. Januar 1866 kehrt er in seine feuchtkalte Villa zurück. Pohl kommt ihm nicht entgegen, er hört ihn nicht husten. Es herrscht eine ungute Stille im Haus, stumme Gesichter blicken ihn an. Er weiß es, bevor sie es ihm sagen. Seine alte Frau und sein alter Hund sind tot, beide in derselben Woche gestorben.

Wo? Der Pächter zeigt auf die Stelle. Er hat ihn im Gemüsegarten vergraben. Die entzündete Hand des doppelt Hinterbliebenen ist kaum besser geworden in den letzten Tagen. Jetzt verbindet er statt des kranken einen gesunden Finger und merkt es erst Stunden später. *Seit acht Tagen lag das schöne Thier mit den großen ernsten Augen in der bloßen ganz feuchten Erde!*[10] Er muss Pohl da rausholen. Aber nicht mit dem Finger. Er kann es nicht selbst tun. Er lässt eine Kiste zimmern. Wahrscheinlich muss der Pächter graben … *es war schrecklich.*

O Buddha! … Dieses Jammerwrack anzusehen! Mir vergingen die Sinne.[11] Der Pächter hatte Pohl sein Halsband abgenommen, Wagner legt es dem Leichnam wieder an. Er hüllt ihn in seine Pelzdecke, auf der er immer gelegen hatte, die Januarerde ist kalt. Die Kiste wird mit Heu ausgelegt. Dann begräbt er Pohl noch einmal, hinter dem Haus rechts, unter Bäumen wie im Penzinger Garten, Pohls Garten, aber mit Blick auf den See. Seinem Hund setzt er eigenhändig einen Grabstein, seiner Frau nicht. Auf der Marmorplatte steht: »Seinem Pohl R. W.«

»Mein einziger Freund! Wonne des Lebens! Höchstes Gut! Alles! – Heiland, der mich beseligt!« Und als ob in diesen Anreden noch irgendeine Unklarheit beschlossen wäre, fügt Ludwig hinzu: »Daß Sie mir dieß Alles sind, erfahre ich mit jedem Tage auf's neue.« Der König spricht ihm sein Beleid aus, aber nur zum Tod seiner Frau. Eine Trennung für immer – mahnt sie nicht die Lebenden? »Bei Allem, was Ihnen heilig, BESCHWÖRE ich Sie, kehren Sie hierher zurück, versprechen Sie mir dieß! … Heiß Geliebter, Angebeteter, Herr meines Lebens! Sagen Sie mir Ihr Kommen zu! Glauben Sie mir, sonst STERBE ich!«[12] Majestät vergessen sich. Und das ist erst der Anfang des Briefs.

In den nächsten Tagen befördert die Genfer Post merkwürdige Telegramme wie dieses:

Aufgegeben: München, 31. Januar 1866, 10.00 Uhr nachm.
Angekommen: Genf, 31. Januar 1866, 10.10 Uhr nachm.

»Herrn Richard Wagner Genève.
Ich höre des Hornes mächtigen Schall, o noch ist's Zeit! Hie her, hie her! ... Laß mich Dich sehn, wie ich Dich sah. / WIE ICH DICH FAND, SEI JETZT MIR NAH. / Ich höre das Horn! Ludwig.«[13] Am 7. Februar sitzt der Gerufene auf der Bank vor seinem Haus in der ersten Sonne des Jahres, die keine Wintersonne mehr ist. »Grosse Wärme: erstes Knospen der Gesträuche. Rechts in den Tannen rufen die Finken: unter ihnen Pohl's Grab. – Der Tag bricht an. – Oder ist's die Nacht? – Dort modert meine Frau – dort siecht die Geliebte! – Und hier? – Frühling!«[14]

Soll er noch an neue Hornrufe, neue Höhen, neue Gipfel glauben? Von seinem Klavier aus sieht er wieder den Montblanc. Er gibt vierhundert Francs im Monat nur für Holz zum Heizen aus. Er schaut auf den Berg. Eigentlich müsste er jetzt da hoch. Er braucht einen freien Ausblick. Wie soll er sonst herausfinden, wohin er sich wenden soll? Aber es ist Winter, er sollte einen kleineren Gipfel wählen.

Kinder, wir steigen auf den Berg da!, ruft er an einem blauen Tag seinem kleinen Hausstand zu und zeigt auf den höchsten Kamm hinterm Haus. Menschen, die schwere Verluste erlitten haben, neigen zu seltsamen Entschlüssen. Alle legen ihr Tagwerk nieder und machen sich stumm bereit, den Mont Salève zu besteigen. Damit sie auch eine Chance haben, mietet Wagner am Fuß des Berges Esel. Wahrscheinlich ist er der Einzige, der immer wieder absteigt, zumal an den steilen Stellen. Wie soll das Tier da sonst hochkommen? Die anderen verlieren ihn trotzdem bald aus den Augen.

Er mag Esel. Er kannte mal einen, den besuchte er täglich auf seinem einsamen Stück Wiese, und der Esel schrie kläglich, wenn er wieder ging. Sei doch kein Esel!, wollte er ihm sagen, besann sich aber und sprach: Sei doch kein Schaf!

Wer ist hier das Schaf? Der Esel oder einer, der neben seinem Esel herläuft? Er ist trotzdem der Erste oben. Die Dienstleute keuchen den Mont Salève hinan. Tote Hunde ausgraben! Bergsteigen im Winter! Als die anderen den Gipfel erreichen, sehen sie bereits an einem Baum ein rotes Tuch flattern zum Zeichen, wo ihr Brotherr wieder hinuntergeklettert war.

Und doch, es ist etwas anderes, ob ein Esel neben ihm geht oder sein Hund. Immer erblickt er Pohl neben sich. Und neben Pohl Peps und Fips und manchmal auch Robber. Er geht inmitten eines Hundegeisterrudels. Verena Weitmann bemerkt, dass er nicht allein ist, wenn er allein ist. Sie kennt alle Namen.

Das Geschenk

Er hat weiße Pfoten und einen weißen Fleck auf Brust und Nase. Er ist noch ganz jung, aber schon sehr groß. Und die Pfoten verraten ihn: Der wird noch größer. Es ist ein Robber-Hund. Verena Weitmann sieht ihren Dienstherrn erwartungsvoll an. Er ist nur zur Probe, hat sie gesagt. Sie könne ihn gleich wieder zurückbringen, wenn er nicht gefalle.

Nicht gefallen?

Die Augen! Der Hinterbliebene einer Frau und eines Hundes hält diesen Blick nicht aus, diesen Weltanfängerblick. Wie viel Übermut, wie viel Neubeginnen liegen darin. Es kränkt ihn beinahe. Nein, diese Augen haben nicht recht. Man kann nicht immer neu anfangen. Es geht nicht. Es ist mit einem Hund wie mit einer großen Liebe. Es gibt nicht noch eine und immer noch eine. Es gibt nur eine Isolde. Vielleicht eine zweite, sogar eine dritte. Nein, eigentlich nur eine.

Wahrscheinlich erklärt er das auch dem Weltneuling mit den weißen Pfoten. Und streichelt ihn lange. Er hat eine Frau und einen Hund begraben, nun gut, nur den Hund. Der kleine Große wird jemanden finden, der ihm das Leben zeigt, wie er es könnte, vielleicht. Denn manchmal ist es schön. Aber das wird er schon selbst herausfinden. Er, Richard Wagner, muss noch ein wenig arbeiten, und dann lässt er sich auch begraben. Und jetzt muss er weiterarbeiten. Das kann er nicht mit einem fremden Hund im Zimmer. Vielleicht will der Gast die Küche besichtigen? Oder den Garten?

Als ich am Abend durch den Hausflur ging, sah ich das grosse, schöne Tier liegen, rief ihn an, und er wedelte mir freundlich zu. Diess bewegte mich seltsam, fast schmerzlich: sogleich gab ich Auftrag, den Hund fortzuschaffen, ich wolle nicht eine Nacht ihn unter meinem Dache hegen.[15]

Denn dann wäre es zu spät. Er wisse, wie gut sein *Vreneli* es gemeint habe, trotzdem, der Kobold müsse aus dem Haus. Und selbst wenn er ihn behalten wollte, was er nicht will: Einen Hund zu kaufen, sei eine viel zu willkürliche Art der Bemächtigung. Auch scheine ihm der Kleine etwas zu teuer. Er komponiert Opern. Er glaubt an das Schicksal, nicht an Barzahlung. Ein Kaufvertrag ist keine Grundlage für ein Lebensbündnis.

Als Verena Weitmann allein zurückkehrt, sind sie beide traurig. *Nun vergingen mehrere Tage: ich konnte nicht mehr durch den Hausflur gehen, ohne des Tieres zu gedenken, welches dort, auf jener Stelle mich freundlich anwedelte.*[16] Der Empfänger dieser Nachrichten aus dem Leben eines jungen verstoßenen Hundes ist der König. Er erfährt weiterhin, dass der Absender nun nicht mehr seinen Hausflur betrat, ohne in eine böse, ihn fast niederwerfende Art Spontantrauer zu verfallen. Aber er muss durch diesen Hausflur, es gibt keinen anderen Weg von draußen nach drinnen. Er könnte den Hund zurückholen lassen, aber er will nicht.

Die Dienstboten sehen die Not ihres Dienstherrn mit tiefer Anteilnahme. Manchmal verstehen sie ihn nicht. Die beiden gehören zusammen, alle haben das gesehen.

Aber wie fügt man zusammen, was zusammengehört?

Wie bringt man diesen Mann dazu, das zu wollen, was er will? Verena Weitmann hat eine Idee, auf die Hausangestellte nur selten kommen. Sie überprüft ihre Ersparnisse. Sie zählt ihr letztes Geld zusammen. Ein Neufundländer ist ein seltener Hund, noch immer. Der große Kleine ist wirklich teuer. Aber es muss, es wird reichen.

Wieder öffnet sich die Tür des Hausherrn, wieder schiebt sich etwas Dunkles durch den Spalt, auf weißen Pfoten. Wahrscheinlich mischen sich Zorn und Rührung auf dem Gesicht des Gestörten: Welche Stellung habe er in seinem Haus, wenn seine Wünsche derart beachtet würden, will er wohl fragen und ahnt doch im nächsten oder zumindest im übernächsten Augenblick: Eine beglückendere kann man kaum haben!

Der Krieg wird in jedem Augenblick ausbrechen, gewiss ist der König sehr beansprucht, aber das muss er noch wissen: *Vreneli kennt mich. Sie beobachtet mich, fasst ihren Entschluss, greift in ihre Sparkasse, kauft den theuren Hund, und bringt ihn mir als »Geschenk« in's Haus. – Verzeihung, geliebter Freund, wenn ich Sie so breit von meinem Hauswesen unterhalte: es ist, wandernd und flüchtig, meine einzige Heimath.*[17] Weiß er denn nicht, wie Ludwig dieses Wort in die Seele schneidet?

Der Neue heißt Russumuck.

Er nennt ihn Russ.

Russumuck ist nicht allein angekommen, mit ihm kam eine schöne große Peitsche. Erziehungszubehör. Richard Wagner muss lachen. Ab sofort ist er zu dritt: Auf der einen Seite ist die Peitsche, auf der anderen Russ. Aber Russ will immer da sein, wo er gerade nicht ist. Denn dort ist gewöhnlich das tanzende Spielzeug. Sollte es mit den übrigen Dingen im Leben etwa genauso sein? Man springt ihnen nach und fängt sie doch nicht? Und was wie Anfang schien, ist schon das Ende. Es verwirrt ihn, es macht die Welt unangemessen kompliziert.

Wer wirklich jung ist, denkt so nicht. Und niemand ist jünger als ein junger Hund. Dennoch: Was für ein philosophisches Spielzeug ist doch eine Peitsche!

Russ beginnt, die große alte Villa am Genfer See zu seiner Villa zu machen. Wahrscheinlich darf er alle Räume betreten, nur eins darf er nicht: An dem kleinen Stein am See das Bein heben. Und dann, als die »Champagne aux Artichauts« schon ganz ihm gehört, fangen alle ringsum an einzupacken. Sein Herr lacht fast immer, wenn er ihn sieht, aber wenn er an den Stein im Garten tritt, der nie nass werden darf, ist er ernst. Und nun bleibt er besonders lange davor stehen.

Und dann blickt Richard Wagner das alte Haus an: Mit Pohl ist er hier eingezogen, mit einem kleinen – kleinen? – Neufundländer zieht er wieder aus. Der Mietvertrag ist abgelaufen, er war nur für drei Monate, und die Sommermiete schien Wagner zu hoch. Dreitausendfünfhundert Francs bis zum Jahresende, hatte er gesagt. Viertausendfünfhundert, sagte der Vermieter.

Im letzten Augenblick hat er den Ort gefunden, an dem er bleiben will.

Der erste Akt der »Meistersinger« ist fertig. Mit fast vier Jahren Verspätung.

Das neue Haus ist keine Villa. Es hat drei Stockwerke und ein spitzes Dach. Ringsum haben sich große Berge aufgestellt, gerade so wie vor der Villa, die sie eben verlassen haben. Vorn ist Russ' Schwimmbecken. Es ist sehr groß, es heißt Vierwaldstätter See. Ein Boot liegt am Ufer. Der Garten gefällt ihm auch, hier gibt es keine heiligen Steine.

Russ wird die »Champagne aux Artichauts« bald vergessen.

Auch sein Herr scheint die Villa nicht zu vermissen. *Wohin ich mich aus meinem Hause wende, bin ich von einer wahren Wunderwelt umgeben: ich kenne keinen schöneren Ort auf dieser Welt, keinen heimischeren als diesen.*[18] Er stellt sich vor, dass er auf einem seit Urzeiten angetriebenen Stück Land geht. Es heißt Tribschen. Er nennt es Triebschen. Treibgut wie er selbst, aber Land; es trägt.

Er sagt oft, dass er sein eigener Herr sei, ein Selbstherr also. Aber außer sich selbst muss er noch einen Herrn haben, und der ist wohl dagegen, dass er hier einzieht. Fast zur selben Stunde, als das Haus gefunden war, hat er dem Entdecker geschrieben, er solle zurückkommen. Er müsse gar nicht in der Stadt, nicht in München wohnen, er gebe ihm eines seiner Jagdschlösser, das sei genauso weltentlegen. Aber er hat abgelehnt. Und nun ist der König sehr traurig.

Bei den meisten Menschen ist es egal, ob sie froh oder traurig sind, bei Königen ist das, so versteht es der junge Hund wohl, nicht egal. Sie dürfen nicht zu traurig werden. Außerdem muss der König wohl gleich Krieg führen.

Krieg. In dem Wort klingt etwas Ungeheures, etwas Verbotenes. Mindestens so verboten, wie das Bein gegen heilige Steine zu heben. Vielleicht ist es ein wenig so wie Kühe erschrecken.

Früher hat sich Richard Wagner Kühe gewünscht, jetzt hat er welche, sie bedecken die Wiesen hinterm Haus mit braun-weißen Flecken. Und wie ihre schweren Glocken klingen, wenn Russ kommt. Panik auf der Weide. Aber das ist die Opferperspektive, auch bleiben die Rindviecher gleich wieder stehen. Doch wenn sie laufen, weiß Russ ganz sicher, dass es ihn gibt. Aus dem, was er in solchen Augenblicken fühlt, machen die Philosophen gerade eine neue Weltanschauung. Sie nennen sie Lebensphilosophie. Russ braucht keine Philosophie, er hat das Leben selbst.

Sein Herr mag die Kühe lieber, wenn Russ nicht bei ihnen ist: *Tag und Nacht hörst Du das Geläute. Dies Geläute ist schöner als alles Tönen, das ich kenne. Die Willkür des Klangwechsels* ist *von unbeschreiblichem Zauber. Ich gebe alle Glocken Roms dafür hin,*[19] schreibt er an die Frau, die Russ schon in der Villa traf. Damals hatte sie Zeit, ihr Mann war auf Konzertreise. Jetzt ist sie zurück in der Stadt, die Richard Wagner nicht mehr betreten will, und ihr Mann ist auch da. Er dirigiert ein Konzert, nur mit Liszts Werken. Und etwas später Beethovens »Neunte«. Der König schickt begeisterte Telegramme. Manchmal fühlt sich Richard Wagner doch sehr allein am See. So allein, wie er in Wirklichkeit ist?

Er kann von einem Augenblick auf den anderen in große Schwermut verfallen. Dann scheint er nicht einmal seinen Hund mehr zu sehen. Das irritiert Russ. Er ist da und zugleich nicht da? Wie soll der junge Hund diese Doppelexistenz deuten? Auch ist sein Herr manchmal glücklich, in seinem Nicht-ganz-Dasein, und dann wieder nicht. Gleich in den ersten Tribschener Tagen hatte er ein Buch gelesen, die »Melusinen-Sage«. Sie hatte eine erstaunliche Wirkung: *Wehmut und Mitleid wollten mich in Atome auflösen.*[20] Russ ist dagegen. Er mag es nicht, wenn sein Herr sich in Atome auflöst. Sie weichen keinen Schritt voneinander. Was soll Russ mit einem Haufen Elementarteilchen neben sich?

Eines Abends im April, nein, es wurde schon Nacht, kehrt der Hund allein von der gemeinsamen Wanderung zurück. Nur eine Hälfte der neuen Untrennbaren, wo ist die andere? »Ich hatte eine solche Angst, daß ich nicht mehr im

Haus bleiben konnte. Der Knecht Jost begleitete mich mit einer Laterne, und wir schlugen zusammen den Weg gegen die Stadt ein«,[21] berichtet Verena Weitmann. Auf der Hälfte des Weges kommt er ihnen entgegen, doch gelangt die erleichterte Haushälterin schnell zu einem ähnlichen Befund wie Russ. Der Heimkehrer ist keineswegs vollständig, er musste sich unterwegs verloren gegangen sein. Oder fing das schon an, als er nur Tage zuvor darauf bestanden hatte, sie zu seiner Erbin einzusetzen? Er wolle seine Angelegenheiten geordnet wissen, »ich will bestimmen, wer meine Sachen, die hier und noch in München sind, nach meinem Tode erhalten soll. Ich habe niemand, der es besser verdient in deren Besitz zu gelangen als Sie«, sprach er zu seiner Haushälterin. Wahrscheinlich war er immer wieder zum gleichen Ergebnis gekommen: Cosima hat einen Mann und drei Kinder. Nun gut, das jüngste, Isolde, ist seine Tochter, aber das weiß niemand außer ihm selbst, Bülow und ihr. Er ist getrennt von der Frau, die er liebt, und von seinem Kind. Außerdem ist er ein Ausgewiesener. Welchen Ausweg soll diese Lage finden? Es ist vollkommen klar, wer hier überall im Wege ist: Das ist er. Und selbst Russ lässt ihn stehen, *der sonst treue Russ.*

Russ ist noch sehr jung, aber er ahnt schon jetzt, dass ein Hund gar nicht so alt werden kann, dass er die Menschen begreifen lernt. Da sein und doch nicht da sein. Das ist absurd. Es ist großartig, man selbst zu sein. Russ lernt das mit jedem Tag neu. Warum fällt es den Menschen bloß so schwer? Warum fühlen sie sich manchmal wie inhaftiert in sich? Urteil: lebenslänglich. Es ist doch gar nicht übel, Richard Wagner zu sein. Oder ein König. Aber der König ist keinen Deut besser. Richard Wagner und der König möchten am liebsten abdanken.

Die Luzerner Post befördert manchmal alle zwei Tage höchst merkwürdige Telegramme. Russ kennt den Postboten schon fast zu gut, um ihn jedes Mal wieder so anzubellen, dass ihm die Nachrichten des Königs aus der Hand fallen. Andererseits kann der Hund auf diesen Existenzbeweis in eigener Sache nicht verzichten, sie bekommen so wenig Besuch. Richard Pohl, der älteste Wagnerianer, war auch noch nicht da. Lang wird die Reihe derer, die lieber gleich wieder umgekehrt wären.

Der Milchmann würde ebenfalls gern einen weiten Bogen um das Haus auf der Spitze der Landzunge machen, aber er muss kommen. Er und seine beiden Hunde, die den Milchwagen ziehen. Russ freut sich jeden Tag auf die Milch. Und der Telegrammbote kommt schon fast genauso oft wie sie! Er war am 3. Mai da, am 4. und am 10. auch.

Am 15. Mai um zehn Uhr vierzig – Wagner hat gerade den zweiten Akt der »Meistersinger« begonnen – trifft diese Nachricht aus München ein: »Ich bitte den Freund um baldige Antwort auf folgende Fragen: Wenn es des Theuren Wunsch und Wille ist, so verzichte ich mit Freuden auf die Krone und den öden Glanz, komme zu ihm, um nimmer mich von ihm zu trennen. Und wenn er am geheimnisvollen Webstuhl sitzt und die wonnigen Werke schafft, so sei es meine Sorge, ihn fern zu halten von der Welt, die Frieden und Ruhe raubt; denn nochmals muß ich es sagen: länger getrennt und ALLEIN zu sein, kann ich nicht ertragen.

Vereint aber und bei ihm, dem irdischen Dasein entrückt, ist das einzige Mittel, mich vor Verzweiflung und Tod zu bewahren. Dieß ist nicht die Eingebung flüchtiger Aufwallung, es ist fürchterlich qualvolle Wahrheit! Ich sehne mich nach Antwort. Ludwig.«[22] Richard Wagner fasst es nicht: Solche Nachrichten sendet der König *durch den Telegraphen!* Zum besseren Verständnis schickt der Absender am selben Tag auch noch einen langen Brief hinterher, der mit »Einziger! – Herr meines Lebens!« beginnt und mit »Heil Dir, Auserwählter Gottes, Inbegriff alles Schönen, Guten, Vollkommnen! – Treu bis in den Tod Ihr Eigen Ludwig« endet.

Der Empfänger könnte seinem Hund Brief und Telegramm nun unter die Nase halten, damit dieser selbst sehe, wen er da mitten in der Nacht auf halbem Weg nach Luzern stehen ließ. Aber das ist gar nicht nötig. Spätestens nach Ankunft dieser Nachrichten sieht Russ seinen Herrn in sich selbst zurückkehren.

Da ist er wieder!

Der König darf nicht abdanken!

Wotan schlägt kein Rad mehr

Es war nicht der Milchmann. Es war auch nicht der Postbote. Er war viel schöner und sehr groß. Er stand plötzlich vor der Tür, am späten Nachmittag. Ich habe noch überlegt, ob ich ihn anfallen soll.

Oder habe ich das nicht? Niemand hat das aufgeschrieben, und ich erfinde nichts, bei meiner Autorenehre.

Ich hätte ein Recht gehabt, ihn zu verjagen, denn er gehörte nicht hierher. Und das ist nicht allein meine Meinung, ein ganzes Königreich wird gleich dieser Auffassung sein. Schlechte Schriftsteller würden jetzt sagen, in seiner Haltung habe etwas Königliches gelegen, das mich abhielt. Ich weiß nicht.

Ich glaube, er hat mir vertraut. Auch kannte er mich schon aus der Post meines Herrn. Bloß ich kannte ihn nicht. Die Leute auf dem Bodensee-Dampfer sollen gleich geahnt haben, wer da unter ihnen stand, in seinen weiten Radmantel gehüllt. Still sollen sie sich verneigt haben, still habe er gedankt. Ich glaube, da wussten die im Schloss immer noch nicht, dass ihr König weg war.

Und danach waren sie sehr wütend. Man könne froh sein, wenn die Heuschrecken weg sind, man gehe sie nicht noch besuchen. Schon gar nicht, wenn jeden Augenblick ein Krieg ausbrechen kann.

Ich kann das nicht beurteilen. Es ist mein erstes Frühjahr, ich habe noch nie eine Heuschrecke gesehen. Sie kommen erst, wenn es wärmer wird, sagt mein Herr. Die Fernwirkung dieser Wut wird uns einmal sogar aus Tribschen vertreiben und in eine kleine Stadt in Oberfranken emigrieren lassen, die nicht mal einen See besitzt. Dabei habe ich Schwimmhäute zwischen den Zehen, ich kann nur am Wasser leben.

Aber nicht die Heuschrecken-Presse allein wird schuld sein, meinen Herrn trifft ganz gewiss eine Mitschuld, das sagen bis heute selbst die Biographen, die ihn mögen. Und es gibt auch welche, die ihn nicht mögen, aber das wissen Sie wohl. Es ist die Aufgabe eines Hundes, seinen Herrn zu beschützen. Ich will das so gut als möglich versuchen.

Am letzten Tag hier habe ich nichts mehr gefressen. Das hat ein anderer junger Mann berichtet, der geradeso unangemeldet vor unserem Haus stand wie jetzt dieser hier. Sie nannten ihn nur den Professor, ich glaube, keiner hat mich so gut begriffen wie er. Aber das ist schon fast die nächste Geschichte. Ich erzähle sie am besten der Reihe nach.

Der Mann im Radmantel ließ sich als Walther von Stolzing melden. Keine Ahnung, wer das ist. Aber mein Herr wusste das wohl. Wie die beiden sich in die Arme fielen!

Der Telegrammbote war an diesem Tag schon sehr früh bei uns gewesen, darauf war ich nicht gefasst, so früh konnte ich ihn noch gar nicht angemessen empfangen. Die Nachricht, die er brachte, war morgens um fünf Uhr in Starnberg aufgegeben worden. Sie war vom König: »Glück und Segen zum Geburtstage …« Ich möchte nicht wissen, wann Herr Lutz aufgestanden ist. Lutz ist der Kabinettssekretär, derselbe, der meinen Herrn im Dezember aus München fortschickte. Er musste unserem Gast noch den üblichen Vortrag über die politische Lage halten. Sie war nicht gut. Und dann bestieg Ludwig sein Pferd, wie andere einen Morgenspaziergang machen. Nur dass er nicht wiederkam. In Starnberg gab er dann das Telegramm auf und ritt weiter bis zur Bahnstation nach Biessenhofen. Er reiste ganz allein.

Mein Herr hatte keine Ahnung, dass er kommt. Niemand hatte eine Ahnung, nicht einmal sein Flügeladjutant Paul Maximilian Lamoral Prinz von Thurn und Taxis, denn der war schon bei uns. Der König hatte ihn bereits Tage vorher geschickt, in Vertretung seiner selbst. Und nun noch ein Telegramm. Und hinterher noch er selbst?

Das konnte kein Mensch annehmen.

Mir hatte der König ohnehin schon leidgetan. Schließlich war ich immer der Erste, der die Telegramme und Briefe sah, mit denen er meinen Herrn um ein Treffen bat, ihm immer neue Schlösser und Berghütten anbot. Aber er fuhr nicht. Wahrscheinlich, weil die Baronin da war und weil sie bald zurück zu ihrem Mann musste. Und weil er die Baronin mehr liebte als den König. Oder vielleicht nicht mehr, aber anders. Also mehr. Und davon wusste Ludwig noch nichts. Und das würde uns alle bald an den Rand unserer Existenz bringen, den König, meinen Herrn, die Baronin und mich. Und ihre Kinder auch.

Aber jetzt war es schön. Wir machten einen Ausflug bis nach Alpnach, wie eine richtige Familie. Gegen jede Etikette blieb der König zwei Nächte in unserem Haus, er schlief unten im Parterre. Ich musste die Leibgarde und die Schlosswache auf einmal ersetzen. Ich glaube, er wollte gar nicht wieder abfahren. Inzwischen wusste schon ganz Bayern, dass sein König durchgebrannt war, und gab meinem Herrn die Schuld. Wenn Ludwig gewusst hätte, was auf ihn zukam, wäre er vielleicht gleich dageblieben. Andererseits fuhr er ganz anders ab, als er gekommen war. Mein Herr schaffte es, in dieser kurzen Zeit wieder einen richtigen König aus ihm zu machen. Kaum war Ludwig abgereist, kamen schon wieder die Telegramme.

Er war noch gar nicht richtig weg, da traf das erste ein, am Züricher Bahnhof aufgegeben: »Eben glücklich in Zürich angekommen. Tief bewegt durch den Abschied. Gestählt durch die Wonnezeit des Beisammenseins, fest entschlossen das Unkraut mit der Wurzel auszureißen. Stolz und siegesbewusst. Eure treuen Ludwig Friedrich«.[23] Das Unkraut sind Pfi und Pfo; Friedrich ist Ludwigs Flügeladjutant. Vier Stunden später kam die nächste Nachricht: »Vom Bord des Dampfers Wodan aus entsenden zwei bis in den Tod getreue, liebende Freunde die wärmsten Grüße an die theuern Bewohner des traulichen Triebschen. Nie entschwinden wird der Eindruck des wundervollen Traumes! Ludwig.«[24] Diesem folgte spät am Abend ein drittes: »In Gedanken immer dort in dem seligen Lande bei den Theuersten auf Erden. Ach, gestern um diese Zeit! Gott hilft den Streitern für das Recht; er verläßt uns nie.«[25]

Hier irrte der König.

Sein Königreich war sehr böse. Und als er drei Tage später den Landtag eröffnete – Pfordten hatte ihn immer wieder gedrängt, gerade in dieser gefährlichen Lage –, war kaum ein »Hurra!« zu hören. Das war ungeheuerlich. Unmittelbar darauf brachen zwei Kriege aus. Den ersten führte Österreich mit seinen Verbündeten gegen Preußen mit seinen Verbündeten. Den zweiten führte die Münchner Presse mit ihren Verbündeten gegen meinen Herrn, die Baronin, ihren Mann und deren Verbündeten Ludwig. Der erste brach am 14. Juni aus, der zweite bereits am 29. Mai.

Beide Male war mein Herr im Hintergrund beteiligt. Er verfasste noch kurz vor Beginn des ersten ein politisches Programm für den König und zur Beendigung des zweiten einen Falscheid für den König. Beide Kriege gingen nicht gut aus.

Dem König graute vor dem ersten ohnehin; auch darum hatte er abdanken wollen, als es galt, die Armee seines Landes mobilzumachen. Er wollte ein Kunstkönig sein, kein Kriegskönig. Und gegen wen denn, für wen? Ich bin nur ein dummer Hund, ich weiß, aber wer ist das letztlich nicht? Und ich habe gehört, worüber mein Herr und der König sprachen.

Ich habe die Sache so verstanden: Preußen und Österreich stritten beide um die Vorherrschaft im Deutschen Bund, hatten diesen also schon aufgegeben. Mein Herr sah das auch so: *Der von Preussen u. Oesterreich thatsächlich verlassene deutsche Bund hat sofort zu seiner Erhaltung seine eigene, selbständige Politik zu führen … Der Angriff des Rettungswerkes muss von Bayern ausgehen: es ist das einzige mächtig erhaltene alte deutsche Stammland, und verfügt über die bedeutendste Militärkraft im engeren Bunde.*[26]

Ich weiß nicht, ob mein Herr, als er das Anfang Juni für den König aufschrieb, wirklich noch an die Mission Bayerns glaubte oder ob er dem König nur den Halt geben wollte, ohne den er zusammenbrechen musste. Doch Pfordten erwies sich einmal mehr stärker als der König; schon bei Kriegsausbruch teilte Wagner seinem alten Barrikadengefährten Röckel mit. *Ich denke, Alter! … Um Gottes Willen, lassen wir Beide die Politik. Seit Du gefangen wurdest in Dresden, haben sie drei Menschen verstanden – Cavour – … dann: L(ouis). N(apoleon). u. Bismarck. Von denen lernt! – Und Zündnadeln dazu, – so kommt was heraus. Ueber den deutschen Bund hat Gott gesprochen: elender als er kann nichts zu Grunde gehen. Und an des jüngsten Königs Beispiel hab' ich Dir gezeigt, dass nicht eigentlich die Fürsten es sind, welche die Schuld daran tragen … Freund!*

Willst und musst Du noch Politik treiben, so – halte Dich an Bismarck und Preussen. Hilf Gott, ich weiß nichts andres.[27]

Noch hatte Preußen nicht gewonnen, noch war die bayerische Armee an der Seite Österreichs nicht vernichtend geschlagen, aber für ihn war bereits alles entschieden.

Dieser erste Krieg währte nicht lang, der zweite schon.

Der »Neue Bayerische Kurier« begann ihn am 29. Mai, der »Volksbote« folgte ihm zwei Tage später. In beiden Artikeln war viel von »Madame Hans de Bülow« die Rede, ihrem Mann und von meinem Herrn, ihrem »›Freund‹ (oder was?)«.

»›Freund‹ (oder was?)«

Klingt spaßig, war aber tödlich. Das ging auf Vernichtung ihrer bürgerlichen Existenz. Im Hinblick auf sich war mein Herr ganz ruhig. Seine bürgerliche Existenz kümmerte ihn wenig, sie war ohnehin kaum mehr als ein Irrtum. Aber die Baronin! Aber sein Freund! Aber ihre Kinder! Bülow ließ dem Redakteur eine Duellforderung zukommen, doch dieser warf den Überbringer raus. Ich finde das interessant, rein phänomenologisch betrachtet.

Das beginnende Zeitalter der Massenmedien und das Duell als zwei – sagen wir – konkurrierende Instanzen der Konfliktbewältigung auf der Schwelle vom Privaten zum Gesellschaftlichen können gar nicht nebeneinander existieren. Ein Journalist, der sich duelliert! Er käme gar nicht mehr zum Schreiben und wüsste nie, ob er den nächsten Tag noch erlebt. Kurz gesagt, er wäre ein lausiger Journalist. Aber ich vergesse mich. Ich wollte nur andeuten, dass es nicht bloß Feigheit war, wenn der Redakteur Zander den

Überbringer der Bülowschen Duellforderung wieder nach Hause schickte.

Natürlich hätte der Baron auch statt des Journalisten Richard Wagner erschießen können, aber auf die Idee ist er, glaube ich, nicht gekommen. Man erschießt kein Genie.

Es gibt nirgends einen Beleg, doch ich halte es nicht für unmöglich, dass mein Herr Cosima gleich erklärt hat, dies wäre eine gute Gelegenheit, alles zuzugeben, und dann käme sie für immer zu ihm.

Aber die Baronin war wohl noch nicht so weit. Und er hatte grenzenlosen Respekt vor ihr und vor dem, was sie für ihn gewagt hatte. Nun war er an der Reihe, er war es ihren Kindern schuldig: Der König musste für das Ehepaar bürgen und für meinen Herrn. Man könnte das Königsmissbrauch nennen. Die Untertanen raunten bald von einem königlichen Falscheid. Das durften sie aber nicht laut sagen, eher gar nicht, denn das wäre sonst Majestätsbeleidigung. Und wegen Majestätsbeleidung ist schon manch einer hinter Gittern verschwunden, lebenslänglich. Man hat gesagt, hier sei mein Herr zu weit gegangen. Das mag schon sein, doch er war ein Zu weit Geher, in der Musik, im Leben, immer, und anders war das Königreich nicht wieder stumm zu machen.

Der fehlbare Redakteur musste eine Geldstrafe zahlen.

Bülow hatte um seine Entlassung gebeten. Wo sollte er nun hin? Zu uns! Der Baron und die Baronin verbrachten den Sommer bei uns. Manchmal sah Bülow seine Frau und meinen Herrn an wie ich Wotan und Fricka.

Die andern führten Krieg, ich auch.

Ich weiß nicht, was Ludwig sich gedacht hat, als er uns Wotan und Fricka schickte. Ob er sich gesagt hat, der arme Hund ist ganz allein in seinem Garten, er braucht Gesellschaft! Ja, aber doch nicht solche. Eines Tages waren sie da, zwei Stück. Mein Herr sagte, dass es Vögel sind, aber ich glaube das nicht. Vögel können fliegen, das konnten die schon mal nicht, höchstens flattern bis auf den nächsten Ast. Außerdem hatten sie viel zu kleine Köpfe. Ein gewisses Hirnvolumen ist die Voraussetzung jeder guten Nachbarschaft, von Freundschaft zu schweigen, der König müsste das wissen. Es war ein Paar, Wotan und Fricka eben.

Wotan konnte nicht einmal laufen, oder doch, aber er hatte einen unmöglichen Gang. Ich glaube, das lag an der Last, die er immer hinter sich herzog. Es war ein ganz langer Besen, viel länger als der Vogel selbst, er fegte den ganzen Garten damit und ließ ihn nirgends liegen. Ich mag keine fremden Spuren in meinem Garten. Er konnte allerdings auch, was normale Besen nicht können: seine Borsten in der Luft verteilen, im Halbkreis. Sie hätten meinen Herrn und die Baronin in solchen Augenblicken erleben müssen! Es war lächerlich. Singen konnten die beiden natürlich auch nicht. Sie stießen stattdessen schrille Schreie aus, die nun jeden Tag die Luft zerschnitten. Mein Herr machte dazu wieder ein Gesicht, als läse er gerade die »Melusinen-Sage«.

Ich weiß nicht, wann ich mich entschloss, Wotan zu helfen, aus ihm einen richtigen Vogel zu machen. Zwei Drittel an dem Pfau waren zu viel. Ohne die hinteren zwei Drittel würde er vielleicht fliegen lernen. Und selbst wenn nicht, er wäre noch immer im Vorteil: Er würde endlich richtig laufen können.

Er sei entschlossen, »das Unkraut mit der Wurzel auszureißen«, hatte der König meinem Herrn geschrieben. Der König entließ Pfi und Pfo tatsächlich, wenn auch erst nach dem verlorenen Krieg. Ich habe das Gleiche gemacht wie er. Ich habe das Unkraut mit der Wurzel ausgerissen.

Nicht eine Wotan-Feder habe ich dran gelassen.

Ich glaube nicht an Arthur Schopenhauer!

Ich glaube nicht an Arthur Schopenhauer.

Alle anderen in diesem Hause, aber nicht ich. Hören Sie das: »Der Tod vernichtet die Individualität, daher wird, wer sich nicht dieser schon vorher dadurch, daß er JEDEN ANDERN SICH GLEICH SETZT, entäußert hat, im Tod seinen Untergang empfinden: denn er hat kein anderes Dasein als das individuelle. Dies ist gewissermaßen die ewige Verdammnis.« Ja, das ist kein Text für dumme Hunde, nicht wahr? Da muss man erst einmal richtig nachdenken. Aber es ist ganz einfach: Arthur Schopenhauer will mir sagen, ich soll immer, wenn ich Wotan sehe, daran denken: Das bin auch ich! So wäre ich gewissermaßen schon über die Grenzen meiner Individualität hinaus. Und das sei der erste Schritt zur Erlösung, zur wahren Unsterblichkeit!

Aber das kann kein Mensch von mir verlangen, auch mein Herr nicht. Wenn man etwas gegen Schopenhauer sagt, wird er sehr böse, ungefähr so böse wie beim Anblick des verbesserten Wotan.

Nur in den Umrissen seines Ichs zu existieren, bedeute ewige Verdammnis? Aber ich glaube an meine Umrisse. Ich glaube auch an Wotans neue Umrisse, obwohl man natürlich noch daran arbeiten könnte.

Kurz: Ich glaube an das principium individuationis!

Jeder Hund, der seinen Herrn verteidigt, macht das. Und ich bin ziemlich gut darin. Was nicht ausschließt, dass ich Fehler mache. Als die beiden Diebe meinen Herrn auf dem Weg in die Stadt überfielen, habe ich statt der Diebe meinen Herrn festgehalten. Er fand das verkehrt. Ich hätte ihn den Strolchen vollkommen ausgeliefert, schimpfte er. Ja, hinterher sagt sich so etwas leicht. Es waren Diebe, ich habe dafür gesorgt, dass sie ihn nicht auch noch mitnehmen.

Aber von Konsequenz weiß er nun gar nichts. Manchmal zweifle ich, wer von uns beiden der bessere Philosoph ist. Wenn alle Verdammnis im principium individuationis liegt, ist auch klar, worin das Heil liegt: es gar nicht erst zuzulassen. Ich gebe zu, dass es noch etwas anderes war, was mich Fricka schon länger beobachten ließ. Sie kam gar nicht mehr unter dem Gebüsch hervor, und wenn ich mich ihr näherte, benahm sie sich ungefähr so wie Wotan. Dabei hatte ich sie noch gar nicht berührt. Weiber! Ich wollte nachsehen, warum sie da nicht wegging. Ich gebe zu, ich wollte noch mehr. Schließlich habe ich Instinkte. Platzende Eierschalen machen ein schönes Geräusch. Es klingt wie Musik in meinen Ohren. Was ich vorhatte, war ästhetisch gerechtfertigte angewandte Philosophie, und beinahe hätte ich es geschafft. Aber dann stand mein Herr vor mir, nachts. Bewaffnet!

Warum mir das?, frug ich. Es war schrecklich, ihn mit diesem gegen mich erhobenen Stock zu sehen. Er habe mich für einen Fuchs gehalten, sagte er. Ich weiß nicht, ob ihm das lieber gewesen wäre. Er klang nicht so.

Ich weiß nicht, was mein Herr an dem Geflügel findet. Später in Bayreuth wird sein Ehrgeiz nicht nur auf das Festspieltheater gehen, auch auf einen eigenen Hühnerhof. Ich glaube, manchmal liebte er den Hühnerhof noch mehr als das Festspieltheater. Er hielt Hühner für musikalisch. Am liebsten ließ er sich jetzt schon von Mjölnir wecken. Das ist nordische Mythologie. Mjölnir, der »Zermalmer« – genauer: Thors großer Hammer –, war ein Zwerghahn, den mein Herr auf Tribschen besonders liebte, er war davon überzeugt, dass er das »Siegfried-Thema« krähen konnte. Ausgerechnet Mjölnir.

Kinder glauben auch nicht an Schopenhauer. Alle Neufundländer mögen Kinder, ich auch, sehr sogar, und unsere Anti-Schopenhauer-Partei wuchs unaufhaltsam. In dem Sommer, als Bülow der Ehre halber seine Stellung beim König niederlegte und bei uns wohnte, widmeten seine Frau und mein Herr sich sofort der ultimativen Widerlegung des königlichen Eids. Sie zeugten Eva. Schwer zu sagen, was sie sich dabei gedacht haben. Wahrscheinlich genau das, was man in solchen Augenblicken denkt: gar nichts. Ihre Lage war vollkommen unhaltbar, das wussten sie. Und was sollte der König dazu sagen? Und wenn er erst etwas gesagt hätte, wovon sollten sie dann leben? Und da war Bülow und die Frage, wie er der Welt wieder ins Gesicht blicken sollte oder die Welt ihm, noch gar nicht berührt. Schließlich konnte der Baron nicht in die Anonymität auswandern oder sich wenigstens wie mein Herr an ein stilles Seeufer zurückziehen. Er war Dirigent, er stand auf der Bühne.

Natürlich gibt es doch eine Lösung für unlösbare Konflikte. Ich schlage vor, sie die Wagnersche Lösung zu nennen: Man kann sie immer weiter verschlimmern. Ich glaube, mein Herr verfolgte diese Art der Konfliktbewältigung längst, nur durfte er das der Baronin nie sagen, weil sie sonst dagegen gewesen wäre. Mein Herr erpresste Cosima durch das, was man einmal »die normative Kraft des Faktischen« nennen wird. Unter diesen beeindruckenden Kräften gehören Schwangerschaften zu den erfolgreichsten. Irgendwann, hoffte er, würde sie ganz zu ihm kommen müssen. Und das machte sie schließlich auch, da war sie schon wieder schwanger.

Die Luzerner waren ohnehin der Meinung, dass auf unserer Landspitze das Laster selber wohnt. Ein unverheiratetes kinderreiches Paar! Aber mein Herr und ich fanden es wunderbar. Ich passte auf vier kleine Mädchen auf, und sie passten auf mich auf. Die älteren – Daniela und Blandine – waren von Bülow, Isolde und Eva waren von meinem Herrn. Wir liebten uns sehr. Wenn sie mit dem Boot fuhren, schwamm ich drumherum und sah nach, dass keins rausfiel. Und bald kam auch noch Siegfried.

Eins weiß ich: Mit Schopenhauer hatte das nichts zu tun, gar nichts. Wäre mein Herr ein richtiger Schopenhauerianer, hätte er gar keine Kinder bekommen dürfen. Schopenhauer hatte schließlich auch keine, er hatte nur seinen Pudel. Bis eben durfte mein Herr als vorbildlicher Schopenhauerianer gelten, jetzt nicht mehr. Soll ich das beweisen? Schopenhauer sagt über die Fortpflanzung der Tiere: »Der GESCHLECHTS-TRIEB ist ein Instinkt, durch welchen das Tier der GATTUNG dient und selbst dabei bloßes Werkzeug des Willens ist, der in der GATTUNG lebt. Weil es aber als Individuum bloß für sein eigenes Wohl und Wehe Sinn hat und nicht für die Zwecke der Gattung; so entsteht ihm die Täuschung, daß es in Befriedigung jenes Triebes sein höchstes eigenes Wohl finden werde; von welcher Täuschung es nach jeder erfolgten Befriedigung verlassen wird.«[28] Was aber ist nach Schopenhauer Weisheit, was Philosophie? »Meine ganze Philosophie lässt sich zusammenfassen in dem einen Ausdruck: die Welt ist die Selbsterkenntnis des Willens.«[29] Ich bin ein Hund, ich bin für Deutlichkeit: Diese Selbsterkenntnis ist nichts anderes als vorsätzliche Impotenz. Ich glaube, mein Herr interpretierte das anders, ich habe trotzdem recht. Er hat sich sogar mit Schopenhauer über die Bedeutung der Geschlechtsliebe gestritten; Letzterer war der Meinung, mein Herr solle die Musik besser lassen. Er habe kein Talent. Mein Herr bestand darauf, die Baronin selbst in Schopenhauer einzuführen. Er las ihr viel vor. Was die Herrin bildet, bildet auch den Hund. Wenn ich mich langweilte, ging ich zu den Kindern in den Garten, dort trieben wir praktische Philosophie.

Meine Herrin besaß eine Palme, der die Mädchen immer die Wedel abknickten. Sie liebte diese Palme sehr, sonst hätte es auch keinen Spaß gemacht. Mit welch bekümmertem Blick sie jeden Tag aufs Neue die Pflanze ansah. Sie bekam immerzu neue Blätter, aber es wurden trotzdem nie mehr. Alle wussten, was die Mädchen machten, auch mein Herr, nur meine Herrin nicht. Was für meinen Herrn spricht, ist: Er hat sie nie verraten. Er wusste, wie Cosima reagieren würde. Am Abend des 16. August 1871 bat sie unseren Diener Jakob, die Palme ins Freie zu stellen und sie gut zu pflegen. Jakob war in Ordnung, aber nun bekam er wohl Angst, und er antwortete, das könne er nicht, weil die Kinder immer die Wedel abrissen. Meine Herrin erklärte Jakob, dass er sich irre. Sie war sich da ganz sicher, schließlich hatte sie ihre Kinder selbst erzogen. Nun nahm mein Herr Jakob in Schutz: Er lüge nicht. Da erbleichte Cosima auf bedenkliche Weise, um gleich darauf ihre gefürchtete Miene gesteigerter Entschlusskraft anzunehmen. Gut, sagte sie, wenn das so sei, »so sollen sie auch dafür gezüchtigt werden«. Was nun folgte, fasste meine Herrin in die dürre und doch so beredte Notiz: »Dies brachte R. außer sich, er vergaß sich weit.«[30]

Mein Herr und meine Herrin sind sich fast immer einig, aber in Erziehungsfragen nicht. Ihre Strenge ist ihm nicht selten unerträglich. Er hätte die Kinder nie schlagen können, sie konnte es: »Eva erhält zum ersten, wahrscheinlich zum letzten Mal die Rute, wegen unaustilgbarem Schmutz.«[31]

Dabei hatte der Tag so schön angefangen. Mein Herr hatte Cosimas Hände betrachtet und gesagt: »Das sind ja gar keine Finger, das sind Empfindungs-Staubfäden, es könnten ebenso gut Flügel dran sein wie beim Schmetterling.«[32]

Ich glaube, so gut wie meine Herrin haben es nicht alle Frauen, ihm fiel fast jeden Tag eine neue Liebeserklärung für sie ein. Die Liebesbekenntnisse der meisten Menschen sind trivial, ich meine, trivial formuliert – die Liebe selbst ist nie trivial –, aber bei ihm war das anders: »Ich liebe dich doch mehr als du mich«, konnte er ihr sagen, »ich sah dir lange nach, und du wendetest dich nach mir nicht um, du bist des Zusammenhangs nicht so bedürftig wie ich.«[33] Das stimmte natürlich nicht, und er wusste es.

Mein Herr ist ein guter Beobachter. Dass Cosima Staubfäden-Hände hat, war mir vorher noch gar nicht aufgefallen. Auch Kos sah ich lange prüfend an, nachdem mein Herr das lange getan hatte und zu dem Ergebnis kam, dass bei uns »die ganze Ausdruckskraft im Auge« liege, schon weil unser Maul und seine Muskeln »gar nicht zum Ausdrucke dienen … Wie blickt so ein Hundeauge einen an; das Auge der meisten Menschen hat diese Kraft nicht, schon deshalb, weil es zu sehr durch die Gewohnheit der Verstellung geschwächt wird.«[34]

Es lohnt sich, mit seinen Augen zu sehen, auch wenn man anfangs manchmal gar nichts sieht, wie im letzten Herbst, als wir gemeinsam durch den Garten gingen. Er machte wieder sein Melusinen-Gesicht, und ich wusste lange nicht, warum. Bis ich wie er die erstarrenden Mücken und Fliegen sah. Natürlich konnten die sich nicht mehr gut bewegen, es war schließlich schon Mitte November. Ich sah die Biester erst, als er zu meiner Herrin sagte, dass noch nie ein Dichter dies besungen hätte, »sie sprechen gewöhnlich nur von den welkenden Blumen«.[35] In solchen Augenblicken verstehe ich sogar, warum er diesen Schopenhauer mag.

Sie gehören beide zum selben Typus Mensch. Zu der Art, die imstande ist, eine Blume zu beneiden um ihr schlichtes

Dasein, um ihren festen Platz im Leben. Ein einfacher Teil der Weltordnung sein, und ein Teil der Schönheit dazu. Welchen Preis muss er dagegen für sie zahlen! Schon ein ganz gewöhnliches Menschenleben zu beginnen, heißt, ein Projekt ausführen, das in der Natur ganz und gar ohne Vorbild ist. Und dann erst Richard Wagner sein! Wie oft mag mein Herr morgens aufwachen und sich sagen: Nein, nicht schon wieder!

Schopenhauer und mein Herr lieben uns Tiere für unseren Ernst. Für die Fraglosigkeit unserer Existenz. Für unsere Sicherheit des In-der-Welt-Seins.

Natürlich ist das eine höchst unsichere Sicherheit. Ich denke nur daran, wie sich Kos auf den Bahngleisen in einen anderen Hund verbiss. Ich habe Kos noch gar nicht vorgestellt. Kos gilt auf Tribschen auch als Hund. Als die Baronin für immer zu uns kam, hat sie ihn mitgebracht, er war ein Geschenk ihres Mannes. Mein Herr nannte ihn nur den *Pinscher*, aber ich glaube, er war ein Foxterrier. Er lief gleich zu ihm über. Wir mussten ihn nun jedes Mal mitnehmen, wenn wir wandern gingen oder in die Stadt. Kos hätte meinen Herrn beinahe das Leben gekostet. Ein anderer Terrier kam uns entgegen; als bellendes, beißendes Knäuel rollten sie in Richtung des Bahndamms, landeten schließlich auf den Schienen.

Von vorn kam der Zug.

Mein Herr rief, er schrie. Normalerweise hörte Kos sofort, wenn mein Herr ihm etwas sagte. Jetzt hörte er gar nichts, weder meinen Herrn noch die schnaubende Lokomotive. Ich bin kein Pinscher, trotzdem würde ich sagen:

Auch diese grobe Fahrlässigkeit gehört zu unserer Sicherheit des In-der-Welt-Seins, wenn Sie verstehen, was ich meine.

Hund vor Zug. Jeder andere Herr hätte bei diesem Anblick wohl gesagt: Schade um den Pinscher! Er nicht. Er rannte los und riss Kos im letzten Augenblick von den Schienen. Beinahe wären beide drauf geblieben. Die Schlagzeile hätte ich lesen mögen: Richard Wagner und Pinscher von Lokomotive überfahren! Und dann stürzten sie beide vom Bahndamm. Mein Herr hat sich mehr wehgetan als der Hund. Ich weiß nicht, ob Kos begriff, dass er ihm das Leben gerettet hatte.

Also ich halte das für unverhältnismäßig. Er riskierte die Vollendung des »Rings« wegen eines kleinen Beißers. Ich hoffe, Sie glauben jetzt nicht, er habe Kos mehr geliebt als mich. Das ist nicht wahr. Ich könnte Ihnen eine Geschichte erzählen! Aber ich lasse sie lieber meine Herrin erzählen, der Objektivität halber.

Es war der 9. Oktober 1870, ein schöner Tag. Wir fahren mit dem Dampfschiff nach Brunnen!, beschloss mein Herr. Als alle reisefertig vermummt waren, war es der Himmel auch, die Kinder trugen Blau, der Himmel trug Grau; mein Herr hätte die Ausfahrt am liebsten widerrufen, wagte aber nicht, in die enttäuschten Gesichter des »blauen Regiments« zu sehen. Doch ich will meine Herrin erzählen lassen, die er eben erst geheiratet hatte: »Heimfahrt im Dunkeln, ich reiche R. die Hand, ›die einzige Hand‹, – ruft er aus – ›da weiß ich, was ich fasse, wenn ich diese Hand nehme‹ … die Kinderspiele reißen uns aus unserer beschaulichen Stimmung; R. muß alle Kinderhüte anprobieren, und so tollt er um uns herum, bis wir in Luzern ankommen. Wie wir die Brücke passieren wollen, fehlt uns der Rus, endlich heißt es vom Kapitän nachlässig, er sei in's Wasser gefallen. Furchtbarer Moment, R. will ihm nach, wir beschwören den Kapitän, das Schiff nicht abfahren zu lassen, er gibt dies ungern mürrisch zu, ich muß die weinenden Kinder halten, Richter ruf ich zu, nur Wagner nicht tun zu lassen; pfeifen, rufen nach Rus; wenn das Schiff sich bewegt, ist unser Hündchen hin; endlich kommt er angeschwommen, da, wo die Barken halten; sein Instinkt hat ihn geleitet. Schluchzend empfängt ihn R., ich versteinert vor Sorge um R.«[36]

Er hätte es getan. Er wäre vor allen Leuten ins Wasser gesprungen, um einen Neufundländer vorm Ertrinken zu retten! Der Professor hätte das nie gemacht, dazu war er nicht animalisch genug.

Habe ich Ihnen schon vom Professor erzählt? Er war noch ziemlich jung, ungefähr so alt wie der König, als er zum ersten Mal vor unserem Haus stand. Ich hätte ihn anfallen können, vielleicht habe ich darüber nachgedacht. Er sah aus wie jemand, den man leicht erschrecken kann. Aber ich habe ihn dann doch nicht gestört, er stand so versunken da. Mein Herr komponierte gerade die Erweckung Brünnhildes durch Siegfried. Er wiederholte immer denselben Akkord. Jakob, der Diener, fand ihn schließlich vorm Haus.

Ich habe den Professor gemocht, und er mochte mich wohl auch. Er wollte sich auch einen Hund kaufen, wahrscheinlich einen wie mich. Der Professor hatte auch zu viel Schopenhauer gelesen, vielleicht noch mehr als mein Herr, aber am Ende gehörte er zu uns, zur Anti-Schopenhauer-

Partei. Wenn Sie jemals etwas vom »Willen zur Macht« hören und dass mit Friedrich Nietzsche schon der halbe Weg zu Adolf Hitler zurückgelegt sei – Vergessen Sie's! Vertrauen Sie mir, ich weiß, was ich sage.

Der Professor hat mich angeschaut und er hat ganz ernst genommen, was er da sah: das Leben.

In allem, was lebt – insofern es wirklich ganz bei sich ist –, wohnt schon der Wille zur Macht. Er ist nichts als die in sich selbst gesammelte Kraft. So selbstvergessen wie Kos auf den Bahngleisen. Oder wie Siegfried, der Kind-Mann. Oder wie ich später, der Schrecken der Schafe von Bayreuth. Oder wie Marke, der »ein Huhn erwürgt«. Oder Brange, die eine Katze tötet.

Vielleicht wissen Sie, dass Bayreuth seinen Ruf nicht nur meinem Herrn verdankt, sondern auch uns, den Neufundländern. Die Wahnfrieder Neufundländer-Familie wurde noch größer als die meines Herrn.

Am Anfang waren Marco und Bianca. Mein Herr fand diese Namen nicht erfreulich – Sie wissen, welche Bedeutung er Namen beimaß? –, und darum nannte er sie Marke und Brange, wie Isoldes Vertraute Brangäne und König Marke aus dem »Tristan«. Marke war vollkommen schwarz, Brangäne war ganz weiß.

Brangäne sollte eigentlich meine Frau werden, doch sie kam neun Tage zu spät. Als man dem kleinen Siegfried sagte, dass ich gestorben sei, fragte er sofort: »Was wird seine Frau sagen, wenn sie kommt?« Ich habe den Jungen immer geliebt. Ich weiß nicht, was Brange gesagt hat. Ich hätte sie gern kennengelernt. Sie war, glaube ich, noch wilder als ich. Ich habe nie eine Katze getötet. Sie fiel sogar über Pferde her. Und über meinen armen Herrn. Sie wollte seinen Pelzmantel zerfetzen, und es störte sie gar nicht, dass er ihn am Leibe trug, im Gegenteil. Was für eine Frau!

Das hat sich mein Herr auch gesagt.

Sie starb nach Art ihres Geschlechts, nach einer Geburt. Aber vorher brachte sie noch Fasolt und Fafner zur Welt. Alle nannten Fafner nur »der schöne Fafner«, er wurde ein guter Bote. Er hielt die Korrespondenz zwischen Wahnfried und dem Festspielhaus aufrecht, befördete Programmzettel. Fasolt übernahm die Stelle meines Herrn in Venedig. Früher haben die österreichischen Militärkapellen seine Ouvertüren auf dem Markusplatz gespielt, nun saß dort Fasolt und heulte, vor allem nachts. Bald kannte ihn halb Venedig. Eine fragwürdige Berühmtheit, ganz wie mein Herr.

Ich hätte Söhne wie Fasolt und Fafner haben können. Neun Tage! Ihre Mutter starb, als mein Herr und Cosima in Italien waren. Solche Nachrichten gingen immer an meine Herrin, sie nahm es gefasster auf. Sie versuchte, diesen Todesfall vor ihm geheim zu halten. Umso erschrockener war sie, als mein Herr ihr scheinbar gefasst mitteilte: »Ich weiß, daß Brange nicht mehr lebt.« Er wusste es nicht und wusste es doch.

Meine Herrin hatte eine etwas vormundschaftliche Art, die Todesfälle im Haus zu verwalten. Auch dass Kos tot war, erfuhr er erst später. Vielleicht konnte sie es ihm nicht sagen, weil er ohnehin schon weinte. Nicht weil er geträumt hatte, dass ihm alle Zähne ausfielen – er hatte auch jetzt noch Albträume wie in seiner Jugend –, nein, mein Herr weinte über den König, »der alles gewußt, alles mitempfunden und ihn so preisgegeben«[37] habe.

Bayreuth ist kein Kind des Größenwahns meines Herrn, glauben Sie das nicht. Es ist das Kind einer großen, enttäuschten Liebe. Der König fühlte sich verraten, er war es auch. Verraten an eine Frau, bloßgestellt vor seinen Untertanen. Was ihm noch blieb, waren die Werke meines Herrn. Er besaß den »Ring«, schon als er noch längst nicht fertig war; er hatte ihn schließlich bezahlt. Er wusste, wie sehr er meinem Herrn wehtat, als er begann, die Teile des »Rings« einzeln aufzuführen, unter einem Intendanten, den mein Herr hasste, unter ebenjenen Residenz-Theaterbedingungen, die er so verabscheute. An dem Tag, als der König in München die »Walküre« uraufführen ließ, nahm mein Herr den todkranken, räudigen Kos und brachte ihn zum Arzt. Jeder andere hätte ihn gleich dort gelassen, aber mein Herr wollte sein letztes Auge retten. Er hatte wie Wotan – nicht der Pfau, der Gott – nur noch eins. Das andere hatte schon die Räude geholt.

»Keine wie sie kannte mein innerstes Sehnen«, sagt Wotan, als er Brünnhilde bestraft. Ludwig kannte es. Na und? Der König litt. Warum sollte der Urheber seines Leidens nicht auch leiden? So kamen »Das Rheingold« und »Die Walküre« auf die Bühne, fern von meinem Herrn. Eher verbrenne ich den »Siegfried«, als ihn so hinzugeben, sagt er. Dann führe er eben den halben »Siegfried« auf, den er besitze, beschloss der König. Bayreuth war der Name für die Möglichkeit, die andere Hälfte doch nicht zu verbrennen. Cosima sah die Tränen ihres Mannes: »Ich bleibe bei ihm, verlasse ihn dann, um Kos' Grube zu beaufsichtigen.«[38] Sie legte ihn allein in die Erde, sie hat ihm nichts gesagt.

Am nächsten Tag, wie »ich mich nach Tisch zur Ruhe begebe, tritt R. zu mir herein, er hat soeben durch Loldi« – Isolde – »erfahren, daß Kos tot und begraben, er weint«.[39] Mein Herr konnte sich nicht einmal von ihm verabschieden. Richard Wagner, ausgeschlossen vom Begräbnis seines Hundes? Es ist kaum vorstellbar. Aber selbst das hat er von ihr hingenommen. Der Rest des Tages sind Trauer und Tränen.

Man sieht es seinen Porträts nicht an, schon gar nicht den späten Imperatorengesichtern, aber mein Herr war sehr weich. Seine Heftigkeit sei ihm gegeben, um seine Weichheit zu kompensieren, sagte er.

Und dann zogen wir um, »ring«bedingt.

Nicht nur ich habe Tribschen vermisst. So einen Ort wie diesen würden wir nie wieder finden, das wussten wir alle, als wir es verließen. Vor uns der See und hinter uns die Wiesen. So kannte ich das. In Bayreuth lag vor uns die Stadt und hinter uns der Hofgarten.

Der Hofgarten gehörte, wie der Name schon sagt, dem König. Mein Herr hat sich von Ludwig die Erlaubnis geholt, ihn durch seine Gartenpforte betreten zu dürfen. Sie wurde gewährt. Sie galt streng genommen nur für ihn. Zumindest hat der König nicht eigens erwähnt, dass auch ich, Marke, Brange, Fasolt und Fafner, Molly und die anderen in seinen Garten dürfen. Und wie wir uns in den Blumenrabatten verhalten sollen, war auch schlecht geregelt. Die Gärtner glaubten, dass ein Neufundländer gar nicht in die Beete des Königs gehöre. Und erst recht nicht viele Neufundländer.

Und überhaupt: Ein Hund gehört an die Leine!

Das ganze Leben gehört an die Leine, glauben diese Leute. Mein Herr war zu alt, um mit ihnen zu streiten. Er zahlte für seine unangeleinten Auffassungen und Hunde Strafe. Nur im Winter weigerte er sich. Er war der Meinung, es gibt keine Gärten im Winter. Manchmal versuchte er auch, seine Hunde zu Hause zu lassen, aber das wurde nicht unbedingt kostengünstiger. Der zurückgelassene Marke rannte die Zäune dreier Nachbarn nieder, um meinen Herrn im Hofgarten doch wieder einzuholen.

Marke. Er nahm meinen Platz ein. Ich glaube, wir hätten uns verstanden. Er hat nicht nur eins von diesen schrecklichen Hühnern erwürgt, auf die mein Herr so stolz war. Schade, dass ich nicht mehr gesehen habe, wie Marke in das Bassin vor Wahnfried sprang und dort einen Orkan entfesselte. Er wollte die Fische fangen. Einen hatte er schon, als mein Herr dazu kam und Markes Fischzug beendete. Er versuchte alles, den Gemeuchelten wieder lebendig zu machen, wahrscheinlich hätte er ihn sogar geküsst, so wie die Menschen auch Frösche küssen. Aber es half nichts. Mein Herr komponierte gerade den »Parsifal«, diese Vision des Friedens aller Geschöpfe, des Mitleids und der Barmherzigkeit, da konnte er nicht im eigenen Haus Mord und Totschlag dulden.

Der Professor hätte bestimmt gelacht. Über meinen Herrn und über Marke. Aber er ist irgendwann nicht mehr gekommen. Er ist eine Art Mjölnir-Philosoph geworden und verfasste Untersuchungen darüber, »wie man mit dem Hammer philosophiert«. Er begann, über Schopenhauer und meinen Herrn zu spotten und ein Konkurrenz-Evangelium zu entwerfen, ein Evangelium gegen das Mitleid. Eine philosophische Rechtfertigung für Marke, Brange und mich. Soll ich zitieren? »Wahrlich, ich mag sie nicht, die Barmherzigen, die selig sind in ihrem Mitleiden: zu sehr gebricht es ihnen an Scham … Ach, wo in der Welt geschahen grössere Thorheiten, als bei den Mitleidigen? Wehe allen Liebenden, die nicht noch eine Höhe haben, welche über ihrem Mitleiden ist!«[40] Mein Herr hatte diese Höhe, das wusste Friedrich Nietzsche genau; aber seinen Jüngern sprach er sie ab. Und mit allem, was er sagte – auch gegen meinen Herrn –, tat er sich selbst weh. Wahrscheinlich hielt er nur solche Erkenntnisse für wahrheitsfähig. Er war ein Herzdenker wie mein Herr.

Er entdeckte die Schönheit des principium individuationis. Er ernannte sich zum Fürsprecher des Lebens. Der Anwalt des principium individuationis ist auch mein Anwalt. Der Professor war schon ziemlich klug. Er war sogar klug genug, mit sich selbst nur ausnahmsweise einer Meinung zu sein. Er wird einmal über meinen Herrn sagen: »Er war der vollste Mensch, den ich gekannt habe.« Das ist richtig.

Richard Wagner besaß eine Neufundländerseele.

Epilog oder Karfreitagszauber

Bayreuth, Sonnabend, 1. Mai 1875. Bald sollen die »Ring«-Proben beginnen, ein Jahr vor den ersten Festspielen, fast den ganzen Sommer lang werden sie dauern. Und noch ist so vieles ungewiss. »Nachmittags zum Theater hinausgefahren bei schönem Wetter, Russ folgt bellend und springend nach«,[41] notiert Cosima.

Er hatte seinen Herrn einst am Schlittschuhlaufen gehindert, auch am Besteigen von Kutschen, die ihm nicht vertrauenswürdig schienen. Er ist sein Leibwächter, der Anwalt des principium individuationis, Richard Wagner betreffend. Jetzt will er seinen Abstieg in den Orchestergraben vereiteln. Zu tief. Wenn er wüsste, dass sein Herr diesen gefährlichen Graben selbst erfunden hat. Gewöhnlich muss Richard Wagner sich fügen, wenn Russ etwas nicht will. Jetzt ist es anders. Der Hund schaut »ängstlich und besorgt« in den Abgrund, auf seinen Herrn.

Am nächsten Morgen ist Russ tot. Richard Wagner hat einmal geträumt, sein Hund sei von einem Wagen überfahren worden, aber unter seinen Liebkosungen habe sich Russ wieder geregt. Jetzt bleibt alles vergeblich. Es war ein Lungenschlag. Hätten sie den Hund doch wie früher in Russland, in London oder auf der Reise nach Paris im Wagen mitfahren lassen! Doch es ist nicht weit vom Haus zum Theater, er hätte umkehren können.

Richard Wagner wird in Wien erwartet. Er gibt schon seit Monaten Konzerte; er kann die Musiker und Sänger nicht ohne jede Gage einen Sommer lang proben lassen. Er muss Geld verdienen. Aber nicht jetzt, nicht bevor er seinen Hund zu Grabe getragen hat.

Richard Wagner weiß schon lang, wo er seine letzte Ruhe finden will. Hinter seinem Haus in Bayreuth. Wenn er aus dem großen Fenster auf der Parkseite schaut, sieht er den Platz, er sieht ihn mit großem Einverständnis, er macht ihn ruhig. Am 2. Mai 1875 mittags um zwölf Uhr wird Russ hier in die Erde gesenkt.

Du bleibst nicht lang allein, sagt der Herr zum Hund.

Ein Geistlicher weist Richard Wagner darauf hin, dass es sich bei diesem Begräbnis um eine Entweihung des Bodens des Herrn handele. Wenn der Mann Gottes vor seinem Hinweis noch nicht an den Teufel glaubte, dann vielleicht nach der Erwiderung des Trauernden. Oder der Pfarrer ist musikalisch.

Wir haben die Kunst, um nicht an der Wahrheit zugrunde zu gehen?

Sieben Jahre nach Russ' Tod erklingt im Karfreitagszauber des »Parsifals« das Lied von der Einheit der Schöpfung. Jeder kann hören, dass *in den Thieren das Gleiche athmet was uns das Leben gibt.*[42]

ANMERKUNGEN

ROBBER ODER »DER FLIEGENDE HOLLÄNDER«

1 Richard Wagner: *Mein Leben I*, S. 178.
2 Ebd., S. 184.
3 Carl Friedrich Glasenapp: *Leben Richard Wagners I*, S. 324.
4 Richard Wagner: *Mein Leben I*, S. 187.
5 Ebd., S. 189.
6 Ebd., S. 190.
7 Richard Wagner: Die rote Brieftasche, in: ders.: *Sämtliche Briefe I*, S. 84.
8 Ebd.
9 Richard Wagner: *Mein Leben I*, S. 194.
10 Virginia Woolf: *Flush*, S. 57 f.
11 Ebd., S. 59.
12 Richard Wagner: *Mein Leben I*, S. 195.
13 Ebd.
14 Ebd., S. 196.
15 Richard Wagner: Ein Ende in Paris, in: ders.: *Ein deutscher Musiker in Paris*, S. 50.
16 Ebd., S. 63.
17 Ebd., S. 201 f.
18 Ebd., S. 80.
19 Ebd., S. 82.
20 Richard Wagner an Eduard Avenarius, Dezember 1839, *Sämtliche Briefe I*, S. 372.
21 Richard Wagner an Eduard Avenarius, 4. Januar 1840, ebd., S. 375.
22 Ebd.
23 Ebd.
24 Richard Wagner an Giacomo Meyerbeer, 18. Januar 1840, *Sämtliche Briefe I*, S. 378.
25 Ebd.
26 Richard Wagner an Giacomo Meyerbeer, 15. Februar 1840, ebd., S. 378.
27 Richard Wagner: *Mein Leben I*, S. 211 f.
28 Richard Wagner an Giacomo Meyerbeer, 3. Mai 1840, *Sämtliche Briefe I*, S. 385.
29 Ebd., S. 388.
30 Ebd., S. 388 f.
31 Tagebücher, 23. Juni 1840, in: *Sämtliche Briefe I*, S. 60 f.
32 Ebd.
33 Ebd.
34 Richard Wagner an Giacomo Meyerbeer, 26. Juli 1840, ebd., S. 401.
35 Vgl. die Analyse Martin Gregor-Dellins: *Richard Wagner*, S. 153 ff.

36 Richard Wagner: Eine Pilgerfahrt zu Beethoven, in: ders.: *Ein deutscher Musiker in Paris*, S. 6 f.

Der zweite Gewährsmann dieser Figur – und jener Pilgerfahrt – war wohl Johann Friedrich Reichardt, Verfasser der Schrift »Vertraute Briefe, geschrieben auf einer Reise nach Wien und den österreichischen Staaten zu Ende des Jahres 1808 und zu Anfang 1809«, die auch einen Besuch bei Beethoven vermerken.

37 Richard Wagner: *Mein Leben I*, S. 220 f.

38 Ebd., S. 221.

39 Ebd.

40 Ebd.

41 Ebd., S. 222.

42 Richard Wagner: *Ein Ende in Paris*, S. 49 ff.; alle Zitate bis auf Weiteres ebd.

43 Ebd., S. 85 f.

44 Richard Wagner: *Mein Leben I*, S. 226.

45 Ebd., S. 235.

PEPS IM VENUSBERG

1 Richard Wagner an Eduard und Cäcilie Avenarius, 11. September 1842, *Sämtliche Briefe II*, S. 160.

2 Vgl. Virginia Woolf: *Flush*, Frankfurt a. M. 1994, S. 8.

3 Ebd.

4 Richard Wagner: *Mein Leben I*, S. 262.

5 Ebd., S. 269.

6 Ebd., S. 280.

7 Ebd., S. 284.

8 Richard Wagner an Minna Wagner, 29. Mai 1843, *Sämtliche Briefe II*, S. 256.

9 Ebd., S. 258.

10 Richard Wagner an Minna Wagner, 2. Juni 1843, *Sämtliche Briefe I*, S. 261.

11 Ebd., S. 248. Und noch mehr entdeckte er dort: *In demselben Hefte fand ich nun aber auch, und zwar als Fortsetzung des Wartburggedichtes, ein kritisches Referat über das Gedicht vom »Lohengrin«.*

12 Richard Wagner: *Mein Leben I*, S. 260.

13 Ebd., S. 300 f.

14 Ebd., S. 308.

15 Richard Wagner an Minna Wagner, 8. Januar 1844, *Sämtliche Briefe II*, S. 352.

16 Heinse 1797, Tonartcharakteristik – Dur-Tonarten, KölnKlavier: Sammlung historischer Quellentexte, www.koelnklavier.de.

17 Ebd., Hand 1837.

18 Carl Friedrich Glasenapp: *Leben Richard Wagners II*, S. 128.

19 Ebd., S. 526 f.

20 Richard Wagner: *Mein Leben I*, S. 352.

21 Ebd., S. 419 f.

22 Richard Wagner an König Friedrich Ludwig von Sachsen, 21. Juni 1848, zit. nach Martin Gregor-Dellin: *Richard Wagner*, S. 241.

23 Richard Wagner: *Mein Leben I*, S. 441 und 444.

24 Vgl. Martin Gregor-Dellin: *Richard Wagner*, S. 259.

25 Richard Wagner: *Mein Leben I*, S. 448 f.

26 Ebd., S. 453.

27 Ebd., S. 457.

28 Ebd.

29 Richard Wagner an Minna Wagner, 8. Juni 1849, *Sämtliche Briefe III*, S. 79.

30 Minnas Tochter, Kind einer frühen Vergewaltigung durch einen Adligen, die sie als ihre jüngere Schwester ausgab und die meist bei ihnen lebte.

31 *Sämtliche Briefe III*, S. 79.

32 Richard Wagner: *Mein Leben I*, S. 481.

33 Ebd., S. 474.

34 Ebd., S. 488.

35 Ebd.

36 Richard Wagner an Minna Wagner, 17. April 1850, *Sämtliche Briefe III*, S. 280.

37 Nachgelassene Notizen, Sommer 1849/50, zit. nach Martin Gregor-Dellin: *Richard Wagner*, S. 267.

38 Richard Wagner: *Mein Leben I*, S. 494 f.

39 Richard Wagner an Minna Wagner, 16. April 1850, *Sämtliche Briefe III*, S. 280.

40 Ebd., S. 276.

41 Ebd., S. 285.

42 Richard Wagner an Theodor Uhlig, 15. April 1850, *Sämtliche Briefe III*, S. 274.

43 Richard Wagner an Minna Wagner, 16. April 1850, *Sämtliche Briefe III*, S. 288.

44 Richard Wagner: *Mein Leben I*, S. 498.

45 Richard Wagner an Minna Wagner, 13. März 1850, *Sämtliche Briefe III*, S. 253.

46 Richard Wagner: *Mein Leben I*, S. 500.

47 Richard Wagner an Michail Bakunin und August Röckel, März 1850, *Sämtliche Briefe III*, S. 270.

48 Ebd., S. 271.

49 Richard Wagner: *Mein Leben I*, S. 501.

50 Ebd., S. 502.

51 Ebd., S. 503.
52 Richard Wagner an Minna Wagner, 4. Mai 1850, *Sämtliche Briefe III*, S. 296.
53 Ebd., S. 297.
54 Richard Wagner: *Mein Leben II*, S. 5.
55 Richard Wagner an Julie Ritter, 9. Juni 1850, *Sämtliche Briefe III*, S. 310.
56 Richard Wagner an Theodor Uhlig, November 1851, *Sämtliche Briefe IV*, S. 176.
57 Ebd.
58 Richard Wagner an Minna Wagner, Ende Juni 1850, *Sämtliche Briefe III*, S. 342.
59 Ebd., S. 343.
60 Richard Wagner an Theodor Uhlig, 20. Januar 1851, *Sämtliche Briefe III*, S. 498.
61 Richard Wagner an Theodor Uhlig, 15. Februar 1851, ebd., S. 512.
62 Ebd.
63 Richard Wagner an Franz Liszt, 18. Februar 1851, *Sämtliche Briefe III*, S. 515.
64 Richard Wagner: *Mein Leben II*, S. 42.
65 Richard Wagner an Theodor Uhlig, 22. Juli 1852, *Sämtliche Briefe IV*, S. 418.
66 Ebd., S. 419.
67 Ebd.
68 Richard Wagner an Minna Wagner, Mai 1855, *Briefwechsel Minna Wagner I*, S. 174 f.
69 Richard Wagner an Minna Wagner, 19. Mai 1855, ebd., S. 191.
70 Richard Wagner an Otto Wesendonck, 8. Juli 1855, *Tagebuchblätter und Briefe*, S. 34.
71 Richard Wagner: *Mein Leben II*, S. 92.
72 Richard Wagner an Ferdinand Präger, 15. Juli 1855, *Sämtliche Briefe VII*, S. 247.

TRISTAN, EIN LEBENSMÜDES PFERD UND LEO, DIE BULLDOGGE

1 Richard Wagner an Minna Wagner, 11. März 1862, *Briefwechsel Minna Wagner II*, S. 266.
2 Richard Wagner, Tagebuch für Mathilde Wesendonck, 18. September 1858, *Tagebuchblätter und Briefe*, S. 77.
3 Ebd., S. 77 f.
4 Ebd., S. 78.
5 Minnas uneheliche Tochter Nathalie, berichtet von getrennten Schlafzimmern des Ehepaars im »Asyl«.
6 Tagebuch für Mathilde Wesendonck, 21. August 1858, *Tagebuchblätter und Briefe*, S. 68.

7 Richard Wagner an seine Schwester Kläre, 20. August 1858, ebd., S. 8.

8 Tagebuch für Mathilde Wesendonck, 21. August 1858, *Tagebuchblätter und Briefe*, S. 69.

9 Richard Wagner: *Ein Lebens- und Charakterbild in Dokumenten und zeitgenössischen Darstellungen*, hrsg. von Werner Otto, Berlin 1990, S. 198.

10 Tagebuch für Mathilde Wesendonck, 1. Oktober 1858, *Tagebuchblätter und Briefe*, S. 81.

11 Ebd., 29. September 1858, S. 79.

12 Wagner spricht von der *tiefen Kunst des tönenden Schweigens*. Ebd., 12. Oktober 1858, S. 96.

13 Zit. nach Martin Gregor-Dellin: *Richard Wagner*, S. 446 f.

14 Tagebuch für Mathilde Wesendonck, 6. Oktober 1858, *Tagebuchblätter und Briefe*, S. 91.

15 Ebd., 1. Oktober 1858, S. 82.

16 Ebd., 12. Oktober 1858, S. 93.

17 Ebd., 1. Oktober 1858, S. 83

18 Ebd., S. 84.

19 Ebd., S. 82.

20 Ebd., 1. November 1858, S. 101.

21 Ebd.

22 Ebd.

23 Ebd., 31. Oktober 1858, S. 99.

24 Ebd., S. 100.

25 Richard Wagner an Minna Wagner, 10. Dezember 1858, *Briefwechsel Minna Wagner II*, S. 13.

26 Richard Wagner an Minna Wagner, 12. Mai 1859, *Briefwechsel Minna Wagner*, S. 84.

27 Ebd., S. 85.

28 Richard Wagner an Mathilde Wesendonck, 24. August 1859, *Tagebuchblätter und Briefe*, S. 178.

29 Richard Wagner an Mathilde Wesendonck, 4. August 1859, ebd., S. 174.

30 Richard Wagner an Mathilde Wesendonck, 24. August 1859, ebd., S. 180.

31 Richard Wagner an Mathilde Maier, 15. Januar 1863, *Briefe an Mathilde Maier*, S. 55.

32 Richard Wagner an Minna Wagner, 9. Februar 1862, *Briefwechsel Minna Wagner II*, S. 257.

33 Ebd., S. 261.

34 Richard Wagner an Frickhöfer, Briefentwurf, *Briefe an Mathilde Maier*, S. 24 f.

35 Richard Wagner an Minna Wagner, 11. März 1862, *Briefwechsel Minna Wagner II*, S. 265.

36 Richard Wagner an Minna Wagner, 28. Dezember 1862, ebd., S. 246.

37 Richard Wagner an Mathilde Maier, 20. Juni 1862, *Briefe an Mathilde Maier*, S. 14 f.

38 Zit. nach *Sämtliche Briefe XIII*, S. 446.

39 Richard Wagner: *Mein Leben II*, S. 230.

40 Richard Wagner an Minna Wagner, 26. April 1862, *Briefwechsel Minna Wagner*, S. 277.

41 Richard Wagner an Peter Cornelius, 4. März 1862, *Briefe*, hrsg. von Hans-Joachim Bauer, S. 391 f.

42 Ebd., S. 390.

43 Richard Wagner an Mathilde Wesendonck, 16. Februar 1862, *Tagebuchblätter und Briefe*, S. 315.

44 Richard Wagner an Minna Wagner, 26. April 1862, *Briefwechsel Minna Wagner II*, S. 277.

45 Andrea Steinfeld, »Kampfhunde«. Geschichte, Einsatz, Haltungsprobleme von »Bull-Rassen«. Eine Literaturstudie, Dissertation, Hannover 2002, S. 52, vgl. auch Wikipedia: Englische Bulldogge.

46 Nach einem Bericht Wendelin Weißheimers, zit. nach *Briefe an Mathilde Maier*, S. 22.

47 Richard Wagner an Otto Wesendonck, 21. Juli 1862, *Tagebuchblätter und Briefe*, S. 321.

48 Richard Wagner an Mathilde Maier, 29. Juli 1862, *Briefe an Mathilde Maier*, S. 23 f.

49 Zit. nach Carl Friedrich Glasenapp: *Leben Richard Wagners III*, S. 389.

50 Zit. nach ebd., S. 394.

51 Richard Wagner an Otto Wesendonck, 24. September, Tagebuchblätter und Briefe, S. 324.

52 Mathilde Maier über Wagners Vermieter, vgl. Briefe an Mathilde Maier, S. 25.

ZWEI ALTE JAGDHUNDE AUF DER FLUCHT

1 Richard Wagner an Mathilde Maier, 20. November 1862, *Briefe an Mathilde Maier*, S. 40.

2 Richard Wagner an Mathilde Maier, 25. Dezember 1862, ebd., S. 46.

3 Richard Wagner an Mathilde Maier, 12. Dezember 1862, ebd., S. 43.

4 Richard Wagner an Mathilde Maier, 4. Januar 1863, ebd., S. 49.

5 Richard Wagner an Mathilde Maier, 28. Dezember 1862, ebd., S. 41.

6 Richard Wagner an Mathilde Maier, 25. Mai 1863, ebd., S. 100.

7 Richard Wagner an Mathilde Maier, 4. April 1863, ebd., S. 81.

8 Richard Wagner an Mathilde Maier, 25. Mai 1863, ebd., S. 98.
9 Ebd.
10 Richard Wagner an Mathilde Maier, 12. Dezember 1862, ebd., S. 43.
11 Richard Wagner an Mathilde Maier, 25. Mai 1863, ebd., S. 97.
12 Richard Wagner an Eliza Wille, 5. Juni 1863, *Tagebuchblätter und Briefe*, S. 326 f.
13 Richard Wagner an Mathilde Maier, 24. Juni 1863, *Briefe an Mathilde Maier*, S. 109.
14 Ebd., S. 110.
15 Richard Wagner an Mathilde Maier, 8. Juli 1863, ebd., S. 112.
16 Richard Wagner an Mathilde Wesendonck, 28. Juni 1863, *Tagebuchblätter und Briefe*, S. 332.
17 Richard Wagner an Mathilde Wesendonck, 3. August 1863, ebd., S. 333.
18 Richard Wagner an Mathilde Maier, 24. Juni 1863, *Briefe an Mathilde Maier*, S. 110.
19 Ebd.
20 Richard Wagner an Mathilde Wesendonck, 3. August 1863, *Tagebuchblätter und Briefe*, S. 337.
21 Richard Wagner an Mathilde Maier, 16. Juni 1863, *Briefe an Mathilde Maier*, S. 106.
22 Richard Wagner an Mathilde Maier, 17. August 1863, ebd., S. 124.
23 Richard Wagner an Mathilde Maier, 20. Juli 1863, ebd., S. 114.
24 Richard Wagner an Mathilde Maier, 17. August 1863, ebd., S. 124.
25 Mathilde Wesendonck an Richard Wagner, 23. September 1863, *Tagebuchblätter und Briefe*, S. 369.
26 Richard Wagner an Mathilde Maier, 5. August 1863, *Briefe an Mathilde Maier*, S. 118.
27 Richard Wagner an Mathilde Maier, 18. Mai 1863, ebd., S. 96.
28 Richard Wagner an Mathilde Wesendonck, 3. August 1863, *Tagebuchblätter und Briefe*, S. 336.
29 Richard Wagner an seine Haushälterin Marie, 6. Dezember 1863, *Briefe*, hrsg. von Hans-Joachim Bauer, S. 406.
30 Richard Wagner an Mathilde Maier, 18. Dezember 1863, *Briefe an Mathilde Maier*, S. 135.
31 Richard Wagner an Mathilde Maier, 7. Januar 1864, ebd., S. 137.
32 Peter Cornelius an seine Schwester Susanne, 11. Januar 1864, ebd., S. 136.
33 Zit. nach Carl Friedrich Glasenapp: *Leben Richard Wagners III*, S. 442.

34 Zit. nach ebd., S. 487.
35 Signale für die musikalische Welt, 4/1864, zit. nach ebd., S. 446.
36 Richard Wagner: *Mein Leben II*, S. 325.
37 Ebd.
38 Ebd., S. 327.
39 Ebd., S. 328.
40 Eliza Wille: *Erinnerungen an Richard Wagner*, Zürich 1982, S. 59.
41 Ebd., S. 60.
42 Richard Wagner an Mathilde Maier, 5. April 1864, *Briefe an Mathilde Maier*, S. 147 ff.
43 Richard Wagner an Josef Standhartner, 12. April 1864, *Ludwig II. Briefwechsel I*, S. XXVII f.
44 Ebd., S. XXVIII.
45 Ebd.
46 Ebd.
47 Richard Wagner: *Dichtungen und Schriften III*, S. 361.
48 Ebd.
49 Ludwig II. an Franz Seraph von Pfistermeister, 17. April 1864, *Ludwig II. Briefwechsel I*, S. XXXIII.
50 Richard Wagner an Franz Standhartner, 25. April 1864, ebd., S. XXIX.
51 Ebd., S. XXXI.
52 Richard Wagner an Mathilde Maier, 5. Mai 1864, *Briefe an Mathilde Maier*, S. 155.
53 Richard Wagner: *Mein Leben II*, S. 289.
54 Richard Wagner an Mathilde Maier, 18. Mai 1864, *Briefe an Mathilde Maier*, S. 158.
55 Richard Wagner an Mathilde Maier, 8. September 1864, ebd., S. 178.
56 *Ludwig II. Briefwechsel I*, S. XXXVII f.
57 Richard Wagner an Mathilde Maier, 22. Juni 1864, *Briefe an Mathilde Maier*, S. 162.
58 Richard Wagner an Mathilde Maier, 8. September 1864, ebd., S. 177.
59 Ebd., S. 179.
60 Richard Wagner an Ludwig II., 9. März 1865, *Ludwig II. Briefwechsel I*, S. 69.
61 Ludwig II. an Richard Wagner, 10. März 1865, ebd., S. 71 f.
62 Richard Wagner an Ludwig II., 11. März 1865, ebd., S. 72 f.
63 Ludwig II. an Richard Wagner, 11. März 1865, ebd., S. 73.
64 Ludwig II. an Richard Wagner, 10. Juni 1865, ebd., S. 105.
65 Ludwig II. an Richard Wagner, 21. Juni 1865, ebd., S. 109.
66 Ludwig II. an Richard Wagner, 7. Dezember 1865, ebd., S. 237.
67 Richard Wagner an Ludwig II., 7. Dezember 1865, ebd., S. 237 f.

68 Ludwig II. an Richard Wagner, 8. Dezember 1865, ebd., S. 238.
69 Ludwig II. an Richard Wagner, 15. November 1865, ebd., S. 212.
70 Zit. nach Carl Friedrich Glasenapp: *Leben Richard Wagners IV*, S. 133.
71 Ludwig II. an Richard Wagner, 16. November 1865, *Ludwig II. Briefwechsel I*, S. 213.
72 Münchener *Neueste Nachrichten* vom 29. November 1865, *Ludwig II. Briefwechsel IV*, S. 109.
73 Peter Cornelius, zit. nach: *Briefe an Mathilde Maier*, S. 229 f.
74 Zit. nach Martin Gregor-Dellin: *Richard Wagner*, S. 557.
75 Augsburger *Allgemeine Zeitung* vom 8. Dezember 1865, *Ludwig II. Briefwechsel IV*, S. 111.
76 Ebd.
77 Richard Wagner an Ludwig II., 9. Dezember 1865, *Ludwig II. Briefwechsel I*, S. 239.
78 Briefe an Mathilde Maier, ebd., S. 230 f.
79 Ebd., S. 231.
80 Richard Wagners Annalen, *Ludwig II. Briefwechsel I*, S. 7.

DIE NIBELUNGEN IN DEN RABATTEN DES KÖNIGS

1 Richard Wagner an Mathilde Maier, 17. Dezember 1865, *Briefe an Mathilde Maier*, S. 232.
2 Ebd.
3 Ebd., S. 233.
4 Ebd.
5 Ludwig II. an Cosima von Bülow, 2. Januar 1866, *Ludwig II. Briefwechsel I*, S. 253.
6 Richard Wagner an Ludwig II., 19. Januar 1866, ebd., S. 286.
7 Ebd., S. 288.
8 Richard Wagner an Anton Pusinelli, 26. Januar 1866, ebd., S. 258.
9 Richard Wagner an Ludwig II., 22. Februar 1866, ebd., S. 303.
10 Richard Wagner an Cosima von Bülow, 31. März 1866, ebd., *Briefwechsel II*, S. 24, Anm. 1.
11 Ebd.
12 Ludwig II. an Richard Wagner, 28. Januar 1866, *Ludwig II. Briefwechsel I*, S. 290.
13 Ludwig II. an Richard Wagner, 31. Januar 1866, ebd., S. 293. Wagner hatte dem König noch aus Marseille eine Parabel über Könige, Helden und Verräter geschickt – nach dem Rolandslied, dessen Groschenheftausgabe er in der französischen Eisenbahn gefunden hatte.

14 Richard Wagner: *Das Braune Buch*, 7. Februar 1866, S. 102.
15 Richard Wagner an Ludwig II., 29. April 1866, *Ludwig II. Briefwechsel II*, S. 24.
16 Ebd.
17 Ebd., S. 24 f.
18 Richard Wagner an Ludwig II., 29. April 1866, ebd., S. 23.
19 Richard Wagner an Cosima von Bülow, 17. April 1866, in: *Briefe*, hrsg. von Hans-Joachim Bauer, S. 444.
20 Ebd.
21 Zit. nach Carl Friedrich Glasenapp: *Leben Richard Wagners IV*, S. 174.
22 Ludwig II. an Richard Wagner, 15. Mai 1866, *Ludwig II. Briefwechsel II*, S. 34 f.
23 Ludwig II. an Richard Wagner, 24. Mai 1866, aufgeg. 9.35 Uhr, ebd., S. 43.
24 Ludwig II. an Richard Wagner, 24. Mai 1866, aufgeg. 13.40 Uhr, ebd.
25 Ludwig II. an Richard Wagner, 24. Mai 1866, aufgeg. 22.15 Uhr, ebd., S. 44.
26 Richard Wagner (Politisches Programm für Ludwig II.), Anfang Juni 1866, *Ludwig II. Briefwechsel IV*, S. 147.
27 Richard Wagner an August Röckel, 23. Juni 1866, ebd., S. 154.
28 Arthur Schopenhauer: *Kleines Schopenhauer-Brevier*, hrsg. von Rudolf Malter, Frankfurt a. M. 1987, S. 179.
29 Ebd., S. 245.
30 Cosima Wagner, 14. August 1871, *Tagebücher I*, S. 427.
31 Ebd., 5. November 1870, S. 308.
32 Ebd.
33 Ebd., 12. Juni 1871, S. 398.
34 Ebd., 22. Juli 1871, S. 419.
35 Ebd., 15. November 1870, S. 449.
36 Ebd., 9. Oktober 1870, S. 296.
37 Ebd., 20. Juli 1871, S. 417.
38 Ebd.
39 Ebd., 21. Juli 1871, S. 418.
40 Friedrich Nietzsche: *Also sprach Zarathustra*, Kritische Studienausgabe, hrsg. von Giorgio Colli und Mazzino Montinari, Bd. IV, München 1980, S. 113 und 115.
41 Cosima Wagner, 1. Mai 1875, *Tagebücher I*, S. 914.
42 Richard Wagner: Offenes Schreiben an Herrn Ernst von Weber, Verfasser der Schrift: »Die Folterkammern der Wissenschaft«, *Ausgewählte Schriften*, S. 283.

LITERATUR (AUSWAHL)

Ludwig II. und Richard Wagner, Briefwechsel, hrsg. von Winifred Wagner, bearbeitet von Otto Strobel, fünf Bände, Karlsruhe 1936–1939 (zitiert als *Ludwig II. Briefwechsel*).

Richard Wagner an Mathilde Maier (1862–1878), hrsg. von Hans Scholz, Leipzig 1930 (zitiert als *Briefe an Mathilde Maier*).

Richard Wagner an Minna Wagner, zwei Bände, Berlin und Leipzig 1908 (zitiert als *Briefwechsel Minna Wagner*).

Richard Wagner an Otto und Mathilde Wesendonck. Tagebuchblätter und Briefe, o. J.

Wagner, Cosima: *Die Tagebücher*, zwei Bände, München 1976 (zitiert als *Tagebücher*).

Wagner, Richard: *Briefe*, ausgewählt und herausgegeben von Hans-Joachim Bauer, Stuttgart 1995.

Wagner, Richard: *Das Braune Buch*, hrsg. von Joachim Bergfeld, München 1975.

Wagner, Richard: *Dichtungen und Schriften*, Jubiläumsausgabe in zehn Bänden, hrsg. von Dieter Borchmeyer, Frankfurt a. M. 1983.

Wagner, Richard: *Ausgewählte Schriften*, Leipzig 1982.

Wagner, Richard: *Ein deutscher Musiker in Paris*, Novellen und Aufsätze, mit einem Nachwort von Klaus Günzel, Berlin 1988.

Wagner, Richard: *Mein Leben*, zwei Bände, hrsg. von Eike Middell, Leipzig 1985.

Wagner, Richard: *Sämtliche Briefe*, hrsg. v. Gertrud Strobel und Werner Wolf, Leipzig 1967 ff. (zitiert als *Sämtliche Briefe*).

Coren, Stanley: *Hunde, die Geschichte schrieben. Von Richard Wagners Peps bis Bill Clintons Buddy*, Stuttgart 2006.

Decker, Kerstin: *Nietzsche und Wagner, Geschichte einer Hassliebe*, Berlin 2012.

Glasenapp, Carl Friedrich: *Das Leben Richard Wagners in sechs Büchern*, Leipzig 1905–1911.

Gregor-Dellin, Martin: *Richard Wagner. Sein Leben. Sein Werk. Sein Jahrhundert*, München 1980.

Müller, Solveig: *Peps und Papo. Richard Wagner, etliche Hunde und drei Papageien*, Frankfurt a. M. 2011.

Wolzogen, Hans von: *Richard Wagner und die Tierwelt*, Berlin 1910.

Woolf, Virginia: *Flush*, Frankfurt a. M. 1994.

Die Erstausgabe von *Richard Wagner. Mit den Augen seiner Hunde betrachtet* erschien 2013 bei Berenberg.

MIX
Papier | Fördert gute Waldnutzung
FSC® C083411

Überarbeitete Neuausgabe

Konzeption | Gestaltung: Antje Haack | www.lichten.com
Satz | Herstellung: Büro für Gedrucktes, Beate Zimmermanns
Abbildungen: Einbandillustration von Antje Haack,
Frontispiz und S. 323 von SZ Photo
Reproduktion: Frische Grafik, Hamburg
Druck und Bindung: CPI – Clausen & Bosse, Leck
Printed in Germany
ISBN 978-949203-53-4